Hans-Georg Kaethner

Sumo
Sushi
Dauerlächeln

Ein Gaijin in Japan

Conbook Medien Verlag

Sumo ist Volkssport, *Sushi* ein Volksessen und *Dauerlächeln* ein Volkscharakter.

Sumo-Sushi-Dauerlächeln ist ein ungewöhnlicher Leitfaden zum Verständnis der eigentlich unverständlichen Volksseele des Japaners.

Er spannt sich durch eine Gesellschaft, in der die berühmte Skulptur der Venus von Milo das Schönheitsempfinden mandeläugiger Japanerinnen so nachhaltig beeinflusste, dass sich Nasen- und Augenoperateuren eine wahre Goldgrube eröffnete und wo Traditionsbewusstsein und unermüdliche Kaisertreue der *Yakuza* ebenso selbstverständlich sind wie „Reinschieber" im Nahverkehrszug zu Stoßzeiten.

Emsiger Chronist dieser Gesellschaft ist ein *Gaijin*, der seit rund vier Jahrzehnten versucht, das Mysterium *Nippon* zu ergründen. Obwohl oder vielleicht gerade weil er mit einer lieben japanischen Ehefrau beglückt ist, wird ihm das, allen Bemühungen und Recherchen zum Trotz, niemals perfekt gelingen.

Echte Japaner empfinden dieses Scheitern mit innerer Genugtuung als völlig normal und insgeheim mag jeder der freundlich lächelnden Söhne Nippons sogar Mitleid empfinden – ist der bedauernswerte *Gaijin* ja nicht direkt selbst dafür verantwortlich zu machen, dass er kein Japaner ist.

Aus vielfältigen Perspektiven durchstreift *Sumo-Sushi-Dauerlächeln* den japanischen Alltag, stets unentwirrbar eingekeilt in den stoßenden und drängenden Menschenmassen. Dabei bleibt es, wenn auch in bissiger und humoristischer Form, eine Liebeserklärung an das Land der aufgehenden Sonne, die in einer originellen, aber sehr gründlichen Charakterzerpflückung *des Japaners* ihren Höhepunkt findet.

Sumo-Sushi-Dauerlächeln ist ein unentbehrlicher Wegweiser für jeden *Gaijin,* der Japan wirklich erleben und erleiden möchte.

1. Auflage
© 2008 Conbook Medien GmbH, Kaarst
Alle Rechte vorbehalten.

Einbandgestaltung: Linda Kahrl
Satz: David Janik
Druck und Bindung: GGP Media GmbH, Pößneck
Printed in Germany

ISBN 978-3-934918-25-2

»*Eine etwas raue Liebeserklärung an meine japanische Ehefrau Naoko Horii.*«

Inhalt

Vorwort

Liebe Leserinnen und Leser,

das vorliegende Buch verknüpft alltägliche Erfahrungen, die ein *Gaijin* (Ausländer) bei Aufenthalten im Land der aufgehenden Sonne über einen Zeitraum von nahezu vier Jahrzehnten erlebte und erlitt.

Trotz aller Widersprüche möchte ich in den verschiedensten Lebensbereichen mit unbedingt notwendigen historischen Rückblicken zum Verständnis des Japaners beitragen - ein wahres Sisyphusunterfangen für einen Germanen aus einem völlig anderen Kulturkreis. Denn obwohl oder gerade weil ich mit einer schönen Tochter *Nippons* glücklich verheiratet bin, wird sich mir das fernöstliche Mysterium wohl nie gänzlichen offenbaren können.

Ausländer aus der westlichen Welt allerdings, die zum Zwecke des Broterwerbs in Japan ausharren, dürften Vieles von dem, was teilweise sehr humorvoll geschildert wird, ganz ähnlich empfinden. Eine Tatsache, die mir bei zahlreichen Japan-Diavorträgen im gesamten deutschsprachigen Raum von derartigen »Heimaturlaubern« immer wieder bestätigt wurde.

Um die allzu subjektive Warte der Ich-Bezogenheit gegen einen objektiveren Betrachterstandpunkt vertauschen zu können, werde ich mich sofort nach diesem Vorwort in die Anonymität der dritten Person flüchten und nur noch als »Autor« oder in anderen Maskierungen, welche der scharfsinnige Leser unschwer durchschauen wird, agieren. Vielleicht mag der eine oder andere jetzt mäkeln: »Ha, der Kerl will sich vor der Verantwortung drücken!«

Den aufkeimenden Verdacht, nicht zu meinem Schrieb zu stehen, sollen zwei Fakten zerstören: a) ich tarne mich nicht durch ein schützendes Pseudonym und b) im Autorentext des Buches werde ich sogar mit einem einigermaßen gelungenem Foto vorgestellt.

Ein Hinweis: verwendete japanische Wörter und Bezeichnungen sind kursiv gesetzt. Sie werden vom Verfasser meist japanisch behandelt, d.h. ohne die Nutzung von Singular und Plural. Um eine einheitliche Linie zu schaffen, wird stets der Artikel der in diesem Buch benutzten deutschen Übersetzung benutzt, was hin und wieder mit anderen Übersetzungen kontrastieren könnte. Nur bei uns sehr bekannte Wörter, wie z.B. Geisha, werden dekliniert und in Singular und Plural gesetzt.

...und noch etwas zum Verständnis der monetären Darstellungen: 100 Yen sind im März 2008 nur noch 0,65 Euro.

In diesem Sinne wünsche ich Ihnen einen ungetrübten Lesespaß!

Ihr

Hans-Georg Kaethner

Vorspiel mit Taxi

Ein ganz besonderes Kapitel im japanischen Alltag ist der Taxifahrer. Spätestens bei ihm wird die sprichwörtliche Höflichkeit fragwürdig. Im Durchschnitt, Ausnahmen bestätigen die Regel, ist er ein höheres Wesen, das unerreichbar hinter seinem Steuer thront. Die hundertprozentige Technisierung Japans gestattet es ihm, während der Arbeitszeit nie diesen Kommandositz verlassen zu müssen. Öffnen sich doch alle Türen automatisch. Auf dieses würdevolle Thronen würde er nicht einmal aus Versehen oder für Geld und gute Worte verzichten. Seine Miene bleibt stets unnahbar, arrogant und verschlossen, genau mit der richtigen wohlproportionierten Distanz zum Beförderungsabhängigen.

Den Kofferraum seines Autos, den es unbestätigten Gerüchten zufolge tatsächlich geben soll, kennt er nur vom Hörensagen. Überhaupt hat überflüssiger Wohlstandsballast in Form von Koffern und anderen sperrigen Gegenständen in den Spielregeln öffentlichen Zusammenlebens keinen eingeplanten Platz. Nie würde ein Taxifahrer deshalb so profane Dinge wie Gepäckstücke selbst anfassen, denn das könnte seine Standesmerkmale, die blütenweiße Handschuhe, beschmutzen. Sittenwidrige Gepäckstücke beachtlichen Ausmaßes, wie man sie gemeinhin auf Reisen in Europa mit sich führt, sind hierzulande nicht eingeplant.

Ist man trotzdem für würdig befunden worden, befördert zu werden, so muss man blitzschnell seine gesamte Habe auf Schoß oder Rücksitz verstauen, bevor sich die automatische Tür des Taxis wieder schließt. Reicht der zur Verfügung stehende Platz schweißtreibenden Anstrengungen zum Hohn nicht aus, dann belegt man zaghaft den freien Beifahrersitz, was nur mit einem leichten Stimmrunzeln zur

Kenntnis genommen, aber selten gerügt wird, wenn nicht gerade ein Koffer in die Gangschaltung fällt.

Japanische Taxifahrer sprechen selten Fremdsprachen. Es empfiehlt sich deshalb, wortlos ein Zettelchen mit dem Bestimmungsort in japanischen Schriftzeichen nach vorn zu reichen. Meist wird man auf dem kürzesten Weg an die gewünschte Adresse gebracht, vorausgesetzt der Fahrer kennt sie überhaupt, was im komplizierten Straßensystem chaotischer Großstädte wie *Tokyo* oder *Osaka* nicht unbedingt der Fall sein muss. Landessprachenkenntnisse brauchen bei diesen mühsamen Kommunikationsversuchen durchaus kein Vorteil zu sein. Wahrscheinlich ist der unverhofft japanisch Angesprochene so verblüfft, dass er erst recht nichts versteht. Oder noch viel schlimmer: er nimmt das Gestammel ernst und ist beleidigt, weil der ahnungslose *Gaijin* (Ausländer) eine zu unhöfliche Formulierung benutzt hat. Davon abgesehen kann man ohnehin sein eigenes Wort kaum verstehen, denn in jedem Taxi dröhnt das Radio, je nach Preisklasse auf Mono oder Stereo, stets in Überlautstärke.

Der Fremde erkennt eigentlich schon vom ersten Tag an das unbeschreibliche Überlegenheitsgefühl des Taxifahrers gegenüber dem Normalsterblichen.

Woher mag der es nur schöpfen? Einzig und allein aus dem wohlbekannten kapitalistischen Gesetz von Angebot und Nachfrage, denn zwar gibt es in japanischen Großstädten unglaublich viele Taxis, aber eben noch viel mehr Menschen.

In *Tokyo* drängen sich laut einer Statistik aus dem Jahre 2005 offiziell 5.992 Menschen auf einem Quadratkilometer. Jeder *Sato*, *Tanaka* oder *Suzuki* (Namen, die in Japan ebenso häufig sind wie bei uns Meier, Müller, Schulze) jedoch scheint trotz eines überinflationären Angebotes anderer öffentlicher Verkehrsmittel geradezu taxisüchtig zu sein.

Auch der einheimischste Einheimische, von Zugereisten oder Touristen gar nicht zu reden, findet sich in der babylonisch verwirrenden Vielfalt von Zug- und Buslinien unzähliger Gesellschaften nicht durch. Falls er es eilig hat, und das hat es ein Durchschnittsjapaner eigentlich immer, weiß er einfach nicht richtig, mit wem man wie wohin am günstigsten kommt. Zudem ist nicht jeder Japaner ein Kamikazemann, weshalb er vor allem zu Hauptverkehrszeiten wohlweislich dem lebensgefährlichen Gedränge auf Bahnhöfen und U-Bahnstationen ausweicht, wo manchmal Verkehrspolizisten mit Handzeichen die Fußgängerströme dirigieren müssen. Dieses Ausweichen wird schnell zur Gewohnheit, weil man einfach vergisst, dass es noch andere Möglichkeiten als das Taxi gibt.

Die Hostess *Yuki* zum Beispiel wartet auch zu Normaltageszeiten lieber mehr als zwanzig Minuten im strömenden Regen in einer langen Schlange am Taxistand, als auch nur einmal die parallel zur Straße verlaufende, entschieden billigere und in ihrem Fall auch weit schnellere U-Bahn zu benutzen, die in weniger als 3-Minuten-Abständen verkehrt.

Normalerweise geht es an solchen Taxiständen sehr zügig voran. In mehreren Spuren rollen pausenlos Fahrzeuge heran und uniformierte Ordner weisen zudem die geduldig Wartenden ein.

Aber wie schon gesagt, bestätigen Ausnahmen die Regel! In Japan werden sie sogar Tag für Tag gegen Mitternacht zur Regelmäßigkeit. Denn dann erst beginnt die wirkliche unbeschränkte Herrschaft des Taxifahrers, nur für die kurze Zeit zwischen 24-2 Uhr lebt er tatsächlich. Die meisten sogenannten Nachtclubs schließen bereits gegen 23.30 Uhr und tausende von Hostessen und angeheiterten Gästen, die am nächsten Morgen wieder unbedingt pünktlich im Büro sein wollen, strömen nach Hause.

Und da ein solch diszipliniertes Volk nach einem guten Feierabendtrunk tatsächlich so gut wie nie seine Privatautos benutzt und dieser Verzicht durch die astronomischen Preise für Parkplätze im Zentrum durchaus verstärkt wird, schlägt folgerichtig die Stunde der Taxi-Herrschaft.

Ein amerikanischer Tourist ist in dieses mitternächtliche Treiben geraten.

Den letzten Zug hat er längst verpasst, denn die Dichte nächtlicher Züge verläuft genau konträr zur inflationären Tagestendenz: nach 24 Uhr ist so gut wie Feierabend. Natürlich liegt sein Hotel am anderen Ende der Stadt, und müde will er es schnellstens erreichen. Wie am Tag bereits erfolgreich ausprobiert, geht er ahnungslos zum öffentlichen Taxistand. Seine Überraschung ist von ausgesprochen angenehmer Art.

›Donnerwetter, keine Schlange, niemand wartet auf ein Taxi. Ob die Japaner nächtliches ›Trimm Dich‹ betreiben?‹, denkt er erfreut.

Doch die Freude verfliegt bald. Es vergehen 15 Minuten. Er reibt sich erstaunt die Augen, aber der Platz bleibt verödet. Auch nicht ein winziges Taxileinchen verirrt sich hierher, obwohl es auf den Straßen davon wimmelt.

›Sind die etwa nachtblind und haben die Orientierung verloren?‹ rätselt er frustriert herum, um schließlich nach zwanzig Minuten aufzugeben. Ausschau haltend geht er zur belebten Hauptstraße und konstatiert befriedigt:

›Na also, unzählige leere Taxis. Viel mehr als ich je benutzen kann.‹ Erleichtert winkt er. Einmal, zweimal… zehnmal. Nichts! Sein Arm wird lahm, aber niemand scheint die verzweifelten Bemühungen zu bemerken. Ungläubig betastet er sich.

›Ob irgendetwas in dem verdammten japanischen Bier war? Am Ende bin ich unsichtbar geworden.‹

Er beobachtet die Vorgänge aufmerksamer. Tröstlicherweise geht es den vielen, vielen angeheiterten Japanern, die sich winkend am Straßenrand drängen, um keinen Deut besser.

›*Vielleicht ist hier Halteverbot.*‹ folgert er messerscharf, verlässt die Hauptstraße und gerät in eine schmale, neonüberflutete Gasse des Vergnügungsviertels. Taxi hinter Taxi bahnt sich hupend einen Weg durch die Fußgänger, welche sich oft nur mit einem verzweifelten Sprung zur Seite vor dem Überfahrenwerden retten können. Zu allem Überfluss existieren in dieser Umgebung nicht einmal Bürgersteige.

Er postiert sich so sicher wie möglich und das gleiche Spiel beginnt von vorn. Jedoch auch hier wird sein Flehen ignoriert. Kaum jemand, der es ihm gleichtut, erwischt ein Taxi. Die Fahrer schauen durch die Menge mit der versnobten Arroganz eines römischen Aristokraten beim gewohnten Anblick jubelnder Plebejer unter seiner Prunkkarosse.

›Verflucht‹, denkt er, ›*die können doch nicht alle reserviert sein*‹, und hat nun endlich wieder Hoffnung.

›Ha, da hinten hält tatsächlich einer. Die Glücklichen, sie haben es nun doch noch geschafft.‹

Der müde Amerikaner ist aber leider nicht so glücklich. Nach wie vor würdigt ihn keiner der Taxifahrer auch nur eines Blickes. Seine

Trunkenheit schwindet mehr und mehr und weicht sachlicher Nüchternheit.

Am Ende kombiniert er: ›*Ich mache einfach was falsch, es muss eine geheime Verständigung für Eingeweihte geben.*‹

Noch aufmerksamer beobachtet er die Vorgänge. Ein Mann in dem obligatorischen dunklen Anzug des Großstadtangestellten hält aufgeregt zwei Finger hoch, was allerdings den vorüberrollenden Taxifahrern nur ein müdes Lächeln abringt. Sein Nachbar ist erfolgreicher. Er hatte beschwörend *drei* Finger in den nächtlichen Himmel gestreckt. Eines der unerreichbaren Taxis stoppt sofort, er wispert verstohlen mit dem Fahrer, das Sesam öffne Dich der automatischen Tür folgt postwendend. Er steigt ein, verfolgt von den neidischen Blicken weniger Erfolgreicher.

Unser schockierter Amerikaner hat nach dreißig Minuten eine der bei Taxifahrern beliebtesten gesellschaftlichen Neckereien, das Verweigerungsspiel, entdeckt. Um Mitternacht oder bei speziellen Anlässen, bei denen man von Taxis abhängig ist, gibt es so gut wie keinen Fahrer, der bereit wäre, nach dem unbestechlichen Taxameter für einen normalen Obolus zu fahren. Die Verständigung mit dem mitspielbereiten Fahrgast ist denkbar einfach, denn die Anzahl der hoch gestreckten Finger bedeutet schlicht das Vielfache des regulären Preises, den man zu zahlen gewillt ist, um endlich dem warmen Bett näher zu kommen. In *Tokyo* wird bei Regenwetter ohne mit der Wimper zu zucken oft die fünffache Gebühr bezahlt!

Für die meisten Taxifahrer ist das Suchen nach *der Fuhre* wie ein Goldrausch. Bringt doch der richtige Fang mehr ein als das gesamte Tagesgeschäft, denn Kurzdistanzen lehnt man selbst für den fünffachen Preis kategorisch ab. Normaltouren sind also zumindest in der Nacht für standesbewusste Taxifahrer uninteressant. Dabei kann diese Rechnung allen Gesetzen der Logik zufolge nie wirklich aufgehen. Auf die ganze Nacht übertragen bringt bei dem Riesenandrang normales Befördern wahrscheinlich wesentlich mehr Profit. Zwar sind Japaner auf der ganzen Welt dafür beliebt und geschätzt, auch die unverschämtesten Preise ohne Protest zu begleichen, aber soviel zahlungsfähige Nachtschwärmer wie habgierige Taxilenker kann es in allen Großstädten zusammen überhaupt nicht geben. So wird todsicher bei den meisten das überhebliche Herumfahren auf der Suche nach *der Fuhre* nicht den erhofften Erfolg bringen und sie leer ausgehen lassen.

Im Land der aufgehenden Sonne ist nichts so wichtig wie das Einhalten bestimmter Formen und Gesten. Jedes Ding muss seinen ganz speziellen Namen und fest umrissene Regeln haben, an die man sich hundertprozentig hält. So wurde tatsächlich in *Tokyo* und *Osaka* ein Nichtverweigerungstag mit Riesenerfolg durchgeführt. Für einen Tag war auch der normal zahlende Kunde wieder König, als hätte es nie Mafiaerpressungsmethoden gegeben. Und am nächsten Tag? Alles wie gehabt: Ich verweigere mich, ich verweigere mich nicht!

Dem unbefangenen Betrachter erscheinen japanische Massen wie ein nimmermüder Strom grauer Arbeitsameisen, der unbeirrt und stet in eine festgelegte Richtung drängt und dessen Verhalten fest genormt ist. Entsteht allerdings von irgendwoher ein starker Gegenimpuls, der sie nachdrücklich in eine andere Richtung stupst, tippeln sie eben genau so hurtig und unbeirrbar ins entgegengesetzte Extrem. Auch im Volksverhältnis zu den mächtigen Taxifahrern gibt es gerechterweise solche Gegenimpulse.

Wie ein Blitz aus heiterem Himmel streikt plötzlich der Mann auf der Straße nahezu geschlossen und boykottiert konsequent die ganze hochnäsige Zunft. Aus dem Verweigerten wird ein Verweigerer, der unsanft ehemalige Halbgötter von ihrem Thron stößt und sie verzweifelt wieder um die Gunst ganz gewöhnlicher Kunden buhlen lässt. Dieser geradezu paradiesische Zustand tritt regelmäßig immer dann ein, wenn die Taxipreise erhöht werden. Mit sprichwörtlich fernöstlichem Fatalismus verzichtet man dann auf den vorher so lebensnotwendigen Komfort und ignoriert selbst gegen Mitternacht um Aufmerksamkeit bettelnde Taxen.

Unerklärliche asiatische Seele. Der gleiche Mann, welcher ohne mit der Wimper zu zucken den fünffachen Preis bezahlt hatte, geht jetzt lieber durch ganz *Tokyo* zu Fuß.

Solche Boykotte dauern manchmal länger als eine Woche, bevor sich allmählich wieder das Gewohnheitsrecht des grauen Alltags durchsetzt – zumindest bis zur nächsten Preiserhöhung. Besonders *Gaijin* (Ausländer) frohlocken in diesen glücklichen Tagen. Umso mehr, weil sie aus Angst vor Verständigungsschwierigkeiten noch stärker als Einheimische geschnitten werden. Die englischsprachige *Tokyoter* Zeitung *Japan Times* fühlte sich dadurch zu folgendem Dialog zwischen einem ansässigen Amerikaner und einem Taxifahrer in einer mitternächtlichen Großstadt inspiriert, den der Autor auf Deutsch gestaltet.

»Ein Taxi bitte schön, mein Herr?!«

»Nein, danke!«

»Der letzte Zug ist weg, es sieht stark nach Regen aus. Vielleicht wird es heute schneien. Es ist wirklich sehr kalt.«

»Danke, das stört mich nicht im Geringsten.«

»Schön warm ist es hier drinnen. Ich habe auch eine Thermosflasche mit heißem Kaffee, spezieller Winterservice für unsere lieben Fahrgäste, natürlich kostenlos.«

»Nein Danke!«

»Soviel Sie trinken können.«

»Nein!«

»Wir haben sogar Fernsehen eingebaut, sie könnten die Mitternachtsshow sehen.«

»Die Shows waren in der letzten Zeit zum Einschlafen.«

»Oder wollen Sie lieber hier vorn bei mir sitzen?«

»Ich habe immer noch nicht die geringste Absicht mit Ihnen zu fahren.«

»Aber ich fahre sowieso in diese Richtung.«

»Auf dem Bürgersteig?«

»Nun übertreiben Sie aber bitte nicht, die Zeiten werden wieder wechseln. Bitte erinnern Sie sich. Vor kurzem drängten sich die Leute noch am Straßenrand und hielten zwei, drei oder gar vier Finger hoch. Sie wissen gut, was das zu bedeuten hat.«

»O.K, heute Nacht zeige ich Ihnen meine Finger so. Schauen Sie!«

»Ist das nicht eine obszöne Geste?«

»Sehr richtig, ich beleidige Sie, nun hauen Sie endlich ab!!«

»Ich vergebe Ihnen gern.«

»Ha, wissen Sie wie viele Nächte ich ohne Schirm im strömenden Regen auf der Straße gestanden habe? Wie oft ich demütig zaghaft an Taxischeiben pochte und um eine Fahrt förmlich bettelte? Und die Herren Taxifahrer? Sie kurbelten aufreizend genussvoll ihre Fenster exakt so weit herunter, dass sie mich höhnisch angrinsen konnten!«

»Mein lieber Herr, bitte denken Sie doch menschlich und versuchen zu verstehen, was das alles für unser Selbstbewusstsein bedeutet hat. Ich bin mein ganzes Leben lang nichts als ein kleiner gewöhnlicher Mensch gewesen, den niemand besonders beachtet hat. Dann wurde ich Taxifahrer... und plötzlich! Konzernpräsidenten wetteifern um meine Aufmerksamkeit, Parlamentsabgeordnete versuchen mich zu bestechen, und hohe Richter plädieren wortreich ihren Fall vor mir. Ich hatte einfach Spaß daran, ein oder zwei Stunden lang Jedermann abzulehnen, um dann wie ein Märchenprinz eine wunderschöne Kabaretthostess zu akzeptieren.«

»Ich verstehe Sie erst jetzt richtig. Es macht tatsächlich Spaß, abzulehnen. Ich genieße es zum ersten Mal selbst in vollen Zügen.«

»Wir haben sogar spezielle Taxameter installiert. Schauen Sie doch nur. Die fünf kleinen Fenster links zeigen wie üblich die Gebühr an, die anderen drei aber haben Bilder mit Früchten. Wenn bei einer Gebühr von mindestens 5000 Yen drei Pflaumen erscheinen, gewinnen Sie eine Prämie in Höhe von 500 000 Yen! Was sagen Sie nun?«

»Ich spiele aus Prinzip nie.«

»Sie wissen gar nicht, wie schwer unser Leben seit der letzten Preiserhöhung geworden ist. Alle diese Kurse, die wir notgedrungen absolvieren müssen: Englische Konversation, deutsche Konversation, ja selbst Hindi. Es könnte schließlich mal ein Ausländer kommen. Zweimal in der Woche Charmeschule. Bitte, bitte, ich muss Frau, Kind und eine anspruchsvolle Hostess ernähren.«

»Gut, wir sind da, hier ist mein Hotel. Gute Nacht!«

»Waaas Sie wohnen hier im Hotel???! Ich dachte, Sie würden in einem Außenbezirk leben.«

»Heutzutage ist es billiger im Hotel zu übernachten, wenn man ausgeht, als mit dem Taxi nach Haus zu fahren. Ich kann morgen früh ausschlafen, weil ich nicht den überfüllten Frühzug zu erwischen habe. So werde ich ein ganz gemütliches Frühstück genießen und dann erholt in mein Büro spazieren.«

»Sie haben mich absichtlich getäuscht, mich zum Narren gemacht, umsonst mein Benzin vergeudet.«

»Bleiben Sie besser draußen. Ich glaube nicht, dass Taxis im Foyer gern gesehen werden, das soll nämlich Reifenspuren auf dem kostbaren Teppich geben.«

»Geben Sie mir sofort Ihre Personalien. Wir Fahrer werden in Zukunft Personen wie Sie melden, die uns arglistig täuschen und sich verweigern! Ich will Ihren Namen und werde diesen Fahrstuhl nicht verlassen, bevor ich ihn habe!!«

Dieses Vergeltungsritual zwischen Taxifahrer und Fahrgast hat sich allmählich überholt und wird im 21. Jahrhundert nicht mehr praktiziert. Für Normalbürger und erst recht ahnungslose Touristen ist das eine erfreuliche Wendung. Der Autor allerdings betrachtet den Verlust zumindest mit einem weinenden Auge. Sind doch gerade derartige Kuriositäten das Salz in der Suppe einer Gesellschaft.

Allerdings sind die Preise für diese individuelle Beförderungsart seitdem, allen früheren Boykottmaßnahmen zum Trotz, durch die zahlreichen Ölkrisen laufend gestiegen. Die letzte Preiserhöhung um 10% hat sich höchst aktuell quasi als *Neujahrsgeschenk* im Januar 2008 vollzogen. Viele Japaner gehen jetzt viel öfter zu Fuß, statt nach einer Taxe Ausschau zu halten. Auswüchse wie das ausführlich gewürdigte *Verweigerungsspiel* feiern nur noch bei ganz besonderen Anlässen eine zu beschmunzelnde Renaissance.

Nichtsdestotrotz ist der Autor optimistisch, auch bei seinem nächsten Japanbesuch über eine spezielle Überraschung auf diesem für das Gemeinwohl so wichtigen Gebiet berichten zu können. Die Spezies »Japanischer Taxilenker«, der wie ein Pilot vom Steuer aus die automatische Tür mit seinen blütenweißen Handschuhen bedient, ist und bleibt ein besonderes Phänomen!

Über Rohfisch, Eliterindviechersteak und sonstige Freuden japanischer Küche

Hermann Mostar schrieb ein Buch mit dem Titel: *Was gleich nach der Liebe kommt.*

Ja, was kommt denn eigentlich gleich nach der Liebe?

Für ihn war eindeutig der Menschheit zweitschönstes Laster das Essen. Demoskopische Umfragen würden, ehrliche Antworten vorausgesetzt, ganz bestimmt seine Meinung bestätigen, obwohl der Homo sapiens des 21. Jahrhunderts dabei unausbleiblich vom schlechten Gewissen geplagt wird. In westlichen Wohlstandsparadiesen hat sich nach und nach eine über alle Gesellschaftsschichten hinwegreichende Leidensgemeinschaft der Übergewichtigen gebildet. Diese leidende Mehrheit steht in einer konstanten, heroischen, durch Gazetten angeheizten, aber hoffnungslosen Abwehrschlacht gegen überflüssige Pfunde, bei der schon eine unschuldige Praline zum Sargnagel wird.

Wie viel glücklicher lebt dagegen der Japaner. Ungenießbare Schlankheitsdiäten vergiften noch nicht seinen Alltag und tägliche Gewichtskontrolle verdirbt seine Laune nicht. Dem Ästheten, dessen Auge sich schaudernd von allzu freigiebig dargebotenem Bauch- und Hüftspeck abwendet, fällt das erholsam in öffentlichen Freibädern auf. Für *nationalkollektivempfindende* Ausländer allerdings mögen solche fettfreien Aus- und Einblicke keine ungetrübte Freude sein, denn ist es nicht eine Verhöhnung der charakterschwachen Dicken zu Haus, dass diese Kerle hier so unverschämt schlank sind?!

Ein Deutscher dieser Geisteshaltung betritt prüfenden Blickes ein Schwimmbad in *Osaka*. Herablassend schreitet er durch die Menge, da weiten sich seine kurzsichtigen Augen vor genugtuender Überraschung: ›*Da hinten sitzt tatsächlich ein richtig fetter Japaner! Schön, dass es so etwas auch hier gibt. Muss ich mir mal dezent aus der Nähe betrachten.*‹

Langsam, sein Hochgefühl auskostend, schlendert er näher an das auf einem Stuhl postierte, ziemlich aus dem Rahmen sonstiger Proportionen herausfallende Individuum. Sein Hochgefühl zerplatzt wie eine Seifenblase: es ist ein guter deutscher Freund!!

Natürlich gibt es in Japan auch dicke Männer, sehr dicke sogar. Kurioserweise jedoch sind sie darüber nicht etwa unglücklich, sondern, ganz im Gegenteil, die gefeierten Nationallieblinge des ganzen Landes. Es sind die *Sumoringer*. Sie machen aus ihren zwei bis drei Zentnern, die sie auf die ächzende Waage bringen, einen regelrechten Kult. Während sich bei uns die Dicken im Schweiße ihres Angesichts bemühen, überflüssige Pfunde abzuhungern, wenden die Sumoringer mindestens genau soviel Mühe auf, sich dieselben anzufressen. Wahre Essrekorde werden spielend aufgestellt.

Der heutige Präsident des Japanischen *Sumo*-Verbandes verzehrte einst als 23 jähriger Meisterringer *Kitanoumi* als bescheidene Beigabe zu einer gewöhnlichen Mahlzeit ca. 30 Schälchen Reis und spülte sie mit ebenso vielen Flaschen Bier herunter. Womit sich wieder einmal nachdrücklich bewahrheitet: der Mensch will stets das, was er nicht ist oder hat.

Konstatieren wir deshalb rein statistisch, ohne unterschwellige Neidemotionen: der Durchschnittsjapaner hat sie (noch) nicht, die üppig wuchernden Überpfunde. Woran mag das liegen?

Ein launiges Sprichwort besagt: »*Man ist, was man isst!*«

Die japanische Küche aber dürfte auf der ganzen Welt nichts Vergleichbares haben und wird wohl deshalb genau den Volkscharakter widerspiegeln.

Nippon ist das Beispiel eines Inselstaates, der über große Zeiträume seiner Geschichte hinweg, naturbedingte Isolation von feindlichen Außenwelteinflüssen förmlich kultivierte. Immerhin geschah es erst im Jahre 1853, dass die Vorväter der heute drittgrößten Industrienation in arge Gewissenskonflikte gerieten. Kreuzten doch nach 214jähriger Selbstblockade die Schiffe des amerikanischen Kommodore Matthew Perry vor der *Edo*-Bucht und pochten nachdrücklich auf Landgangerlaubnis.

Was für ein unglaublicher Verstoß gegen die gottgewollten guten Sitten! Großfüßige, lärmende, fremdländische Barbaren wollten geheilige japanische Erde betreten! Zweckpolitik ist zu allen Zeiten ein bitteres Brot. Besonders dann, wenn der Gegner offensichtlich stärker ist. Man wollte, konnte und durfte die hartnäckigen Yankees nicht vor den Kopf stoßen, aber genauso wenig gegen religiös-ethische Etikette sündigen.

Ein ganz schlauer Höfling fand die geniale Lösung. Er ließ flugs das Land ringsum mit Teppichen auslegen, so dass auch die empfindlichste Gottheit nicht mehr über die schockierende Profanierungen geweihten Bodens wettern konnte. Die Amerikaner zudem waren von soviel Aufmerksamkeit hin- und hergerissen und werden sicherlich wie ihre kamerabewehrten touristischen Nachfahren entzückt im Chor geschrien haben: *»Oh, isn't it wonderful?!«*

Spinnen wir den Faden dieser Story ohne historischen Wahrheitsanspruch noch ein wenig weiter. Unter Umständen entstand dadurch aus einer reinen Verlegenheit heraus die sattsam überall weidlich strapazierte Sitte des »Roten Teppichs« bei Staatsbesuchen.

Diese snobistisch anmutende Isolation formte zwangsläufig die Ernährungsweise. Man konnte nur das essen, was in unmittelbarer Nachbarschaft mehr oder weniger reichlich vorhanden war: Getreide, Gemüse und vor allen Dingen Fisch. Schließlich ist Japan von Wasser umgeben und unzählige Arten verschiedener Fische tummeln sich fröhlich in Meer, Seen und Flüssen, soweit ihnen durch den überaus hohen Grad der Gewässerverschmutzung nicht jeglicher Frohsinn längst vergangen ist. Die unübersehbare Palette unterschiedlichster Fischgerichte lässt sich nicht einmal annähernd erfassen, dafür aber die Behauptung aufstellen, dass der Japaner der größte Fischesser der Welt ist.

Dabei waren, wenn man Überlieferungen Glauben schenken darf, in grauer Urzeit die auf den Inseln ansässigen Stämme einem saftigen Braten durchaus nicht abgeneigt. Der chronische Mangel an schlachtbarem Vieh jedoch ließ die Fleischfresser bis weit in die Neuzeit hinein aussterben. Hinzu kam das Eindringen des Buddhismus aus China, nachdem im Jahre 552 der von chinesischer Kultur beeinflusste Herrscher des koreanischen Königsreiches die Japaner um militärische Hilfe gebeten hatte. Die Ästhetik dieser neuen, aber bald auf japanische Bedürfnisse recht eigenwillig umgemodelten Religion bestimmte in erster Linie altjapanische Gerichte. Auch die Entstehung des durch

Shogun Ashikaga Yoshimasa überaus geförderten, einzigartigen Teezeremoniells im 15. Jahrhundert trug entscheidend dazu bei, dass sich der Charakter japanischer Speisen kurz und bündig als *einfach und rein* bezeichnen lässt. Japanische Speisen werden nicht übermäßig lange gekocht, um natürlichen Geschmack und Vitamine zu erhalten. Was dieser Küche insgesamt gesehen an ausgefallenen Gewürzen und Gaumenraffinement fehlt, wird durch nahezu künstlerische Dekoration und Garnierung selbst der einfachsten Mahlzeit wettgemacht, woraus sich für Ausländer als Faustregel ergibt: *Japanisches Essen muss nicht unbedingt immer schmecken, aber schön aussehen tut es stets.*

Überhaupt scheint der Japaner nie ein ausgesprochener Gourmet gewesen zu sein und das Essen lediglich als notwendige Nahrungsaufnahme betrachtet zu haben. So fehlen selbst in den zahllosen literarischen Aufzeichnungen aus der glanzvollen *Heian*-Periode (9-12. Jahrhundert) gänzlich Beschreibungen üppiger Gelage wie aus anderen großen Epochen der Menschheitsgeschichte Damals verfeinerte eine adelige Elite, die so genannten »Guten Leute« die japanische Kultur auf einen nie wieder erreichten Standard.

Auch heute ist dem Japaner offensichtlich das anregende Gespräch bei Tisch meist wichtiger als die eigentliche Mahlzeit, von der er im Restaurant große Teile achtlos wieder abräumen lässt.

Sehr grob gegliedert kann man japanische Gerichte in zwei Kategorien einteilen. Sie sind entweder mit Reis oder *Sake* zu verzehren. Ohne eine dieser beiden Zuspeisen geht es ebenso wenig wie beim waschechten Deutschen ohne die unvermeidliche Kartoffel. Im Volksmund heißt es deshalb als Richtschnur und Wertmesser: *Dieses Gericht ist ausgezeichnet mit Reis, passt aber nicht zu Sake oder umgekehrt.*

Folgerichtig müsste es zwischen beiden Gruppen von Speisen fundamentale Unterschiede geben, was aber für einen Ausländer genauso schwierig zu durchschauen wie die japanische Sprache zu erlernen ist.

Obwohl in der Jetztzeit neben der chinesischen auch die westliche Küche sehr populär geworden ist, bekommt in letzter Konsequenz jedem japanischen Magen die gute eigene alte Art am besten – wobei diese *Art* schwer zu definieren ist, existieren doch unzählige Originalgerichte, die wahrscheinlich kein Koch wirklich alle kennt und womöglich auch noch zubereiten kann.

Trotz ihrer scheinbaren Einfachheit sind diverse Speisen so schwierig anzurichten, dass nur jahrelang trainierte Spezialisten dazu perfekt in der Lage sind. Noch schwieriger ist es für Fremde, die Namen unbekannter Speisen, die vorzüglich gemundet haben, herauszubekommen, denn der freundliche Gastgeber hat augenscheinlich nicht den geringsten Schimmer, wie sein Produkt eigentlich heißt.

Am problematischsten für kulinarisch neugierige Ausländer wird aber sehr oft der angestrebte Besuch eines typischen und teuren Essrestaurants altjapanischer Prägung. Ohne einheimische Begleitung würde man ihn am Eingang ohnehin vermutlich höflich abweisen. Sollte er trotzdem hineingeschlüpft sein, könnte es einem Laien in vielen Fällen sehr schwer fallen, zu erkennen und entsprechend zu würdigen, welches Juwel fernöstlicher Kochkunst ihm gerade serviert wird. Ohne innere Einstellung aber würde er die naturreine, Fingerhut große Kostbarkeit banausenhaft hinunterschlucken und am Ende über die astronomisch hohe Rechnung wettern.

Jedem Japaner jedoch, ob arm oder reich, sind nichts so verhasst wie unerfreuliche, lautstarke Auseinandersetzungen, bei denen man das Gesicht verlieren könnte. Deshalb löst er Dinge, die den Keim des Ärgers schon in sich bergen, stets auf dem Weg des geringsten Widerstandes. In dieser speziellen Situation wird ein Portier unter höflichen Verbeugungen dem ungebetenen *Gaijin*, dessen Besuch nur zu komplizierten Missverständnissen führen würde, mit bedauerndem Lächeln versichern: »Leider alles besetzt!«

Eine andere durchaus wahrscheinliche Komplikation bei der Begegnung mit japanischer Küche hat der Autor mehr als einmal im eigenen Magen verspürt. Geschmeckt hat es ihm zwar persönlich fast immer – aber eben auch nur *fast* immer. Zwei Auswüchse seien kurz einmal angeführt:

Erstens: grüner japanischer Tee. Für seinen ungeschulten Geschmack eine eigenartige Mischung aus Medizin und ordinärstem Hering. Gleich am Anfang seines ersten Japanbesuchs schwor er diesem zweifelhaften Genuss konsequent ab. Schuld daran war ein freundlicher, ungeheuer wichtiger Polizeidirektor, bei dem er den Verlust seines im Ausland lebensnotwendigen Reisepasses zu Protokoll geben musste. Zwei geschlagene Stunden lang traktierte ihn der mächtige Mann mit einem unerschöpflichen Vorrat des Getränks und fragte zudem in Fünf-Minuten-Abständen enthusiastisch an: »Genießen Sie den Tee auch so wie ich?!«

Zum anderen: *Nori*. Getrockneter, meist zu dünnen Blättern gepresster Seetang, den sogar die schönste Hostess mit Andacht kaut - was sich allerding nicht unbedingt positiv auf ihren reinen Atem auswirkt!

Aber wie gesagt, der überwiegende Großteil japanischer Speisen war stets sehr schmackhaft. Satt geworden hingegen ist er selten.

Selbst die Einladung eines reichen Geschäftsmannes aus *Osaka* in ein sündhaft teures typisch japanisches Restaurant konnte daran nichts ändern.

Das denkwürdige Festmahl spielte sich in Kulissen ab, die auch der teuersten, staatlich subventionierten Madame Butterfly-Opernaufführung in München oder Hamburg alle Ehre gemacht hätte. In einem äußerst stimmungsvollen Innenhof, scheinwerferbestrahlt, mit von allen Räumen aus betulich zu bewundernden Steingärten, stilvollen Blumenarrangements, schwerelos wirkenden roten Holzbrücken, Miniaturwasserfällen und kleinen Goldfischbecken. Das Gasthaus selbst im klassischen *Ryokanstil*, zweistöckig, mit zahllosen, durch Papierwände und Schiebetüren voneinander abgetrennten Zimmern, um allen Gästen ungestörte Intimsphäre zu gewährleisten. *Kimono* tragende weibliche Bedienungen huschten geräuschlos von Raum zu Raum, von irgendwoher ertönte Saitenspiel und Gesang. Die Speisefolge selbst war eine ausgesprochene optische Augenweide, bestehend aus vielen Kleinigkeiten, oft nicht größer als ein Appetithappen, aber dafür prunkvoller dekoriert und hergerichtet als eine nostalgische Hochzeitskutsche. Der damals schon ein Jahr in Japan lebende Autor aß vorsichtshalber die ganze Speisekarte herunter. Danach jedoch war er erst richtig hungrig und ließ sich aus einem Nachbarlokal zusätzlich eine ganz profane Portion Fleisch bringen.

Schuld an diesem Dilemma dürften allerdings zu einem gerüttelten Maß auch seine germanischen Essgewohnheiten sein, die uns Teutonen den Spitznamen *Kartoffelfresser* eingetragen haben. Bis nach Japan kann sich das allerdings noch nicht herumgesprochen haben. Fragt doch der freundliche Gemüsehändler an der Ecke den Deutschen bei jedem Erdäpfelkauf stets aufs Neue hoffnungsvoll: »Wie viel möchten

Sie, ein oder zwei Stück?« und zuckt bei der Antwort schockiert zusammen: »Ja, zwei Kilo!«

Soviel Kartoffeln verzehrt der Händler wahrscheinlich im ganzen Jahr nicht.

Dafür aber unter Garantie umso mehr Reis. Und genau da dürfte des Pudels Kern liegen, denn ohne einige Schälchen des beliebten Grundnahrungsmittels reicht der Sättigungseffekt einer Mahlzeit einfach meist nicht aus. Wer sich nichts aus dem sehr klebrigen Reis, wie er in Japan zubereitet wird, macht, wird sich schnell daran gewöhnen müssen oder stets hungrig seine Mahlzeiten beenden.

Japaner brechen mühelos alle Rekorde, wenn es um die Vertilgung ihrer Lieblingsspeise geht. Der eingangs erwähnte ehemalige Sumoringer *Kitanoumi* ist ein leuchtendes Beispiel dafür. Soviel wie er verkonsumiert ein normal gebauter Japaner natürlich nicht, aber in Relation zu seinen Proportionen doch sehr Erstaunliches. Man gewinnt den Eindruck, dass jedermann für eine Schale Reis alles andere stehen und liegen lässt. Unbeschreiblich ist das Wohlbehagen des Japaners, der sich schmatzend und in atemberaubendem Tempo mittels zweier *Hashi* (Stäbchen) Reisklumpen in den Mund schiebt!

Aus dem Süden kam der heute so begehrte Reis ins Land. Man lebte damals in jeder Beziehung einfach und schlicht, auch Gaumenfreuden bildeten keine Ausnahme. Auf den Reis übertragen bedeutete das, er wurde weder geputzt noch geschält und war deshalb zwar weitaus weniger schmackhaft, aber dafür auch entschieden gesünder als geschälter Reis. Das änderte sich erst unter dem berühmten *Shogun Tokugawa Ieyasu* (Regierungszeit 1603-1616), als in einer relativ friedlichen Periode sich sehr bezeichnend auch die Essgewohnheiten verfeinerten und *Gohan* (gekochter Reis) erstmalig vor der Zubereitung geschält wurde. Das solchermaßen gewonnene, entschieden schmackhaftere Produkt heißt auf Japanisch *Hakumai*.

Leider ist unsere Erde aber so eingerichtet, dass so ziemlich alles, was wirklich Spaß macht, beträchtliche Gefahren in sich birgt, wovon auch geputzter Reis keine Ausnahme bildet. Gehen doch durch das Schälen wichtige Vitamine verloren. Für Menschen, deren Ernährung vorwiegend auf Reis basiert, ist dies unter Umständen eine Katastrophe, denn sie werden von der berüchtigten *Beriberi* Krankheit befallen.

Grund genug, dass vom Vater Staat mit Engelszungen gepredigt wird, zu viel geschälten Reis zu meiden. Japanische Bauern sorgen allerdings ohnehin seit denkbaren Zeiten auf ihre eigene Art gegen Vitaminmangel vor, indem sie *Gohan* nur selten pur essen, sondern ihn mit Gerste, Hirse oder anderen Getreidearten mischen.

Reis, seit Menschengedenken Hauptnahrungsmittel, wird in Japan wesentlich anders zubereitet als sonst auf der Welt. Wahre Reiszubereitung ist eine hohe Kunst und erfordert den ganzen Fachmann, wobei es ohne von Generation zu Generation überlieferte Erfahrungen nicht geht. Reis darf nicht zu weich und nicht zu hart, sondern muss eben gerade richtig sein.

Um das zu erreichen, wird er zunächst unter dauerndem Wechseln des Wassers mehrere Male gewaschen. Anschließend wässert man die gesäuberten Körner mindestens einige Stunden. Von größter Wichtigkeit ist auch der richtige Topf. Es soll nach Möglichkeit ein schwerer, eiserner Spezialkessel sein. Selbst die Art der Energie spielt beim Kochen eine wichtige Rolle. Zwar kann man auch Gas oder Elektrizität verwenden, aber Kenner beharren unnachgiebig darauf, dass man den wahren Reis nur auf reinem Holzfeuer zubereitet. Fehlt nur noch die erforderliche Kochzeit, die je nach Größe des Kessels zwischen dreißig Minuten und einer Stunde variiert.

Der unfachmännische Kommentar von Nichtjapanern, insbesondere Neuankömmlingen: »So lange oder so lange, auf Gas oder Holz, er ist auf jeden Fall pappig und klebrig.«

Allerdings widersprechen *Gaijin*, die aus beruflichen Gründen in Japan leben, dieser Abwertung entschieden. Gewöhnt man sich doch allmählich tatsächlich an den klebrigen japanischen *Gohan*, der, praktisch betrachtet, auch besser mit Stäbchen in den Mund jongliert werden kann. In sein Heimatland zurückgekehrt, dürfte mancher von ihnen regelrecht schockiert sein, wenn dort die unvermeidliche Werbung für nicht pappenden »Tante Jims Reis« über den Bildschirm flimmert. Der Autor verspürt dann beinahe körperlich das kratzende Gefühl im Hals steckenbleibender Reiskörner.

Neben dem *Gohan* als Zuspeise gibt es eine Unzahl verschiedener Reisgerichte, von denen einige sehr beliebte kurz beschrieben werden sollen:

Sekihan (Roter Reis)

Mit Vorliebe wird diese Spezialität an Festtagen und bei Familienfeierlichkeiten auf den Tisch gebracht. Darüber hinaus ist es in vielen Familien unverrückbare Tradition, an jedem Ersten eines neuen Monats *Sekihan* zu essen. Wohl ein psychologisches Bonbon, um besser in die nächsten vier Wochen Arbeitsstress hineinzukommen. Das Rezept klingt denkbar einfach: man nehme *Ochigome* und mische ihn im richtigen Verhältnis mit roten Bohnen.

Während *Ochigome* ein besonders klebriger Reis ist, aus dem man *Ochi* (flache, runde Reiskuchen) macht, die auf keiner Feierlichkeit und bei keinem *Shinto*-Schreinfest fehlen dürfen, sind rote Bohnen für Naschkatzen das Nonplusultra jeglichen Genusses. Fehlen sie doch so gut wie in keiner typisch japanischen Süßigkeit.

Einziges erkennbares Zubereitungsraffinement ist, dass *Sekihan* nicht gekocht, sondern in einem Spezialtopf gedämpft wird. Dieses nicht ganz billige Zubehör ist allerdings in vielen Haushalten Fehlanzeige. Um deshalb nicht auf den geliebten roten Reis verzichten zu müssen, hat man eine Art Arme-Leute-*Sekihan* kreiert: die roten Bohnen werden mit gewöhnlichem, gekochtem Reis gemixt, was ähnlich aussieht und mit etwas Phantasie auch genauso gut schmeckt.

Chameshi (Teereis)

Die volkstümliche Variante ist, einfach grünen Tee über den Frühstücksreis zu gießen. Die klassische Version dagegen entstand in den Köpfen buddhistischer Mönche der *Todaiji*- und *Kofukugi*-Tempel der Stadt *Nara* am Ende des 17. Jahrhunderts. Sie kochten den Reis zusammen mit aufgebrühtem Tee, wodurch er eine bräunliche Farbe annahm, und fügten Salz, manchmal auch Bohnen oder Erbsen hinzu.

Was man heute als *Chameshi* bezeichnet, mutet wie eine Imitation an, die mit dem einstigen Mönchsgetränk lediglich noch die Farbe gemeinsam hat. Anstelle bitteren, fischgeschmackigen Tees kocht man den Reis mit *Shoyu* (Sojasauce) und *Mirin* (süßer Reiswein), was ganz andere Geschmackskomponenten entstehen lässt. Wenn außerdem noch konstatiert werden darf, dass zahlreiche Lokale, die sich auf *Chameshi* spezialisiert haben, dem ohnehin schon wohlschmeckenden Gemisch auch noch Gemüse, Fisch und selbst Fleischstückchen hinzufügen, eröffnet das natürlich wesentlich größere Gaumenfreuden.

Und da Japaner ja bekanntlich überaus traditionsbewusst ist, verwundert es nicht weiter, dass gerade dort, wo die Idee des wahren Teereis einst von buddhistischen Mönchen ausgeheckt wurde, sich auch heute noch ein nur leicht abgewandelter Original-*Chameshi* erhalten hat, ohne den kein *Kansai*-Bewohner (Gegend um *Osaka*, *Kyoto*) beim Frühstück so richtig in den Tag kommen kann.

Man nimmt dazu schon einmal benutzte Teeblätter, steckt sie in einen Baumwollbeutel, den man wiederum samt Inhalt in einen Topf hängt, wo er zusammen mit besonders dünnem Reis gekocht wird. Da das Endprodukt wie Haferschleim aussieht, nennt man es auch *Chagayu* (Teehaferschleim).

Gomokumeshi (Reis mit verschiedenen Zutaten)

Diese Weise der Reiszubereitung dürfte dem westlichen Geschmack wohl am nächsten kommen, denn beim *Gomokumeshi* wird *Gohan* mit verschiedenem Gemüse, manchmal sogar mit Austern, Huhn und anderen Fleischsorten gemischt.

Nigirimeshi (Reisbällchen)

Ein unwahrscheinlich populäres Picknickgericht. Man formt mit der Hand Reisbällchen von unterschiedlicher Größe und bestreut sie mit Salz und Sesam. Manchmal werden sie zusätzlich noch in *Nori* eingerollt. Diese kalt gegessene Reisspezialität ist weder aus *Bento* (Esskistchen), noch bei Freiluftfesten aller Art wegzudenken.

Soba (Buchweizennudeln)

In der Beliebtheitsskala stehen Buchweizennudeln, die der Japaner *Soba* nennt, fast genauso hoch im Kurs wie Gohan.

Auch sie werden von jung und alt in ungeahnten Quantitäten geschlürft. Das Verb *schlürfen* sollte dabei durchaus wörtlich in seiner akustischsten Bedeutung wahrgenommen werden. Kein echter Japaner käme auf die unpraktische Idee, heiße Nudelsuppe geräuschlos zu verzehren und sich den Mund zu verbrennen.

Einfache Nudelstände gibt es praktisch an jeder Straßenecke. Für viele Büroangestellte ist eine Schale *Soba* ein vollwertiges Mittagsgericht, was umso verständlicher wird, wenn man bedenkt, dass in *Nippon* die Hauptmahlzeiten am Morgen und am Abend eingenommen werden. Nach allgemeiner Volksmeinung, der sich auch hochgelehrte Ernährungsexperten anschließen, sind *Soba* nicht nur billig, sondern auch ungeheuer gesund. Ein altes Sprichwort sagt: »*Nudeln nehmen den Rost von allen Organen!*«

Volksmund und Wissenschaft stimmen in diesem Fall ausnahmsweise überein, weshalb die Experten, damit nicht an ihrer Kompetenz gezweifelt werden könnte, noch eine Erkenntnis hinzufügen müssen: die einheimische *Soba*pflanze mit weißen Blüten habe entschieden mehr Vitamine als die rosafarbene ausländische. Agrarpolitischer Nationalismus oder bewiesene Tatsache?

Diese kleine Nudelkunde vermag keine bindende Antwort darauf zu geben. Historisch belegt ist jedoch die Tatsache, dass die *Soba*pflanze vor 700 Jahren eingeführt wurde, ohne anfangs im Entferntesten ein kulinarischer Bestseller zu sein. Dazu musste erst im Jahr 1382 durch eine schreckliche Dürre eine Hungersnot ausbrechen. Man begann die genügsame Pflanze anzubauen und auf heutigen Standard zu kultivieren, wozu allerdings skeptische Bauern immer wieder von der Obrigkeit aufgefordert werden mussten. Allmählich wurde aus der Not Gewohnheit und aus Gewohnheit nach und nach maßlose Leidenschaft, die solche Formen annahm, dass auch heute noch jeder Japaner fest an die medizinische Kraft der seiner Meinung nach äußerst schmackhaften Buchweizennudeln glaubt. Darum fehlen sie bei wichtigen Feiertagen wie Neujahr, Puppen- oder Erntefest auf keiner Tafel. Außerdem schossen Restaurantketten wie Pilze aus der Erde, in denen vierundzwanzig Stunden lang ununterbrochen Nudeln geschlürft werden können. Übrigens gedeiht *Soba* in kälteren Regionen am besten und die Beste der Besten für japanische Nudelfeinschmecker in *Shinano* (Nagano-Präfektur).

Shoyu (Sojasoße)

Ohne *Gohan* und *Soba* würde der Durchschnittsjapaner glatt verhungern, ohne das japanischste aller Gewürze, die Sojasoße, wäre die japanische Küche undenkbar.

Man benutzt sie, im Grundrezept aus Sojabohnen, Gerste und Salz hergestellt, am Morgen, am Mittag, am Abend und, falls dann zufällig gerade gegessen wird, auch noch in der Nacht. Statistiker errechneten einen jährlichen pro Kopf Verbrauch von 16 Litern. Multipliziert mit 110 Millionen Einwohnern ergibt dies ohne Übertreibung ein *Braunes Meer*!

Kein Restaurant, in dem die Sojaflasche - wie bei uns Pfeffer und Salz - nicht den Tisch ziert. Dabei ist ein Vergleich zum Salz ist auch sehr naheliegend, denn meist wird es tatsächlich durch *Shoyu* ersetzt. Durch den großen Proteingehalt der Sojabohne gewinnen japanische Speisen dadurch erst ihre Substanz und Nährkraft.

Die meisten Ausländer, die in Nippon leben, werden mit der Zeit genauso sojasüchtig wie Einheimische. Besonders dann, wenn sie nicht so begütert sind, ihre westlichen Essgewohnheiten beibehalten zu können und sich ganz der japanischen Küche verschreiben müssen.

Anfängern, denen zwar schon stark nach *Shoyu* gelüstet, aber das japanische Wort dafür noch unbekannt ist, erleiden in kleinen, billigen Restaurants allerlei Ungemach und müssen missmutig erkennen, dass die braune Flüssigkeit in gleich aussehenden Sojaflaschen nicht immer gleich schmeckt. Einige dieser Fläschchen haben, konträr zum süßlichen Grundgeschmack von *Shoyu,* ein ausgesprochen saures Aroma, das den erwünschten und erwarteten Zungengenuss in die entgegengesetzte Richtung leitet.

Aus Schaden wird man klug. Ist das Essen solchermaßen mehrmals zu sauer geworden, bietet es sich an, vor überschnellem Gebrauch mit dem Finger vorsichtig eine Geschmacksprobe zu entnehmen.

(Der Vollständigkeit halber sei an dieser Stelle erwähnt, dass die zum Verwechseln ähnlich aussehende saure Soße, in genialer Verjapanisierung des Wortes, schlicht und einfach *Sosu* genannt wird.)

Da *Shoyu* praktisch zu allen Gerichten, Gemüse und nicht zuletzt auch zu Rohfisch benutzt wird, gibt es zwangsläufig verschiedene Geschmacksabstufungen, bei denen den schon aufgezählten drei Grundbestandteilen andere Beigaben hinzugefügt werden.

Die heute unersetzlich erscheinende Sojasoße wurde erst im 6. Jahrhundert durch buddhistische Mönche aus China eingeführt. Bis zu diesem Zeitpunkt soll das in der Gegenwart immer noch vernachlässigte Salz die einzige bekannte und demzufolge auch benutzte Würze gewesen sein. Wahrlich keine Empfehlung für den Phantasiereichtum altjapanischer Kochkunst!

Das, was wir heute unter japanischer Küche verstehen, fällt in seiner Entstehung mit dem Auftauchen des *Shoyu* zusammen. Ähnlich wie bei der angestrebten Popularisierung von *Soba* blieb der einfache Japaner der neuen Würze gegenüber zunächst sehr skeptisch. Salz war lange Zeit die einzige unschädliche und schickliche Art, Speisen zu würzen und ihnen einen Geschmack zu geben.

In Adelskreisen hingegen, wo bald mit Vorliebe alles Chinesische nachgeahmt und als besonders fein empfunden wurde, war *Shoyu* sehr schnell en vogue.

Ungeachtet dieses hohen und höchsten Vorbildes dauerte es immerhin noch bis zum 14. Jahrhundert, ehe die Sojasoße im heutigen Ausmaß von allen Gesellschaftsschichten benutzt und heiß geliebt wurde. Obwohl unzweifelhaft chinesischen Ursprungs, hat die von Mönchen eingeführte Sojasoße im Verlauf der Jahrhunderte verschiedene auf den Geschmack des Japaners zugeschnittene, qualitative Veränderungen durchgemacht, so dass sie heute etwas anders schmeckt als im ursprünglichen Herkunftsland.

Auf breiterer Basis wurde *Shoyu* zuerst in *Kii*, der heutigen *Wakayama*-Präfektur, produziert, bevor im Laufe der weiteren Entwicklung der Standort schließlich wechselte. Heute liegt das berühmteste Herstellungszentrum des Landes in der Stadt *Choshi* (*Chiba*-Präfektur).

An und für sich ein geradezu revolutionärer Vorgang. Wenn nämlich eine ganz bestimmte Gegend für ein ganz bestimmtes Produkt erst einmal legendär geworden ist, dann ändert sich das normalerweise in Japan so gut wie niemals wieder. Jedoch die Vorfahren der *Hamaguchi*-Familie, Japans ungekrönte Sojasoßenkaiser, siedelten im 16. Jahrhundert aus *Kii* nach *Choshi* um und bauten dort ein neues Produktionszentrum auf.

Ist für unseren Geschmack schon die dominierende Stellung von *Shoyu* in der japanischen Küche ungewöhnlich, so ist die kuriose Ehe, die *Shoyu* mit Zucker eingeht, noch entschieden vergleichsloser. Vielen Gerichten, wobei auch fleischige keine Ausnahme machen, wird eine Mischung aus Zucker und Sojasoße beigegeben. Gerade dieses Gemisch gibt aber, wenn man sich eingeschmeckt hat, der japanischen Küche ein ganz eigenes Aroma.

Dabei entstand diese Kochgewohnheit, die heutzutage das hauptsächliche Raffinement japanischer Küche ausmacht, aus einer reinen Verlegenheit. Japanische Bauern sind im Vergleich zu gehetzten Städtern allgemein als stärkere Esser bekannt. Besonders in der

Erntezeit, die große körperliche Anstrengungen mit sich brachte (und trotz neuer Maschinen immer noch mit sich bringt), nehmen die Bauern traditionsgemäß vier bis fünf Mahlzeiten zu sich - allerdings in der Vergangenheit ums Verrecken nichts Süßes. Im Unterbewusstsein, vielleicht auch später durch Ernährungswissenschaftler daraufhingewiesen, muss ihnen dieser Mangel gedämmert haben. Deshalb mengten sie den unterschiedlichen Speisen neben *Shoyu* ein wenig Zucker bei, was in der feuchten Sommerhitze den wahrscheinlich zuerst nicht geplanten Zusatzeffekt mit sich brachte, dass sich derartig konservierte Speisen viel länger hielten.

Shimofuri / Kobe (Rindfleisch)

Am Anfang dieses Kapitels wurde schon angedeutet, dass die Ureinwohner des Landes vor der Einführung des Buddhismus einem schönen Stück Fleisch durchaus nicht abgeneigt waren. Mit stärker werdendem Einfluss der neuen Religion aber begann eine lange bratenlose Zeit. Das ethische Prinzip dieses Glaubens verbietet das Töten lebender Kreaturen und somit genau genommen den Genuss von Schnitzeln, Keulen, Koteletts und ähnlichen Köstlichkeiten. Schließlich ist die Seelenwanderung und die Wiedergeburt ein wesentlicher Bestandteil des Buddhismus. Wer verzehrt aber schon gern aus Versehen die vielleicht gerade zu einem Ochsen gewordene Neuauflage seines Großvaters?!

Erst vor gut hundert Jahren änderte sich das wieder, nachdem die über zwei Jahrhunderte während Selbstisolation durchbrochen worden war. Der Buddhismus verlor seinen beherrschenden Einfluss und moderne Ideen drangen unaufhaltsam in das Land ein. Seemänner und Kaufleute aus dem westlichen Ausland ließen sich in *Kyushu* nieder und verzichteten natürlich nicht auf ihre Essgewohnheiten. Verlockender Fleischduft zog verführerisch in entwöhnte japanische Nasen. Auf die Dauer war diese Versuchung zu groß und die vegetarische Zeit gehörte endgültig der Vergangenheit an.

Es würde dem Charakter des Japaners grundsätzlich widersprechen, begnügte er sich jetzt mit bloßer Nachahmung, also profanem Fleischessen wie die anderen auch. Darum verfeinerte er die Rinderzucht nach und nach so weit, dass Laien und Kenner übereinstimmend behaupten: das japanische Beef ist die Nummer Eins auf der Welt!

Dabei hatte man in den fleischlosen Jahren Rinder von kleiner gedrungener Statur nur als Zugtiere benutzt. Diese für Braten nicht gerade ergiebige Rasse kreuzte man zunächst mit viel fleischigeren ausländischen Tieren und gewann schon dadurch eine entschieden verbesserte Qualität. Dennoch dürfte sie nicht der Hauptgrund für den Unterschied zu rivalisierenden Fleischsorten sein. Dieser liegt vielmehr in der einmaligen Art und Weise der Tierhaltung begründet.

Das japanische Rind ist im Gegensatz zum japanischen Menschen ein verwöhnter Individualist. Mit Ausnahme von *Hokkaido* sind Riesenherden auf großen Weideflächen mangels Land weitgehend unbekannt. Der tierzüchtende Bauer besitzt nur einige wenige Prachtexemplare in einem Luxusstall gleich neben der guten Stube. Diese ausgesuchten Eliterindviecher werden von ihren stolzen Besitzern liebevoll verhätschelt und manchmal mehr verwöhnt als die eigenen Kinder. Bekommen sie doch nur ein ausgesucht hochwertiges Spezialfutter, bestehend aus Reis der besten Sorte, Reiskleie, Sojabohnen und anderen Aufbaupräparaten. Eine Filmdiva könnte nicht mehr verhätschelt werden, denn mehrmaliges tägliches Bürsten, Waschen und Individualmassagen sind selbstverständlicher Körperservice.

Dadurch geschieht mit dem späteren Endprodukt, dem Fleisch (also doch kein perfektes Rinderparadies auf Erden, geschlachtet werden sie immer noch!) zweierlei: erstens wird es ungewöhnlich zart und zweitens verteilt sich das Körperfett schön gleichmäßig in kleine netzartige Venen. Deshalb nennt man dieses Fleisch *Shimofuri* (gefallener Frost).

In japanischen Steakhäusern wird es vor den Augen des Gastes, welchem das Wasser im Mund zusammenläuft, geschickt und kunstvoll zubereitet. Leider fällt ein dicker Wermutstropfen in allzu unbeschwerten Genuss. Genauso zart und wohlschmeckend wie *Shimofuri* unbestritten ist, so teuer kommt es auch. Für Normalverdiener äußerst selten erschwinglich.

Dem Mann von Welt jedoch, der gern zarte Kontakte knüpfen will, ist es ein unschätzbarer Verbündeter. Jede noch so spröde japanische Barhostess wird schwach, wenn er mit einem *Kobe*-Steak (populäre Bezeichnung für *Shimofuri*) lockt. Sie lässt alles andere liegen, um ihm willenlos zu folgen.

Tsukemono (in etwa: Pickles)

Man würde der japanischen Küche nicht gerecht werden, unterschlüge man eine wichtige Kleinigkeit: *Tsukemono* (am besten mit *Pickles a la Japan* zu übersetzen). Zu keiner Mahlzeit dürfen sie als Beigabe fehlen. Der Japaner im Ausland wird schwermütig und krank, muss er ihrer zu lange entsagen und entdeckt sie mit dem gleichen nostalgischen Behagen, wie ein Amerikaner seinen geliebten Hamburger, in unwirtlicher Fremde. Die säuerlichen Gaumenfreuden werden zu allen möglichen und unmöglichen Gelegenheiten verzehrt, wobei selbst der Nachmittagstee keine Ausnahme bildet. In ländlichen Gemeinden wird die Qualität einer guten Hausfrau hauptsächlich danach beurteilt, ob sie *Tsukemono* gut anzurichten versteht. Sagt doch eine alte Volksweisheit: *Wenn der Mensch* Gohan *und* Tsukemono *hat, braucht er weiter nichts zum Essen.*

Die Königin der Königinnen unter den *Tsukemono* heißt *Takuwan*. *Takuwan* wird aus *Daikon* (japanischer Rettich) hergestellt, indem man in einem Holzfass auf je eine Schicht Rettich eine Schicht Salz/Kleie-Gemisch legt. Ist das Fass bis zum Rand proppenvoll, wird das Ganze mit Gewichten beschwert und der Inhalt dadurch stark zusammengepresst. Nach ausreichender Lagerzeit ist das Produkt so reif wie gegorener Wein und aus *Daikon* wurde *Takuwan*.

Für Ausländer ist *Takuwan* wegen seines stechenden Geruches, der an verdorbenen Käse erinnert, nicht unproblematisch. Nicht einmal der größte Fan könnte behaupten, dass *Takuwan* gut riecht. In dieser Richtung orientierte Feinschmecker, vielleicht besser Spezialschmecker, beruhigen fest überzeugt: »Wer erst einmal den wahren *Takuwan*- Geschmack entdeckt hat, den stört der Geruch nicht im Geringsten.«

Für Anfänger, die auch beim besten Willen *Tsukemono* keinen Geschmack abgewinnen können, ist und bleibt die Geruchsbelästigung eine unüberwindbare Schranke. Falls derartige Zweifler allerdings aus Germanien kommen, sollte ihnen bei gründlicher Überlegung eigentlich bald die Erkenntnis dämmern, dass selbst unsere Riechorgane im stärksten Maße nationalistisch reagieren.

Jeder echte Deutsche schwört auf möglichst alten Harzer Käse.

Wird aber nicht durch seine Ausstrahlung die Luft in respektablem Umkreis verpestet? Ein Japaner in Deutschland reagiert darauf normal, denn er lehnt diese Spezialität bei aller Hochschätzung des Preußenreiches dankend ab, wobei sich aus seiner Miene unschwer ablesen lässt, dass er die Gestanksbarriere nicht überwinden kann. Bliebe also nur noch die Binsenweisheit übrig: *Den eigenen Mief riecht man nicht, denn der Mensch ist ein Gewohnheitstier!*

Im Zeitalter der Globalisierung bahnen sich in den allgemeinen Essgewohnheiten unvermeidliche Veränderungen an. Als leidiger Nebeneffekt beginnen auch in Japan die eingangs erwähnten Überpfunde zu wuchern, obwohl die Mehrheit der Bevölkerung immer noch sehr schlank und drahtig anmutet. Besonders betroffen ist ein steigender Prozentsatz viel zu dicker Schulkinder. Schuld daran dürften in erster Linie die *Kultobjekte* amerikanischer Alltagsernährung sein, denen Heranwachsende auf der ganzen Welt einfach nicht widerstehen können: Donuts, pyramidenartig hohe Hamburger und Pizza a la USA.

Aus diesem einträglichen Fast-Food-Sektor überziehen mittlerweile riesige Geschäftsketten das ganze Land. Ein eindrucksvolles Beispiel ist das in den USA gegründete Imperium *Mister Donut* mit 1300 Filialen in jeder größeren japanischen Stadt. Im Jahre 1983 erwarb die Firma *Duskin Co. Ltd. Osaka* die Lizenz, jene begehrten handtellergroßen, glasierten Krapfen aus Rührteig in Form eines flachen Teigrings mit einem Loch in der Mitte auf die Bevölkerung loszulassen. Der Erfolg war so durchschlagend, dass der Konzern inzwischen gegen beachtliche Konkurrenz zu kämpfen hat.

Da Donuts dem aktuellen westlichen Trend zu gesünderer Ernährungsweise zuwider laufen, sehen sich die amerikanischen Branchenriesen nach internationalen Märkten um und haben Asien entdeckt. Der neuste Rivale im Rennen heißt *Krispy Kreme* (schon der Name klingt kalorienreich!) mit dem Hauptsitz in North-Carolina.

Die Wunderwaffe von *Krispy Kreme* ist ein sorgsam gehütetes Geheimrezept, das angeblich für den einzigartigen Geschmack verantwortlich sein soll. Bis zum heutigen Zeitpunkt existieren zwar nur wenige Filialen in Japan, aber allein eine einzige im menschenüberfluteten Verkehrsknotenpunkt des Bahnhofs *Shinjuku* (*Tokyo*) beweist eindrucksvoll den Siegeszug westlicher Versuchungen.

Um einen der begehrten Kringel mit der gehaltvollen Substanz von 210 Kalorien bis zur Spezialversion von 390 Kalorien genussvoll verzehren zu können, bedarf es einer durchschnittlichen Wartezeit von sage und schreibe 90 Minuten!

Genau das aber entspricht traditioneller japanischer Mentalität. Wenn etwas so begehrt ist, dass sich lange Schlangen bilden, um es zu erhaschen, dann muss es einfach gut sein. Folgerichtig stellt sich der Durchschnittsbürger beinahe automatisch hinten an. Die lange Wartezeit aber weckt gemeinschaftliche Vorfreude und steigert den späteren Genuss ins Unermessliche. Würden sich keine langen Schlangen mehr vor dem besagten Laden in *Shinjuku* bilden, dann wäre das für die Werbestrategie des Konzerns eine einzige Katastrophe und man könnte bald die Schotten dicht machen, statt wie geplant zu expandieren.

Es bleibt also am Ende zu hoffen, dass die Söhne und Töchter *Nippons* trotz aller neuartigen Leckereien ihrer guten alten Art zu essen weitestgehend treu bleiben werden.

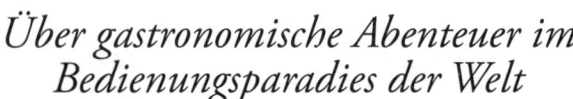

Über gastronomische Abenteuer im Bedienungsparadies der Welt

Für den unabhängigen Nichtpauschaltouristen und budgetbewussten Globetrotter ist der tägliche Hunger weltweit ein Hauptärgernis. Die routinemäßige Nahrungsaufnahme wird zum schwer lösbaren Problem, denn was und wo soll man möglichst billig, aber trotzdem genießbar essen?

Er spricht weder die Landessprache, noch traut er den fremdartigen Küchendüften und irrt deshalb mit knurrendem Magen unentschlossen von Restaurant zu Restaurant, um am Ende ermüdet und resigniert im Ungeeignetsten zu landen. Falls überhaupt vorhanden, ist die Speisekarte für ihn ein Buch mit sieben Siegeln, das er genauso wenig zu deuten vermag wie eine altägyptische Hieroglyphe. Nur allzu oft verschwindet außerdem in manchen Ländern diese Orientierungshilfe beim Nahen eines ahnungslosen Fremden auf Nimmerwiedersehen. Mit Vorliebe wird dann dem Fremden das sündhaft teure Spezialmenü des Hauses angedreht. Mehrmals erlitten, hätte das für den Kassenbestand eine *ökonomischen* Weltenbummlers katastrophale Folgen.

Routiniers entwickeln aus reinem Selbsterhaltungstrieb verschiedene Abwehrmethoden, um solchen Finanzdesastern vorzubeugen, die in diesem Rahmen nicht weiter untersucht zu werden brauchen.

Um wie viel leichter ist es auf diesem Gebiet in Japan! Schon von der Quantität her ist *Nippon* unschlagbar, denn die Anzahl von Esslokalen aller Kategorien über oder in Tunnelstädten unter der Erde ist unübersehbar.

Fast alle Restaurants verfügen zudem über vitrinenartige Schaufenster mit sehr naturgetreuen Gipsattrappen dort zubereiteter Speisen. Sehr dekorativ angeordnet stehen sie mit Preisschildern versehen in Reih und Glied und machen die Bestellung dadurch kinderleicht: man braucht nur einen Kellner dezent am Arm zu zupfen und in Richtung Schaufenster zeigen und er konstatiert automatisch: ›*Aha, der* Gaijinsan (Ehrenform durch Anhängen von *san*; kein japanischer Kellner ist selbst im geheimsten Denkprozess so unhöflich, die notwendige Ehrenform zu vergessen) *will etwas bestellen!*‹

Ohne zu zaudern wird er unverzüglich dem sprachenunkundigen Gast hinaus folgen und vor dem Schaufenster Aufstellung nehmen. Dieser seinerseits zeigt jetzt nur noch unmissverständlich auf die gipserne Darstellung der gewünschten Mahlzeit, die seinen pekuniären Verhältnissen angemessen ist, und alle Schwierigkeiten sind im Handumdrehen beseitigt.

Von einigen unrühmlichen Übertreibungen abgesehen, entspricht das Wachsimitat im Schaufenster in Quantität und Aussehen tatsächlich haargenau dem, was der Unkundige später serviert bekommen wird.

Die praktischen Nachbildungen haben eine historische Tradition, die bis in die *Meiji*-Periode zurückgeht und zwar auf den bereits ausgiebig geschilderten Zeitpunkt, als der Bambusvorhang 200 Jahre langer Selbstisolation sich öffnete. Holländer und Engländer wurden in *Nagasaki* wohlwollend zum Ansiedeln ermutigt und neben technischen Errungenschaften und Navigationskenntnissen brachten sie auch die gewohnten Speisen ihrer Heimat mit nach *Nippon*. Damals mögen sie und ihre unaussprechlichen Namen den Einheimischen bestimmt ebenso fremd und verwirrend erschienen sein wie heutzutage Touristen die Vielfalt unbekannter japanischer Gerichte.

Als fremdartige Esskultur öffentliche Restaurants zu erobern begann, war es bei der Begabung des Japaners, die kleinen Dinge des Alltags so einfach wie möglich zu gestalten, nur eine Frage kurzer Zeit, bis die ersten Wachsattrappen von *Gaijin*-Gerichten in Schaufenstern aufgestellt wurden.

Zunächst dienten sie lediglich als Orientierungshilfe für Japaner im ausländischen Speisefahrplan. Ihre unbekannten Schöpfer werden bestimmt nicht im Geringsten daran gedacht haben, dass ein Zeitalter des Tourismus heraufdämmern könnte und ihre Kreation einmal ausländischen Besuchern ohne Sprachkenntnisse bei der Auswahl ihrer Mahlzeit behilflich sein könnte.

Eine weitere große Hilfe bei der Erforschung der fremdländischen Gastronomie ist die Tatsache, dass in Japan fünfundsiebzig Prozent aller Küchen zum Lokal hin offen sind und so von jedermann das verarbeitete Material, die hurtigen Bewegungen des lautstark agierenden Personals und der blitzblanke Arbeitsplatz bewundert werden können.

Außerdem sind viele kleine Restaurants in Form einer Essbar gestaltet, hinter der ein oder zwei Personen kochend, brutzelnd, bratend und servierend den auf Hockern thronenden Gästen schnell zubereitete Gerichte reichen.

Doch damit sind die Vorzüge japanischer Gastronomie bei weitem nicht erschöpft, so dass man sich nach längerem Aufenthalt im Paradies des freundlichsten Service auf Erden recht schwer tut, anderswo unhöfliche und langsame Keller zu tolerieren.

Schon beim Betreten des Restaurants beginnt ein regelrechtes Höflichkeitszeremoniell. Wie beschäftigt das gesamte Personal auch sein mag, es findet trotzdem für jeden neuen Gast Zeit, sich höflich zu verbeugen und im Chor zu rufen: *»Irasshaimase!«* (Willkommen!)

Dieser Ausdruck herzlicher Begrüßung ist fester Bestandteil öffentlichen Benehmens, den niemand versäumt, voller Enthusiasmus lauthals anzubringen. In *Kyoto* stehen selbst die offiziell verbotenen Prostituierten nicht abseits dieses Höflichkeitschores. Warten sie doch in einer gewissen Straße geduldig auf Kundschaft und rufen vorbeischlendernden Männern unter tiefen Verbeugungen zu: *»Irasshaimase!«*

Kaum sind im Restaurant die Willkommensschreie verklungen, setzt sich die Bewirtung mit prompter, aufmerksamer Bedienung fort. Den sattsam bekannten Prototyp eines Obers, der mit lässig aufreizender Nonchalance durch den langsam Verhungernden hindurchschaut, sucht man in Japan vergeblich. Kaum sitzt der Gast, schon steht ein Glas mit kostenlosem, erfrischendem Eiswasser vor ihm auf den Tisch und Kellner oder Serviererin lauschen aufmerksam seiner Bestellung. Was auch immer gewählt wird, man bekommt es in der wirklich minimalen erforderlichen Zeit.

Selbst chaotisch überfüllte Flughafenrestaurants machen hier keine Ausnahme und aufkeimende Besorgnisse, entweder das gewünschte Essen oder den gebuchten Flug sausen lassen zu müssen, verlieren sich schnell. Augenfällig ist das Überwiegen junger Bedienungskräfte, die solchermaßen in Ferien oder Freizeit ihr Taschengeld auffrischen und ansonsten wohl Universitäten zieren.

Auch der Abschluss einer jeden Mahlzeit im Restaurant ist erfreulich. Die weltweite Unsitte des Trinkgeld-Geben-Müssens existiert in Japan nicht. Grundsätzlich kassiert das Personal nie selbst, sondern reißt nur von einem Täfelchen eilig ausgefüllte Bestellbons ab. Diese werden zur Bearbeitung umgehend in die Küche weiter gereicht. Der Gast behält die Tafel mit der Durchschrift seiner Bestellung auf dem Tisch.

Beim Verlassen des Lokals schlendert er damit an die stets beim Ausgang liegende Kasse und begleicht seine Rechnung gemächlich auf Heller und Pfennig. Kaum hat er sich in dieser löblichen Absicht vom Platz erhoben und schickt sich zum Aufbruch an, da beginnt - wie auf ein unsichtbares Kommando hin - wiederum allgemeines Rufen einzusetzen, das sich wie ein Echo vom Kellner über den Küchenchef bis zum Kassierer fortpflanzt und sich nach Begleichen der Rechnung mindestens ein Mal in umgekehrter Reihenfolge wiederholt: *»Arigato gozai masu!«* (Vielen Dank!)

Dabei spielt die Höhe der Rechnung nicht die geringste Rolle.

Hat der Ausländer auch nur ein wenig Japanisch aufgepickt, so kann er der vollsten Bequemlichkeiten, die jeder Einheimische wie selbstverständlich genießt, teilhaftig werden. Personalmangel ist in Japan ein Fremdwort. Viel mehr gewinnt der unbefangene Betrachter den Eindruck, dass überall jeder Posten mindestens dreifach besetzt ist, wobei natürlich auch die Gastronomie keine Ausnahme bilden darf. Für Langschläfer und Morgenmuffel, denen es schwer fällt, sich vom Bett zu trennen, ein wahres Paradies: ein Anruf genügt, und das Restaurant an der Ecke liefert in minutenschnelle frei Haus!

Dabei spannt sich der Bogen sehr weit vom Kaffee oder Erfrischungsgetränk über einen leichten Imbiss bis zum kompletten Menü. Auf besonderen Wunsch trippelt der Kellner oder die Serviererin nach Entledigen der Schuhe durch die deshalb nur angelehnte Tür bis ans Bett, setzt höflich grinsend das Gewünschte ab und entfernt sich unter zahlreichen Verbeugungen und Entschuldigungen. Das alles selbstredend ohne Trinkgeld, Bedienungsaufschlag oder sonstige verschleierte Nebenkosten!

Nach beendeter Mahlzeit wird das benutzte Geschirr auf dem Tablett, welches die Bedienung mitgebracht hatte, einfach vor die Wohnungstür gestellt und später irgendwann mal wieder eingesammelt.

Allerdings klappt der Abtransport schmutzigen Abwaschs offensichtlich nicht immer so reibungslos wie die Abfütterung frei Haus. Speziell in mittelteuren Appartementhäusern mit Bewohnern die selten selbst kochen, ist schmutziges Geschirr mit angetrockneten Speiseresten in den langen Fluren jeder Etage ein alltäglich vertrautes Bild.

Übrigens: in den sehr teuren Restaurants der Luxusklasse geht es auch nicht höflicher zu, denn eine Steigerung wäre in vielen Fällen kaum noch denkbar. Dafür aber distinguierter, leiser und gedämpfter. Die Höflichkeit wird hier quasi im Flüsterton auf Filzsohlen präsentiert.

Die äußerst höfliche Präsentation der Speisen sei hiermit hinreichend verständlich dargebracht, aber was sollte ein Japanbesucher, abgesehen vom bereits gepriesenen *Kobe*-Steak denn nun unbedingt in einem guten Restaurant probieren?

Aus der Fülle japanischer Gerichte ragen die folgenden heraus, die auch bei *Gaijin* sehr beliebt sind:

Sukiyaki

(ursprünglich Pflugbraten, heute denkt man bei dem eigentlich nicht mehr zu übersetzenden Namen des Gerichts mehr an eine andere Bedeutung von suki *im Sinne von ›wohlschmeckend‹.)*

Es ist ein verhältnismäßig neues Gericht, das erst seit knapp 100 Jahren zubereitet wird. Fleischessen war nicht länger unschicklich und neue Rezepte für schmackhafte Zubereitungen sehr gefragt. Über Ursprung und Namensgebung des *Sukiyaki* gibt es verschiedenartige Überlieferungen und Deutungen.

Am wahrscheinlichten wurde die Idee dazu in ländlichen Regionen als Produkt äußerst rationellen Denkens und totaler Materialausnutzung geboren. Nach Feierabend reinigte der hungrige Bauer im Handumdrehen gewöhnliche Pflugscharen und benutzte sie leicht zweckentfremdet als Bratpfanne, auf der über offenem Feuer optimal dünn geschnittene Fleischscheiben verlockend brutzelten. Tatsächlich heißt *Suki* auf Japanisch Pflug und *Sukiyaki* demnach weiter nichts als *Pflugbraten*. Für die Richtigkeit dieser originellen Entstehungsgeschichte übernimmt allerdings selbst der größte Kenner japanischer Sitten und Bräuche keine Gewähr.

Immerhin ist aber heute noch, vielleicht in Anlehnung an ursprünglich benutzte Pflugschneiden, eine dickwandige Pfanne für die Zubereitung dieses beliebten Gerichtes unbedingte Voraussetzung. Jeder echte Japaner schwört deshalb Stein und Bein darauf, dass eine dünnwandige Pfanne auf keinen Fall genügt.

In der heutigen Gastronomie unterscheiden wir drei Methoden der *Sukiyaki*-Zubereitung:

1) Eine Variante, die offensichtlich auf kaiserliche Entenjagdpartys zurückgeht. Unmittelbar nach erfolgreich beendetem Vogelgemetzel macht man sich mit gesundem Appetit über die ganz frische und zarte Beute her. An die Urvariante anknüpfend werden dünne Scheiben Entenfleisch in einer Mischung aus *Shoyu* und *Mirin* über Holzkohlenfeuer erhitzt. Das delikate Fleisch ist fast augenblicklich gar und wird nach nur einmaligem kurzem Umdrehen gleich aus der Pfanne gefischt. Entenfleisch kann dabei wahlweise auch durch Rind- oder Schweinefleisch ersetzt werden.

2) Eine Variante, die den Fleischvielfresser in Entzücken versetzt. In der heißen Pfanne wird Fleischfett oder Butter geschmolzen, worin die ganz dünn geschnittenen Fleischblättchen gebraten und sofort mundheiß mit *Shoyu* oder Salz gegessen werden. Diese Art von *Sukiyaki* soll bei fachmännischer Zubereitung so zart sein, dass sie förmlich im Munde schmilzt und dem wahren Genießer ermöglicht, gewaltige Quantitäten davon zu verzehren!

3) Die gebräuchlichste Variante. Sie ist für den Fremden das *Sukiyaki* schlechthin. Kaum eine Belegschaftsfeier in Japan arbeitender *Gaijin,* die als Höhepunkt eines erfolgreich beendeten Arbeitsabschnittes kein *Sukiyaki*-Essen mit sich bringt. Ob Amerikaner oder Europäer, niemand hält sich vornehm zurück, wenn bei solchen Anlässen aus überdimensionalen Pfannen mit Stäbchen gefischt wird. Zu dieser Art gehören entschieden mehr Zutaten. Auf einem

standfesten Kocher in der Mitte des Tisches steht eine große, tiefe Pfanne. Zunächst wird Fleischfett darin ausgelassen und nachdem der Boden derartig präpariert wurde, bereitet man die typische Soße, deren Aroma später in jede Pore der verwendeten Zutaten einzieht. Sie besteht aus zwei uns inzwischen schon vertrauten Dingen, nämlich *Shoyu* (Sojasoße) und *Mirin* (süßer Sake), dazu etwas Zucker. In sehr guten Restaurants oder bei reichen Familien benutzt man außerdem noch *Katsuoboshi* (getrockneter Bonito-Fisch). Ein solches Mahl dauert mindestens zwei Stunden. In seinem Verlauf werden dem brodelnden Sud die verschiedenartigsten Gemüse und folienhaft dünne Fleischscheiben beigegeben. Man wendet sie höchstens ein- oder zweimal, bis sie genügend durchgebraten sind. Mit Stäbchen werden sie ebenso wie die anderen Zutaten herausgefischt, in ein kleines Schälchen mit rohem Eigelb getaucht und schließlich genussvoll verzehrt. Das Grundprinzip japanischer Speisen, möglichst viel Vitamingehalt zu erhalten, bleibt so voll und ganz gewahrt. Die gebräuchlichsten Zutaten bei dieser Variation sind: japanische Zwiebelscheiben, Lauch, Bambus, Trockenpilze, *Shirataki* (zerkleinerte Teufelswurzel), *Tofu*, spezielle Glasnudeln, eine Art runder Trockenkuchen, der sich ähnlich wie eine Backpflaume mit Flüssigkeit voll saugt, dazu als Krone des Ganzen die schon erwähnten dünnen Fleischscheiben von möglichst guter Qualität.

Natürlich bereitet in Japan der Einkauf fachgerecht geschnittenen *Sukiyaki*-Fleisches keinerlei Schwierigkeit. Jeder Fleischer ist darauf trainiert. In Deutschland sieht das ganz anders aus. Sehr dünne Folien zu schneiden kostet Zeit und Zeit ist Geld

Eine höflich lächelnde Japanerin brachte die Spezialabteilung für besondere Wünsche eines großen Hamburger Kaufhauses mit ihrer Bitte nach superdünnen Fleischscheiben total durcheinander. Als man ihr nach zwei missglückten Testanschnitten das, wie man nun stolz glaubte, Optimum an Dünne lobheischend präsentierte, sagte sie mit unnachahmlicher japanischer Nachgiebigkeit (das Prinzip des Judo ist ebenfalls Siegen durch scheinbares Nachgeben): »Sehr schön, das haben sie wirklich großartig gemacht, aber vielleicht ginge es noch um die Hälfte dünner?«

Sushi

Während bei Ausländern, die in Japan leben, lange Zeit *Sukiyaki* die Nummer 1 unter allen japanischen Gerichten gewesen ist, begann sich diese Priorisierung in der Gesellschaft allmählich zu verschieben. Heutzutage, im Zeitalter der Globalisierung, dürfte nicht nur in Japan, sondern in vielen anderen Ländern auf der Welt die Leib- und Magenspeise jedes echten Japaners in die führende Position gerückt sein: *Sushi.*

Einige Sorten sind so unglaublich gut, dass ein *Gaijin,* dessen Geschmacksnerven entsprechend geschult sind, für eine Einladung in ein führendes, stets überfülltes *Sushi*-Restaurant in *Tokyo* oder *Osaka* dem Teufel seine Seele verschreiben würde.

Als der Autor in den Siebziger Jahren nach seinem ersten Japanaufenthalt begeistert in Deutschland von solch ungewöhnlichen Gaumenfreuden berichtete, bestand das allgemeine Echo aus empörter Ablehnung: »Pfui, roher Fisch auf Reishäufchen, da dreht sich mir der Magen um!«

Ursprünglich war *Sushi* (der Japaner benutzt das Wort nur mit der Ehrenform davor, sagt also *O-Sushi*) weiter nichts als eine etwas eigenwillige Methode, Fisch zu säuern. Man legte verschiedene Fischsorten zwischen Schichten aus Reis und ließ sie in Frieden dort ruhen, bis der Reis in einen Gärungsprozess überging. Nach Meinung der Japaner, die, wie wir schon wissen, ein Faible für säuerliche Geschmackskomponenten haben, soll so präparierter Fisch besonders delikat sein. Der Reis allerdings hatte nach dieser Prozedur seine Schuldigkeit getan und wurde in den Abfall geworfen.

Diese sinnlose Verschwendung muss wohl einigen sparsamen Bäuerinnen steter Dorn im Auge gewesen sein. Deshalb war es nur eine Frage der Zeit, dass Abhilfe geschafft wurde.

Man begann, den Reis künstlich mit Essig zu säuern und konnte ihn jetzt auch verzehren, womit der entscheidende Schritt zur *Sushi* der Neuzeit getan war:

Man nehme die beste Sorte Reis und kocht sie nach altbewährtem Muster. Essig, Salz und ein wenig Zucker werden in richtiger Abstimmung hinzugefügt und alles zusammen mit einem Fächer so schnell wie möglich abgekühlt. Am Ende wird Gemüse zerkleinert und gekochter Fisch dazwischen gemischt.

Historisch betrachtet, brachte erst die *Tokugawa*-Periode die wirkliche Verfeinerung der *Sushi*-Zubereitung. Neue Kochtechniken entwickelten sich und ganz unterschiedliche Arten entstanden. *Osaka* und *Edo* wurden Hochburgen des neuen Esskults. Allerdings erdachten beide Städte sehr unterschiedliche Neuschöpfungen.

Osaka bescherte die *Oshi-Sushi* (gepackte *Sushi*) oder *Hako-Sushi* (Kasten-*Sushi*). Der expertenhaft gesäuerte Reis wird dabei in einen rechteckigen Kasten getan, man legt unterschiedliche Fische und Gemüse darauf und beschwert dann den Kasten mit Gewichten, wodurch Reis und Zugaben fest zusammengepresst werden. Das gewonnene rechteckige Stück nimmt man aus dem Kasten heraus und zerschneidet es in passende Teile, die sehr häufig zusätzlich noch in *Nori* eingerollt werden. Da diese Kreation in der zweitgrößten Stadt des Landes entstand, wird sie auch *Osaka-Sushi* genannt.

Edo, das große Kulturzentrum Nippons, bescherte die Königin aller Arten: die *Nigiri-Sushi* (mit der Handfläche geformte *Sushi*). In einem Spitzenrestaurant kann sie unglaublich wohlschmeckend sein. Manche *Sushi*-Etablissements haben unter ihren Fans einen geradezu legendären Ruf. Sie stehen in Schlangen vor dem Eingang, um einen Sitzplatz zu erhaschen, obwohl man über die Preise lieber den Mantel der Nächstenliebe decken sollte - denn Qualität ist sehr, sehr teuer.

Wie der Name schon andeutet, wird bei der Herstellung die präparierte Reismasse mit der linken Hand genommen und unter Assistenz der ersten zwei Finger der rechten Hand zu kleinen, mundgerechten Häufchen geformt, auf die kunstvoll und optisch sehr ansprechend mit *Wasabi* gewürzte Rohfischscheiben oder andere Fischspezialitäten gelegt werden. Diese fischigen Appetithäppchen wurden so beliebt, dass man nicht umhin zu kommen glaubte, ihnen einen legendären Schöpfer zubilligen zu müssen. Im frühen 19. Jahrhundert soll ein gewisser *Yohei-san* (Herr Yohei) derjenige gewesen sein, welcher zum ersten Mal die Menschheit mit selbst entworfener *Nigiri-Sushi* beglückte. Seine historische Wahrscheinlichkeit ist jedoch mindestens genauso zweifelhaft wie die des Schweizer Nationalhelden Wilhelm Tell.

Sicher ist dagegen der enge Zusammenhang zwischen *Kabuki*-Theater und dem Entstehen der *Nigiri-Sushi*. Diese volkstümlichen, farbprächtig ausgestatteten Bühnenspiele, bei denen auch Frauenrollen von Männern verkörpert werden, erfordern von jedem Zuschauer die letzten Reserven an Durchhaltevermögen, denn vom frühen Morgen bis zum späten Abend ergießen sich Liebe, Lust, Leid und Seelenschmerz über die geduldig Ausharrenden und ein Schauspiel folgt nahezu ohne Pause dem anderen.

Da selbst Kulturbeflissene solch eine Gefühlstortur nicht ohne Speise und Trank durchstehen können, wird bei *Kabuki*-Festspielen während der Vorstellungen ungeniert und mit bestem Appetit geschmaust, um physische Reserven zu behalten. Der Bequemlichkeit halber - japanische Logen sind stets so eng, dass ein *Gaijin* nur sehr schwer seine Beine dort unterbringt - aß und isst man hauptsächlich kleine mundgerechte Reishäufchen, die in einem oder zwei Bissen herunterzuschlucken sind. Man nennt sie anschaulich *Maku-no-uchi* (zwischen den Vorhängen). Diese Kulturberieselungsdurchhaltespeise hat ganz offensichtlich dazu inspiriert, *Nigiri-Sushi* herzustellen.

Heutzutage ist der Besuch eines *Sushi*-Restaurants im klassischen *Edo*-Stil ein besonderes Erlebnis. Meist hat das Lokal die Form einer hölzernen Bar, vor der man auf Holzhockern sitzt. *Sushi*-Zubereiter, die mit malerischen Stirnbändern voll japanischer Schriftzeichen an verwegene Seepiraten erinnern, huschen geschäftig hin und her. In einem eigenartigen Singsang wiederholen sie lautstark die Bestellungen und finden dazwischen genügend Zeit, neue Gäste noch lauter Willkommen zu heißen.

Wichtigster Bestandteil der Bar sind tiefgekühlte Glaskästen, in denen farbenfroh die verschiedenen Fischzutaten direkt vor der Nase des Besuchers zu begutachten sind. Man zeigt auf den gewünschten Fisch und postwendend formt ein Pirat unwahrscheinlich geschickt und schnell die gewünschte *Nigiri-Sushi*.

Zubereiter von *Sushi* und *Sashimi* sind hochgeschätzte Spezialisten, die ihr Handwerk einige Jahre lang erlernen mussten, denn allein das fachgerechte Zerschneiden des Fisches ist eine hohe Kunst für sich. Auf kleinen rechteckigen Tellerchen wird die auf diese Weise kunstvoll entstandene und handfrisch zubereitete *Nigiri-Sushi* dem Hungrigen zugeschoben. In vielen Restaurants errechnet man später durch Auszählen des Tellerberges, der sich neben dem Gast stapelt, die Gesamtzeche. Vor jedem fröhlich Speisenden und die Reishäufchen in Sojasoße Tauchenden sprudelt eine Miniaturwasserfontäne, so dass die vom Reis verklebten Finger ständig gesäubert werden können.

Mittlerweile sind ähnlich gestaltete *Sushi*-Bars aus keiner deutschen Großstadt mehr wegzudenken, ohne allerdings die ganz spezielle Atmosphäre japanischer Vorbilder auch nur annähernd ausstrahlen zu können. Teure Japan-Restaurants dagegen wie zum Beispiel das *Mifune* in München, das vom verstorbenen gleichnamigen berühmten Filmschauspieler eröffnet worden war, könnten auch durchaus in *Nippon* bestehen.

Tempura

Obwohl *Tempura* ebenfalls erst seit knapp hundert Jahren von allen Schichten der Bevölkerung mit Begeisterung geknabbert wird, ist sie doch schon entschieden länger in Japan bekannt. Vermutlich entstand eine neue Art, Gemüse und Fisch zu braten, bereits im 16. Jahrhundert durch das Beispiel christlicher Missionare. Die Verbreitung dieses Ur-*Tempura* beschränkte sich allerdings zunächst auf *Kyoto* und Umgebung, wo *Tempura*-Stände Anfang des 17. Jahrhunderts bereits fester Bestandteil des Stadtbildes waren.

Anno 1616 machte das neue Gericht sogar große Geschichte, wenn auch auf recht zweifelhafte Art. Der immer wieder zu zitierende *Shogun Ieyasu Tokugawa*, der listenreiche Begründer der *Tokugawa*-Dynastie, verbrachte seinen Ruhestand in *Shizuoka*. Am 17. April des geschichtsträchtigen Jahres aß er erstmalig auf die neue Weise gebratene *Tai* (Seebrassen), die ihm so satanisch gut schmeckten, dass er sich höchst unmajestätisch daran überfraß. Das erschütternde und zu Herzen gehende Resultat dieses harmlos klingenden Malheurs ließ den berühmten Greis sterben. Einige Stunden nach dem verhängnisvollen Mahl passierte das Desaster! Offiziellerweise versuchte man pikiert, diese Begebenheit zu vertuschen, aber im Volk hielt sich hartnäckig das Gerücht: ›Tempura *hat ihn getötet!*‹

Treppenwitz der Weltgeschichte ist, dass der tragisch-komisch verschiedene *Shogun* vermutlich noch nicht einmal den Namen der neuen Speise gewusst hatte, die ihm so unheroisch den Garaus machte. Zwar kannte man zu seiner Zeit bereits die Zubereitungsmethode, hatte dem Gericht aber noch keine bestimmte Bezeichnung gegeben. Der Name *Tempura* bürgerte sich erst Mitte des 18. Jahrhunderts ein, wahrscheinlich zu dem Zeitpunkt, als *Tempura* auch in *Edo*, dem geistigen Zentrum des Landes, für gesellschaftsfähig erklärt wurde.

Während in *Kyoto* bereits 150 Jahre früher an Straßenständen *Tempura* verkauft wurde, dauerte es in *Edo* bis zum Jahre 1785, ehe man sich ebenfalls dazu herabließ. Restaurants, welche die neue Speise für fein genug befanden, um sie zu servieren, wurden dort sogar erst im Jahre 1865 eröffnet

Der Ursprung des Namens *Tempura* ist noch nicht restlos geklärt, weshalb auf eine Übersetzung verzichtet werden muss. Man vermutet allerdings, dass er von dem spanischen oder portugiesischen Wort für Tempel bzw. Tempelherr abgeleitet wurde.

Für eine erstklassige *Tempura* braucht man erstklassiges Material. Je besser die Qualität der verarbeiteten Fische und Gemüsesorten, desto besser schmeckt natürlich die *Tempura*. Am schmackhaftesten ist die aus *Ebi* (Hummer). Da Hummer leider auch in Japan seltener geworden ist, weicht man ersatzweise häufig auf amerikanische Steingarnelen aus. Den echten Fachmann allerdings können weder diese, noch tiefgekühlter Hummer aus der Reserve locken. Er schmeckt mit traurig herunterhängender Unterlippe sofort den Unterschied zwischen *genial* und *hausbacken* heraus.

Zum Braten sollte eigentlich nur Sesamöl von erstklassiger Qualität benutzt werden, denn minderwertiges Öl verdirbt die besten Zutaten. Leider mogeln in der profanen Gegenwart sogar führende Etablissements ein wenig und mischen sehr teures *Goma Abura* (Sesamöl) mit Olivenölen. Zumindest sind die aber meist von ausgezeichneter Qualität.

Der wahre Schlüssel zum Gelingen liegt nach Expertenmeinung in der Güte der Panierung, da Gemüse und Fisch vor dem Sieden in einem genau abgestimmten Teig aus Weizenmehl und Eiern gewälzt werden. Im Volksmund wird behauptet: wenn die Panierung nichts taugt, wird die ganze *Tempura* schlecht!

Falls bei der Zubereitung alle bisher genannten Details stimmen, dann muss zum perfekten Gelingen nur noch die Temperatur des siedenden Öls beachtet werden, denn verschiedene Zutaten brauchen auch verschiedene Hitzegrade.

Im Grunde genommen ist *Tempura* ein Gericht, welches japanischen Essgewohnheiten in keiner Beziehung entgegen kommt, denn es verträgt die den Essvorgang würzende Konversation, die dem Japaner wichtiger zu sein scheint als die Speise selbst, absolut nicht.

Lauwarm genossen ist sie für Feinschmecker ebenso unerträglich wie für den feurigen Casanova eine gefühlskalte Frau! Vielleicht hat dieses wirklich schmackhafte Gericht deshalb so lange Zeit gebraucht, bis es voll akzeptiert und überall geschätzt wurde.

Sake (Reiswein)

Was wäre die beste Speise im schönsten Restaurant ohne einen guten Tropfen dazu? Bestenfalls würde sie uns vorher im Hals stecken bleiben, ehe sie, allzu trocken im Magen eintreffend, dort Schimmel ansetzen und die Dauer unseres weiteren Erdendaseins arg verkürzen könnte. Aus diesem Grund darf das japanischste aller Getränke nicht unerwähnt bleiben: *Sake*.

Der Vollständigkeit halber sei zunächst noch zusätzlich angedeutet, dass vier Großbrauereien ziemlich gute Biere verzapfen, die in erheblichen Mengen getrunken werden. Biergärten sind in *Tokyo* oder *Osaka* genauso häufig zu finden wie in München und werden ebenso gern aufgesucht. Allerdings, der japanischen Platznot geradezu ideal angepasst, vorwiegend auf Dächern von Kaufhäusern oder anderen hohen Gebäuden.

Neben Bier gibt es zwei recht gute einheimische Whiskymarken, die in ihrer Geschmacksrichtung weniger rauchig, aber wohl auch verträglicher als original schottischer Whisky sind. Der Gigant an Produktionsausstoß ist eine Firma mit dem Namen *Suntory*, die außerdem eine Fülle europäischer Weine und Liköre im Lande nachkreiert und den nicht gerade bescheiden anmutenden Slogan in die Werbeschlacht wirft: *Suntory, the finest Whisky under the sun!*

Doch zurück zum *Sake*. Das japanische Nationalgetränk ist ein seltsames Gemisch von Getränk, Speise und Medizin. In ländlichen Gemeinden nennt man es *Hyakuyaku-no-cho,* was ungefähr ›die allererste von hundert Medizinen‹ bedeutet. Eine Einstufung, die von Sachverständigen zwar nachsichtig belächelt wird, schwören aber nicht auch in unseren kalten Gefilden viele Menschen bei Erkältungen auf die heilsame Wirkung eines richtig *steifen* Grogs? Da kann die Schulmedizin noch soviel Zeter und Mordio dagegen schreien.

Bevor *Sake* als Medizin oder gar als alkoholisches Getränk Furore machte, wurde er mehr als Speise betrachtet. Selbst heute existiert noch der Ausdruck *Sake o kurau* (Sake essen). Ein gebildeter Städter würde diesen Ausspruch zwar nicht einmal mit der Kohlenzange anfassen, geschweige denn aussprechen, da er aus unerklärlichen Gründen als sehr vulgär gilt, die Formulierung war aber ursprünglich durchaus berechtigt, denn *Sake* wurde sehr grob gebraut und ähnelte stark der Speise *Haferschleim*. Zum Glück verfeinerten sich die Herstellungsmethoden so sehr, dass er die heutige, über die Zunge rinnende, flüssige Form annahm, die seinem nicht zu unterschätzenden Alkoholgehalt angemessener ist. Wie bei anderen hochgeistigen Getränken variieren die Qualitäten vom minderwertigen Rachenputzer bis zum kopfschmerzenfreien Spitzengebräu.

Zuerst wurde *Sake* nur kalt getrunken. Eine Sitte, die sich in Hof- und *Shinto*-Ritualen erhalten hat. In der *Heian*-Periode (8. Jahrhundert) begann man damit, ihn aufzuwärmen. Die Idealtemperatur liegt hierbei bei 40 Grad.

Der Grund dafür lässt sich nicht mehr hundertprozentig rekonstruieren, wahrscheinlich hat es sich aber wie folgt ergeben: im Winter war die Hauptstadt der *Heian*-Periode (794-1192), *Kyoto,* einer der kältesten Orte im ganzen Land. Daher wurde damals nur vom 9. September bis zum 2. März *Sake* mit menschlicher Körpertemperatur plus Fieberaufschlag getrunken. Später erweiterte man diese Trinksitte auf das ganze Jahr. Allerdings beileibe nicht bei allen Sorten, sondern nur bei den Rachenputzern, denn minderwertige Reisweine enthalten schlechte Fuselöle, die bei der Erhitzung verdunsten und den üblen Geschmack verschwinden lassen.

Bezeichnend ist in diesem Zusammenhang, dass später in der *Tokugawa*-Periode (1605-1867) vom einfachen Volk der tägliche Reiswein warm genossen wurde, während Höhergestellte an der kalten Variante festhielten. Heute hat der warme Weg fast auf der ganzen Linie gesiegt, was keine Aussage über Qualität und Nichtqualität sein soll!

Natürlicherweise spielt das japanischste aller Getränke die dominierende Rolle bei der Urform hiesiger Geselligkeit, denn so lange Alkohol überhaupt bekannt ist, sind im Lande *Nippon* Trinkpartys ungeheuer beliebt. Eine Notwendigkeit, die sich gut aus der Agrarstruktur des Inselreiches erklären lässt. In der Vielzahl von der Außenwelt abgeschlossener Gemeinden war ein gutes nachbarschaftliches Verhältnis lebensnotwendig, da alle Mitglieder der Gemeinschaft voneinander abhingen. Darüber hinaus war man ohnehin um eine oder mehrere Ecken miteinander versippt und verschwägert. In manchen Orten hat sich das auch heute noch nicht geändert. Auf der Halbinsel *Noto* am japanischen Meer fand beispielsweise der Autor in einem Dorf nahezu an jeder Haustür den Namen *Ishigaki*.

Außer Arbeit und Kinderkriegen gab es damals kaum Abwechslung, denn das jung und alt berieselnde Fernsehen wurde bekanntlich erst in der Neuzeit erfunden. Allmählich bildete sich deshalb eine Gewohnheit heraus, die ein wenig Abwechslung in den tristen Alltag brachte. Von Zeit zu Zeit trafen sich Männlein und Weiblein der gesamten Gemeinde zu einem fröhlichen Plausch an einem zentralen Punkt und man verzehrte gemeinsam die Speisen, die jede Familie mitgebracht hatte. Das war nicht nur unterhaltsam, sondern bot eine günstige Gelegenheit, die *Tsukemono* (japanische Pickles) der Nachbarin zu begutachten. So mancher biedere Bauer könnte dabei zu zweifeln begonnen haben: ›Ihre Takuwan *sind verdammt gut. Ob ich nicht doch die Falsche geheiratet habe?!*‹

Solche Zusammenkünfte, die helfen sollten, Einigkeit und engere Beziehungen zu verstärken, nannte man anfangs *Moru* (teilen, auf den Teller häufen). *Moru* bedeutete also zunächst lediglich zusammenkommen, um gemeinsam zu essen. Mit dem immer volkstümlicher werdenden Trinken von *Sake* veränderten diese Gemeinschaftstreffen ihren Charakter und wurde künftig als *Saka-Mori* bezeichnet.

Trank man ursprünglich etwas *Sake* zu den Gerichten, so aß man bald in Umkehrung des Tatbestandes eine Kleinigkeit zum *Sake*. Das Betrinken in des Wortes wörtlichster Bedeutung wurde allmählich Hauptinhalt solcher Zusammenkünfte. Dabei galt und gilt es heute noch - besonders auf dem Lande - bei Trinkpartys als ungesellig, um nicht zu sagen unsozial, nicht bis über den Stehkragen hinweg voll zu sein. Nichts ist für einen traditionell geprägten japanischen Gastgeber kränkender als ein Besucher, der seine alkoholischen Getränke verschmäht. Zum großen Glück für verschämte Abstinenzler ist der ideale Hausherr allerdings sehr bald nicht mehr in der Lage, die Situation einzuschätzen, da er selber mit bestem Beispiel vorangeht!

Die klassischen *Saka-Mori* fanden in bestimmten jahreszeitlichen Abschnitten statt oder es wurde einfach ein Grund konstruiert, falls der Durst einmal zu groß wurde. Auch diese traditionelle Gewohnheit hat sich voll und ganz erhalten. Ohne erklärten Grund trinkt man nicht, denn jedes Kind muss einen Namen haben. Doch wie unendlich leicht ist ein Anlass gefunden, aus dem sich im Handumdrehen ein lustiges Besäufnis organisieren lässt. Und da man Kindern und Betrunkenen grundsätzlich nichts übel nimmt, haben diese völlige Narrenfreiheit. Sogar schwerwiegende, unschöne Beleidigungen und Anpöbeleien werde einem Betrunkenen milde lächelnd verziehen, schließlich weiß der Glückliche nicht mehr, was er spricht und genießt dadurch ein unerhörtes Privileg. Er darf ohne Rücksicht auf spätere Folgen gegen festgelegte Höflichkeitsetikette verstoßen und wenigstens jetzt das sagen, was er insgeheim wohl schon lange gedacht haben mag.

Abgesehen von dieser Freiheit ging beim *Saka-Mori* alles andere nach festgelegten Regeln über die Bühne. Sitzordnung nach Rang und Bedeutung sowie Trinken aus einem pokalähnlichen Gefäß, das von Mann zu Frau weitergereicht wurde.

Betrunkenheit wird in Japan ungewöhnlich toleriert, was nicht einmal bei Persönlichkeiten des öffentlichen Lebens aufhört. Diese nachsichtige Toleranz macht ungerechterweise bei den Frauen halt. Zwar gehört das schöne Geschlecht zu einer richtigen *Saka Mori* unabänderlich dazu, volllaufen lassen darf sich eine Dame aber auf keinem Fall. Eine besoffene Butterfly, das ginge wohl doch entschieden zu weit!

Moralhüter, die an jeder Sache ein Haar in der Suppe finden, existieren auch in Japan. Nörgelnd heben sie den imaginären Zeigefinger und klagen: »Dieses maßlose Trinken ist eine Schande! Eben weil der Japaner beim Zechgelage Narrenfreiheit genießt, kennt er bei solchen Gelegenheiten keinerlei Formen und verliert jegliche menschenwürdige Haltung.«

Deutsche Milieukenner würden über derartige Auswürfe nur nachsichtig lächeln, denn sie kennen in heimischen Gefilden garantiert ganz andere Dimensionen.

Der Durchschnittsjapaner nämlich scheint, vielleicht genetisch bedingt, nicht sehr trinkfest zu sein - und das trotz aller historischer Tradition. Den meisten reicht schon ein einziges großes Bier, um nicht mehr ganz klar zu sein, so dass mit Recht bezweifelt werden darf, ob seine Kapazität für Reiswein entschieden größer ist. Von Frauen erst gar nicht zu reden.

Unter zehn Japanerinnen sind schätzungsweise neun gegen Alkohol allergisch und reagieren immer gleich. Eine mandeläugige Schönheit braucht lediglich an etwas Hoch- oder Niederprozentigem zu nippen und noch ehe die gefährliche Flüssigkeit den Magen erreicht haben kann, beginnt ein innerer Vulkan in ihr zu kochen. Das Blut steigt abrupt in ihr niedliches Köpfchen, so dass sie in Sekundenschnelle einem rot gefleckten Moosröschen gleicht. Schamhaft sich vor Verlegenheit windend, flüstert sie: »*Atsui desu, atsui desu!*« (Es ist heiß, es ist heiß!)

Kurz darauf wird sie von bleierner Müdigkeit befallen und schläft wenig später an der Schulter ihres Begleiters entspannt ein. Bereits ein Achtel Liter Bier reicht aus, diesen Effekt zu erzielen, der so prompt wie das Amen in der Kirche einsetzt. Der Durchschnittsmann dagegen kann im angetrunkenen Zustand ungewöhnlich lustig werden und oftmals geht es in Ekstase über Tische und Stühle. Doch welche Privatshow er auch abzieht und wie hoch die Wogen der Begeisterung überschäumen, Punkt 23 Uhr (üblicher Restaurantschluss) steht selbst der betrunkenste Gast unverzüglich auf, torkelt zur Kasse, bezahlt ohne Protest und verschwindet anstandslos, meist von fürsorglichen Kollegen assistiert. Debatten zwischen betrunkenen Gästen, die unbedingt weitermachen wollen, und müden Kellnern, die es mit Macht ins Bettchen zieht, sind in Japan nahezu unbekannt.

Die unterbewusste Selbstdisziplin ist erstaunlich und faszinierend, denn vermutlich denkt der Benebelte selbst im schlimmsten Alkoholdunst an den nächsten Arbeitstag. Deshalb verwundert es nicht, dass es in Japan nie eine Prohibition gegeben hat. Die jungfernhaft verklemmte Einstellung zu einem guten Tropfen, wie sie in den Ländern des Islam eine den Schwarzmarkt fördernde Renaissance erlebt, erzeugt in Japan nur Kopfschütteln. In einem Land, dessen eine Hauptreligion, der Shintoismus, kaum ein Zeremoniell kennt, bei dem *Sake* keine Rolle spielt, muss dieses Tabu unverständlich bleiben: wie kann eine Gabe, die im Schrein den göttergleichen Ahnen täglich zum freudigen Genuss angeboten wird, schlecht oder gar sündig sein?

Ein einziger schüchterner Versuch in der gesamten Geschichte *Nippons*, Alkohol zu verbieten, wurde folgerichtig ein klägliches Fiasko. Über das von vermutlich magenkranken amerikanischen Puritanern erzwungene Gesetz deckte man offiziell schleunigst den Mantel des Vergessens.

Ganz im Gegenteil: während der Japanaufenthalte des Autors rief die Regierung sogar immer wieder öffentlich dazu auf, mehr Bier und *Sake* zu konsumieren. Derart staatsgefälliges Tun würde die Einnahmen des Fiskus ganz erheblich erhöhen und käme deshalb schließlich und letzten Endes dem Gemeinwohl zugute. Auch eine Sichtweise.

Über Massentransport a la Nippon

Der Durchschnittsjapaner glaubt insgeheim auch heute noch, dass Ausländer niemals das japanische Wesen ergründen und erfassen können. Selbst hochrangige *Gaijin* tragen allerdings mit penetranter Regelmäßigkeit dazu bei, diese Geringschätzung zu bestätigen.

Ein klassisches Beispiel dafür ist ein Fauxpas, der einst sogar führenden Diplomaten der UNESCO unterlief. An einem wichtigen nationalen Feiertag wollte diese weltumspannende Organisation besonders originell sein, was bekanntlich bei Spitzenpolitikern nicht selten zu anatomischen Verkrampfungen führt. Der übliche genormte, briefliche Glückwunsch erschien nicht stilvoll genug und flugs wurde ein pfiffiger Zeichner engagiert, der eine passende Gratulationskarte entwerfen sollte. Nach kurzer innerer Klausur hatte ihn die Muse geküsst und er legte stolz ein Opus vor, auf dem wirklich nichts fehlte, was man sich gemeinhin unter dem mysteriösen Land der aufgehenden Sonne vorstellt. Allerdings mit einem kleinen Schönheitsfehler: die Hauptattraktion des Bildes, eine verwirrend exotische *Geisha*, hatte »vergessen« in einem typischen japanischen Raum mit *Tatami* (Strohmatten) ihre Sandalen auszuziehen!

Jeder echte Japaner zuckte beim Anblick des wohl gemeinten Bildchens peinlich berührt zusammen und schloss sich dem stillen Stoßseufzer seiner schockierten Regierungsväter an: »Wie können diese fremdländischen Barbaren, denen wir 1854 notgedrungen unser Land öffnen mussten, jemals unsere Kultur verstehen, wenn sich selbst die UNESCO erlaubt, eine *Geisha* in Schuhen durch das Zimmer spazieren zu lassen?!«

In der Tat: ein größeres Sakrileg hätten die übereifrigen Gratulanten gar nicht verzapfen können. Ist doch schon das Betreten japanischer

Wohnungen in Schuhen wegen des Bodenbelages aus genormten Strohmatten eine schwerwiegende Ungeschicklichkeit. Schweißfuß behaftete *Gaijin* bringt das stets in höchste Verlegenheit. Eine *Geisha* aber verkörpert das lebende Kulturdenkmal traditioneller Formen und guten Benehmens schlechthin. Ausgerechnet sie in Schuhen auf *Tatami* zu zeigen, stellt einen nicht zu überbietenden Stilbruch dar, der japanischen Knigges durch Mark und Bein ging!

Im inländischen Rahmen wurden die traditionsbewussten Japaner wesentlich früher von einem ähnlichen Schockerlebnis durchgebeutelt. Man schrieb das Jahr 1964. Ein Zeitpunkt, zu dem in vielen Ländern noch die gute alte Dampflok dominierte. Für die staatliche japanische Eisenbahn *JNR (Japanese National Railways)* allerdings war es ein Meilenstein setzendes Datum; der Absprung ins eisenbahntechnische Raketenzeitalter! Die stromlinienförmigen Flitzer der *Shinkansen* (neue Linie) fuhren erstmalig von *Tokyo* nach *Osaka*, der damals schnellste Zug der Welt mit Spitzengeschwindigkeiten bis zu 250 Stundenkilometern.

An irgendeinem Tag des besagten Jahres wurde von einer festlich gestimmten, unübersehbaren Menge aus Anlaß der epochalen Einweihung nach dem Zerschneiden des weißen Bandes der erste Superexpress auf die Strecke geschickt. Ihm jagten noch am gleichen Tag pausenlos ausverkaufte, planmäßige Nachfolger hinterher.

Beim Einsteigen erwartungsvoller Menschen passierte das, was für den Kenner japanischen Innenlebens eigentlich gar nicht ausbleiben konnte: der nie endende Kampf zwischen Tradition und unvermeidbarem Fortschritt, der am Ende doch stets triumphiert.

Waren nicht die *Shinkansen*-Züge, durch Presse, Funk und Fernsehen jedem nationalbewussten Gehirn nachhaltig einsuggeriert, die Renommierstücke eines ganzen Volkes, also gewissermaßen eine öffentliche gute Stube? Kann aber ein echter Japaner so etwas mit schmutzigen Straßenschuhen betreten?

Nein, nein und nochmals nein!

Durch überlieferte Gewohnheit geprägt, stellten Männlein und Weiblein gleichermaßen mit automatischer Selbstverständlichkeit ihr unschickliches Schuhwerk sorgsam an der Bahnsteigkante ab. Schon bald präsentierte sich bei jeder neuen Abfahrt eine stattliche Parade davon in Reih und Glied. Überforderte Bahnbeamte gerieten in nicht geringe Verlegenheit, denn wie sollte die passende Beinkleidung jemals wieder an den richtigen Besitzer gebracht werden?

Anfangs fielen auch die geduldigsten Belehrungen auf fruchtlosen Boden, weil schließlich jedermann wusste, was sich schickte, und nur langsam und widerwillig gewöhnte man sich an die offizielle unfeine Art. Ein Vorgang, der vermutlich erheblich dadurch beschleunigt wurde, dass zu viele glückliche Besitzer original-italienischer Schuhe, die damals dank sorgsam ausgeklügelter Schutzzölle kaum mit purem Gold aufgewogen werden konnten, sich abrupt ihrer Kapitalanlage durch zufälliges oder absichtliches Vertauschen beraubt sahen. Der Fortschritt siegte letztlich auch in diesem schwierigen Fall auf ganzer Linie und heute käme nicht einmal der rückschrittlichste Hinterwäldler aus tiefster Provinz auf die komische Idee, einen öffentlichen Zug in Socken zu betreten.

Leider bleib dieser tiefschürfende Einschnitt in den Benimmkodex nicht ohne weitreichende Folgen. Offensichtlich begann der Durchschnittsjapaner ungefähr folgendermaßen zu kombinieren: *liegt hier nicht eine Provokation vor, die alles bisher Bekannte übertrifft? Kann man einen derart hochgejubelten Mythos eigentlich schon im gleichen Atemzug wieder profan entweihen, wenn täglicher Umgang mit ihm zum Verstoß gegen die fundmentalste Anstandsregel zwingt? Geht es an, dass ein seit Generationen fest verankertes Zeremoniell nicht nur missachtet werden darf, sondern mit behördlicher Genehmigung sogar missachtet werden muss?*

Ganz bestimmt nicht. Das wäre gerade in Japan undenkbar, da die weisen Regierungsväter alt genug sind, um geheiligte Traditionen mit ihrem Herzblut zu schützen. Muss der unerquickliche Vorfall deshalb etwa mit ganz anderen Augen betrachtet werden? Vielleicht als eine Art Tribut an die neue moderne Zeit?

Von dieser Warte aus gesehen wäre aber das unfeine Anbehalten der Schuhe kein krachender Einsturz eines fundamentalen Benimmpfeilers mehr, der steil in die Barbarei führt, sondern lediglich eine notwendige Erweiterung des Benimm-Dich-Katalogs auf die Belange des 20. Jahrhunderts. Schließlich hat die industriebezogene Gegenwart dem Land einen »meilenweitübersonstigerweltstandard-Verkehr« beschert, der Menschenmassen verarbeiten muss, welche die berüchtigten Rushhours in New York harmlos und friedlich erscheinen lassen. Der kluge Mann, Familienvater und Staatsbürger muss deshalb versuchen, dem Verkehrschaos möglichst unbeschadet zu entkommen, um Weib, Kindern und der Gemeinschaft erhalten zu bleiben.

Das geht aber wohl nur noch bei schärfster Differenzierung zwischen althergebrachtem Verhalten zu Haus und nötiger Anpassung an den öffentlichen Verkehr. Wenn selbst in der »guten Stube der Nation« ein uraltes Tabu - offiziell ermuntert - ungestraft gebrochen werden darf, so gelten logischerweise bei, an, in, zwischen, auf, unter und mit anderen öffentlichen Verkehrsmitteln erst recht gänzlich unterschiedliche Spielregeln.

In dem Maße wie diese Erkenntnis langsam, aber sicher in alle Gehirne zu träufeln begann, wurde der Japaner mehr und mehr Bewusstseins gespalten:

In den eigen vier Wänden, im Büro, im Restaurant und bei fast allen übrigen Anlässen ein höflicher, formbedachter Dr. Jekyll, aber auf Bahnhöfen und an Busstationen ein hässlicher Mr. Hyde, der stoßend, schiebend, hastend und drängend um einen Sitzplatz kämpft!

Allerdings ist das relativ zu sehen, denn einen im Grundcharakter wesentlich aggressiveren Germanen möchte man sich unter solchen extremen Völkerwanderungsscharen auf städtischen Zugstationen nicht einmal in der Phantasie vorstellen. Deshalb ist jedem Mr. Hyde-Japaner, der zum täglichen Benutzen der öffentlichen Verkehrsmittel verdammt ist, auch ohne den geschilderten Sitten zersetzenden *Shinkansen*-Schock ein gerütteltes Maß an Narrenfreiheit zuzubilligen. Was sich nicht zuletzt im heftigen Gebrauch der Ellenbogen als natürlicher Abwehrreaktion äußert.

Beim ersten Japanaufenthalt des Autors glaubte man in *Osaka* noch an die Fähigkeit der Menge zur Selbstentflechtung. Dabei wälzte sich Tag für Tag zur gewohnten Stunde bei Büroschluss auf der Hauptstraße, dem *Midosuji*- Boulevard, ein ungefähr vierhundert Meter langer Lindwurm aus Menschenleibern, der nie kürzer zu werden schien, weil ständig herbeiströmende Scharen ihn erneuerten.

Vor dem Abstieg in die Unterwelt wurde das Gedränge lebensgefährlich. Musste sich doch dieses Menschenleibmonster an seiner Spitze gewaltsam verdünnen, um in die U-Bahn-Schächte hineinzupassen. Zum hilflosen Glied der Menschenschlange geworden, unrettbar eingekeilt und seiner Individualität beraubt, dauerte es Minuten, ehe man überhaupt mit dem Hinuntersteigen oder -rollen beginnen konnte. Ein Entweichen gab es nicht mehr, denn wer erst einmal mittendrin steckte, wurde unaufhörlich zunächst nach vorn und dann - in noch wesentlich engerer Umklammerung - nach unten gedrückt und geschoben. Zaghafte Gegenströme aus der anderen Richtung wurden kompromisslos überwalzt. Nur bärenstarke Naturen konnten sich boxender, schiebender oder gar »Körper-zur-Seite-setzenderweise« eine Gasse nach oben in die Freiheit bahnen und damit einem qualvollen Perpetuum mobile ständigen »U-Bahnkreisenmüssens« während der Stoßzeiten entgehen. Selbst das Erreichen der rettenden Bahnsteige bot keinerlei spürbare Erleichterung, denn auch der letzte Stehplatz auf der unterirdischen Plattform war ausgebucht. Dabei donnerte in Kurzabständen ein Zug nach dem anderen heran, war aber im Handumdrehen vom ersten bis zum letzten Wagen randvoll.

Doch, was heißt schon randvoll? Auch dieser Begriff ist sehr relativ. Wenn nach deutschen Maßstäben keine einzige Fliege mehr hineinpasst, fängt es in Japan gerade so richtig an, gemütlich zu werden. Dann tritt eine Berufsgattung in Aktion, die einmalig sein dürfte: *die Reinschieber!*

Mit stoischer Ruhe schieben die schwarz uniformierten Akteure von außen drängende Menschenmassen in die bis über den Messstrich gefüllten Türen der einzelnen Wagen wie Salzheringe in ein Fass! Reinschieber ist ein beliebter Ferienjob für Studenten, wobei aber die Einschränkung zu machen ist: nur für sportliche Typen.

Ist es die Gewohnheitskomponente, sind es fließende Arbeitszeiten oder die Tatsache, dass Japaner nach und nach doch weniger zugbewusst geworden sind und sich im Autostau zum Arbeitsplatz quälen? Jedes Mal, wenn der Autor nach Japan zurückkehrte, schien - von einigen Ausnahmen abgesehen - das Gedränge auf den Nahverkehrsbahnhöfen um etliche Nuancen geringer zu sein. Wer allerdings als Neuling *Nippon* allein entdecken will, dürfte das etwas anders empfinden. Dafür spricht jedoch unbedingt, dass der anschaulich beschriebene *Reinschieber* aus dem Zugalltag verschwunden zu sein scheint. Selbst während der morgendlichen Stoßzeit auf dem brodelnden

Bahnhof *Tokyo/Shinjuku* hilft nur noch der Zugabfertiger ein ganz klein wenig nach.

Morgens Massen, mittags Massen, abends Massen! Der Uneingeweihte könnte leicht zu der Fehleinschätzung kommen, dass in *Nippon* ein ziemlicher Mangel an öffentlichen Verkehrsmitteln herrsche. Jedoch genau das Gegenteil trifft zu. Nirgendwo sonst findet man annähernd soviel Schienenfahrzeuge aller Abstufungen wie in Japan. Außer dem inzwischen privatisierten Giganten *JNR* gibt es ca. 150 private Zuggesellschaften, die den großen Kuchen Personenverladung mehr oder weniger brüderlich unter sich aufteilen und offensichtlich nicht schlecht dabei fahren. Nichtsdestotrotz vergoss der damalige offizielle Sprecher der *JNR* Krokodilstränen und lamentierte: »Wegen der starken privaten Konkurrenz können wir, um wettbewerbsfähig zu bleiben, die Preise nicht auf das notwendige Niveau erhöhen.«

Eine Verlautbarung, die dem durch ständige Preiserhöhungen geplagten Japaner zumindest ein sarkastisches Lächeln abringen sollte, weil ausgerechnet die Staatsbahn mit Abstand am teuersten ist.

Inflation hin, Inflation her, die emsige japanische Arbeitsameise, die sich unverdrossen Tag für Tag ins geliebte Büro kämpft, ist dem verwirrenden Fächerwerk öffentlicher Verkehrsmittel, welches das ganze Land überzieht, bedingungslos treu geblieben. *Tokyo* dürfte über das komplexeste Netz an öffentlichen Verkehrsmitteln in der ganzen Welt verfügen: 2 U-Bahngesellschaften mit 12 verschieden Linien und einer Gesamtstreckenlänge von knapp 300 Kilometern, 1 S-Bahn-Linie, eine Monorail-Gesellschaft und mehrere private Eisenbahnen.

Wo, außer in Japan, wäre es noch denkbar, dass sogar der Generaldirektor einer führenden Bank regelmäßig wie ein Normalsterblicher am Morgen und am Abend seine *Teikkiken* (Zeitkarte) an der Sperre für den Nahverkehrszug von seiner Wohnung zum Arbeitsplatz zückt, statt mit pompösen Dienstwagen nebst bemütztem Fahrer vorzufahren?

Wenn man der Millionenströme wenigstens einigermaßen Herr werden will, sind zwei Grundvoraussetzungen unerlässlich: a) dichte Zugfolge im Nah- und Fernverkehr und b) peinliche Pünktlichkeit bei An- und Abfahrt.

Beim ersten Studium des *Shinkansen*-Fahrplans glaubte der Verfasser zu träumen und bekam versonnene Kinderaugen: alle sieben Minuten verkehrt ein Superexpress mit über 200 Stundenkilometern zwischen *Osaka* und *Tokyo*! Das schlägt jede Linie der Münchener S-Bahn im Nahverkehr um Längen.

Dabei ist das nur die Spitze des Eisberges. Ein Experte, der es ganz genau wissen wollte, errechnete sozusagen bis auf 2 Stellen hinter dem Komma: das konsequente Ausnutzen der Möglichkeiten, die alle japanischen Zuglinien bieten, würde das märchenhaft klingende Ergebnis bringen, dass sich jede 20 Sekunden eine Bahnverbindung zwischen *Tokyo* und *Osaka* knüpfen ließe.

Hinzu kommt die beeindruckende Pünktlichkeit japanischer Züge, weshalb bereits eine 50-Sekunden-Verspätung des Nahschnellzuges *Osaka-Kyoto* jeden ansonsten mit stoischer Ruhe agierenden Zugabfertiger völlig aus dem Konzept bringt und ihn ungläubig mindestens zwanzigmal seine erbväterliche Taschenuhr mit dem Bahnsteigchronometer vergleichen lässt. Diese Reaktion ist nur zu verständlich, da bei der Dichte des Eisenbahnspinnennetzes und den damit zu befördernden Menschenmengen sehr leicht der sorgsam ausgeklügelte Generalrollplan über den Haufen geworfen wird. Das erschütternde Resultat davon aber wäre bei einem so dichten Fahrplan ein unvorstellbares Chaos!

Die schöne Tradition alljährlicher Frühjahrsbummelstreiks bei staatlichen und privaten Zuggesellschaften ist unter diesem Aspekt als gewerkschaftliches Kampfmittel für höhere Löhne oder einen großzügigeren Bonus äußerst wirksam. An solchen verkehrskritischen Tagen kampieren firmenverbundene Angestellte nach Arbeitsschluss fern von Weib und Kindern auf dem Fußboden des innig geliebten Büros, um bloß nicht den Dienst zu versäumen., denn mit der Bahn ginge am nächsten Morgen gar nichts mehr. Auf überfüllten Bahnhöfen jedoch, die nicht mehr mit der notwendigen Anzahl von Zügen gespeist werden, schläft es sich noch unbequemer. Der Platzanspruch beschränkt sich dann nämlich - über den Daumen gepeilt - auf einen Quadratmeter für drei schlanke Personen!

Glücklicherweise sind solche Menschenzusammenballungen meist nur lokaler Natur. Selbst die härteste Gewerkschaft ist patriotisch genug, um nicht landesweit zum Generalstreik aufzurufen.

Gerade deshalb hatte ein Blitzeinschlag Folgen von weitaus größerer Tragweite als alle Streiks zusammen. Suchte er sich doch für seine Energieentladung ausgerechnet die Oberleitung des *Shinkansen* irgendwo zwischen *Tokyo* und *Kyoto* aus und verwandelte die gesamte Hauptinsel *Honshu* in ein riesiges Biwaklager verstörter, gestrandeter Reisender.

Um das Ausmaß der Katastrophe zu verstehen muss man wissen: die Superexpresszüge der neuen Linie erfordern dank ihrer großen Geschwindigkeit ein eigenes Schienensystem mit dazu gehörigen speziellen *Shin*-Bahnhöfen. Wegen der ungeheuren Kosten verläuft dieser Schienenstrang in beiden Richtungen eingleisig und bietet keinerlei Überholungsmöglichkeiten auf der gesamten Strecke. Wegen der dichten Zugfolge wäre das normalerweise auch überflüssiger Luxus. Leider ist aber ein Blitzeinschlag, der die Oberleitung zerstört, keine übliche Routine und das erst recht nicht, wenn er nicht umgehend behoben werden kann.

An jenem unvergesslichen Schreckenstag staute sich Zugrakete hinter Zugrakete, schließlich verkehren sie tagsüber im Abstand von nur wenigen Minuten. Auf den *Shin*-Bahnhöfen quollen die Bahnsteige von wartenden Menschen über, bis bald deren Fassungsvermögen restlos erschöpft war und die Bahnhofshallen zu einem einzigen, riesigen Biwaklager wurden. Zeitungsreporter beschworen Nachkriegserinnerungen herauf, weil sich ansonsten in der Gegenwart absolut keine Parallele zu einer 6-stündigen Verspätung finden lassen konnte.

Wie es bekanntlich keine ungetrübte Freude geben soll, so gibt es in Japan zumindest bei Dingen die Service, welcher Art auch immer, zum Inhalt haben, kein ungeteiltes Leid. Bei Verspätungen solcher Dimension wird mit einer formellen Entschuldigung der volle Fahrpreis zurückerstattet.

Der rabiate Blitzeinschlag ist mittlerweile längst japanische Eisenbahngeschichte. Trotzdem sind besonders in der sommerlichen Ferienzeit alle Sitzplätze schon Tage oder gar Wochen vorher vergriffen, weil dann ein unvorstellbarer Massenexodus einsetzt.

Aus arbeitsplatzstrategischen und charakterlichen Gründen plant jeder echte Japaner auch kleinste Reisen auf unverhältnismäßig lange Sicht. Denn eine Tour, welche nicht vom Reisebüro nach Babysitterart bis ins kleinste Detail vorbereitet wurde, verursacht ihm Angst. Besonders im Ausland macht man deshalb mit Vorliebe in Gruppen die Umwelt unsicher. Klappt die gewohnte Organisation einmal nicht, so sind viele Japaner hilflos wie Kleinkinder.

Ein Landsmann dieser Wesensart fliegt ins schöne Italien an den viel besungenen Lago Maggiore. Aus unerklärlichen Gründen wohnen außer ihm nur noch drei Landsleute im Hotel, denen Italien schon einigermaßen vertraut ist. Selbst das Geld für einen japanisch sprechenden Reiseleiter hat sich der Veranstalter zudem erspart.

Unkollektiv eingestellt, verspüren die anwesenden *Experten* nicht die geringste Lust, den Neuling an ihren Ausflügen teilhaben zu lassen, worauf hin sich dieser Vereinsamte wie eine Schnecke in ihrem Gehäuse zurückzieht. Das Ergebnis: 14 geschlagene Tage verschläft er im Hotel und setzt nicht einen einzigen Fuß in die unbekannte, feindliche Außenwelt!

Und so wird selbst eine *Shinkansen*-Reise von *Tokyo* nach *Osaka* allgemein keine Ausnahme von dieser Regel bilden, obwohl sie längst den Charakter einer Vorortszugreise im Atomzeitalter angenommen hat. Gerade deshalb besteht außerhalb der Ferienzeit nach offizieller Lesart für unreservierte Wagen, die auch den Spontanreisenden mit Sitzmöglichkeiten versorgen, kein größerer Bedarf als vier bis sechs Wagen pro Zug. Eine Kalkulation, die getrost angezweifelt werden kann, weil sich zu jeder Tageszeit vor den Wagen mit freien Abteilen Menschenschlangen bilden, welche dem Landesneuling Gelegenheit geben, eines der kleinen Wunder japanischer Eisenbahnkultur zu bewundern.

Wenn es um den geschätzten Kunden geht, versucht man auf allen erdenklichen Gebieten die Benutzung sämtlicher Einrichtungen so idiotensicher wie möglich zu machen. Das japanischste aller Beispiele ist im 21. Jahrhundert fast ausgestorben, aber sehr selten immer noch zu beschmunzeln. Gab es doch einst in jedem gutem Kaufhaus uniformierte, hübsche Mädchen, deren einzige Funktion darin bestand, an der Rolltreppe zu stehen. Vor jedem der zahllosen Benutzer, der das Wagnis auf sich nehmen wollte, ins Ungewisse nach oben oder unten zu gleiten, verbeugten sie sich tief und warnten mit zwitschernder Stimme: »Bitte passen Sie auf, Rolltreppe!«

Dabei sind japanische Kaufhäuser ähnlich übervölkert wie Nahverkehrszüge und Bahnhöfe!

Heutzutage hat überwiegend die pausenlose, auf Tonband gespeicherte, von herziger Kindermusik untermalte und viel mehr ins Detail gehende Lautsprecherstimme einer ebenfalls zwitschernden, aber wesentlich lauteren unsichtbaren Dame ehemalige *Verbeugungsmaschinen* verdrängt. Sei es aus humanitären Erwägungen oder mangelndem Nachwuchs für diesen Bandscheiben strapazierenden Beruf.

Ähnlich problemlos soll auch dem letzten Provinzler von der Rückseite Japans, so nennt man tatsächlich die Küstenregionen am japanischen Meer, der Weg in den richtigen Wagen geebnet werden. Eine Flut von raffiniert postierten Hinweisschildern macht es schwierig, sich nicht just auf die Rolltreppe zu verirren, die geradewegs zum richtigen gewünschten Zugabschnitt befördert. Die Züge sind Wagen für Wagen deutlich erkennbar durchnummeriert und in Überkopfhöhe angebrachte Tafeln geben genau an, wo beim Halten welcher Wagen zum Stehen kommt.

Doch damit noch nicht genug: bekanntlich werden zum Einsteigen nun einmal einzig und allein die Türen benutzt. Aus diesem Grund sind zusätzlich auf dem Bahnsteigboden in regelmäßigen Abständen, dem Uneingeweihten zunächst mysteriös erscheinende, weiße Kreise oder Rechtecke aufgemalt, die aber genial und auf den Zentimeter genau den Punkt markieren, an dem sich nach dem Stop eine automatische Zugtür öffnen wird. Wer keinen reservierten Platz erstanden hat, stellt sich hübsch und brav in Reih und Glied hinter einem Kreis unter der Tafel eines freien Wagens auf. Nach Erreichen der Tür in die blau-weiße Rakete genügt ein kurzer strategischer Blick ins Innere. Sind alle Sitzplätze bereits belegt worden, während man sich vom Ende der Schlange schrittweise nach vorn gearbeitet hat, so nimmt man eben den nächsten Express, der in einigen Minuten einfährt und steht dann ganz nahe bei der Tür.

Auffällig ist die unglaubliche große Anzahl von Fahrkartenautomaten, die auch auf dem kleinsten Vorortbahnhof selbstverständlich sind. Bereits in Siebzigern des vorigen Jahrhunderts gehörte das klirrende Geräusch herunterfallenden Wechselgeldes bei zuviel bezahltem Betrag grundsätzlich zur Selbstverständlichkeit. Eine korrekte Abrechnung, die in Deutschland selbst heute noch nicht selbstverständlich ist. Wenn man Glück hat, darf man gnädig zu viel bezahlen. Auch der gänzliche Mangel an Münzen bereitete von eh und je in Japan keine Probleme, weil überall Automaten stehen, die durch Lichtreflexe 1000 Yen Scheine einsaugen und in 10 x 100 Yen Münzen umtauschen.

In japanischen Zügen fordert niemand inquisitorisch: »Ihre Fahrkarte zur Kontrolle bitte!«

Von Zeit zu Zeit kommen lediglich uniformierte Bahnbeamte, die zudem noch durch eine rote Armbinde deutlich erkennbar gemacht worden sind, und fragen höflich, ob irgendjemand vielleicht ein nicht ausreichendes Ticket habe. Dabei üben sie keinerlei Kontrollfunktion aus, sondern schreiben lediglich dem Bejahenden ein zusätzlich Billet mit exakt dem Differenzbetrag aus.

Der Gerechtigkeit halber muss allerdings vermerkt werden, dass freier, unkontrollierter Zugang auf Bahnsteigen unüblich ist. Automatische Sperren haben die früher üblichen Fahrkartenknipser verdrängt und Schranken schließen den enteilen Wollenden ein, wenn er keine gültige Fahrkarte eingeführt hat.

Trotzdem überwachen stets einige Bahnbeamte den Kontrollvorgang, denn leider ist auch die scheinbar perfekteste Technik nicht vollkommen. Deshalb kommt es hin und wieder vor, dass Passagiere zu Unrecht gefangen gehalten werden. Unter vielen Entschuldigungen wird das unschuldige Opfer mit korrektem Ticket dann umgehend befreit.

Sind die *Shinkansen*–Züge das Paradepferd der *JNR*, so hat jede größere Privatlinie als Renommierstück mindestens einen *Limited-Express*, welcher zu besonderen touristischen Sehenswürdigkeiten und in Nationalparks fährt. Hier ist der graue Alltag des täglichen, inmitten von Massen überleben Müssens für einige glückliche Stunden vergessen.

Es gibt lediglich reservierte Sitzplätze. Außerdem bieten sie sogar dem mit langen Beinen behafteten *Gaijin* wesentlich mehr Raum zum Ausstrecken derselben. Ansonsten sind öffentliche Verkehrsmittel zum größten Teil auf die Maße der Vergangenheit genormt als Japaner im Durchschnitt noch wesentlich kleiner waren als die heutige junge Generation.

Durch große Fensterscheiben sieht man die Landschaft an sich vorüber gleiten, während uniformierte Hostessen *O-Shibori* austeilen; eine sehr hygienische Einrichtung, die auch schon in untermittelprächtigen Restaurants üblich ist. *O-Shibori* sind sterilisierte, feucht-heiße Waschlappen, die zusammengerollt mit einer kleinen Zange oder in Plastikfolie verpackt gereicht werden. Man reinigt damit auf der Reise oder vor Mahlzeiten Hände und Gesicht. Oft ergänzt ein kostenloser Tee und eine kleiner Imbiss diesen im Fahrpreis inbegriffenen Service, so dass der Fahrgast gereinigt und gestärkt den landschaftlichen Schönheiten entgegenfährt. Natürlich erschallt über die ausdauernde Lautsprecheranlage die Stimme einer überhöflichen Reiseleiterin, die auf Sehenswürdigkeiten an der Strecke hinweist... *jetzt müsste man nur noch gut Japanisch verstehen!*

Einzigartig ist die Verquickung großer japanischer Privatzuggesellschaften mit eigenen Kaufhäusern und Hotelketten, was riesige Reise-Verkaufs-Übernachtungsimperien entstehen ließ. Ein typisches Beispiel dafür ist der *Hankyu*-Konzern in *Osaka*. Im verwirrenden Bahnhofslabyrinth *Hankyu-Umeda* ist über und unter der Erde alles zu finden, was das Herz begehrt. Die einst so bedürfnislosen Japaner sind im Durchschnitt rettungslos konsumverfallen, aber sparen im Weltmaßstab am meisten. Ungelöste Preisfrage: »Wie machen sie das?«

Das *Hankyu*–Hotel reckt sich gut zwanzig Stockwerke in den Himmel hinein. Der *Hankyu*–Departmentstore, eines der größten und elegantesten Kaufhäuser des Landes, bietet sogar eine Lebensmittel-Spezialabteilung, wo unter Abstinenz an germanischer Küche Leidende in glücklichen Tagen echt deutschen Kassler, Leberwurst, Sauerkohl und Löwenbräu erstehen können.

Das *Sanbangai*–Untergrund-Einkaufszentrum ist eine ausgesprochene Touristenattraktion mit einer Fülle von Geschäften und Restaurants, umgeben von künstlichen Wasserfällen und kristallklarem Wasser in Marmorkanälen. Nach berühmtem Vorbild wirft man Münzen auf den Grund der Kanäle, was eigentlich eine Reise ins barbarisch weit entfernte Rom überflüssig macht!

Besonders die Verbindung Zuggesellschaft/Kaufhaus ist so typisch, dass der Fremde auf vielen Bahnhöfen das Gefühl hat, mit dem Zug mitten in eine Verkaufsetage hinein zu fahren.

Warum deshalb in Zukunft eigentlich nicht *Drive-in-Züge* mit Verkauf durch geöffnete Abteilfenster?

Um das Bild des *Hankyu*-Konzerns abzurunden, darf nicht unerwähnt bleiben, dass er im ganzen Land ein Netz von Reisebüros aufgebaut hat. Bei derart weit gestreuten Aktivitäten könnte leicht übersehen werden, was die *Hankyu*-Gesellschaft eigentlich hauptsächlich sein sollte. Nämlich ein privates Zugunternehmen mit Lokalcharakter, deren weinrote Wagen so häufig zwischen *Osaka*, *Kobe* und *Kyoto* herumdonnern, dass sie gar nicht zu übersehen bzw. überhören sind.

Beeindruckend für einen Deutschen, der die besten Stunden seiner Jugend vor geschlossenen Bahnschranken verbracht hat, ist, wie wenig der andere Verkehr von mannigfachen Linien trotz unglaublich dichter Zugfolge aufgehalten wird. Wartende Autoschlangen bilden sich so gut wie überhaupt nicht, denn schon wenn der Zug den davor liegenden Bahnhof verlässt, kündet ein melodisch vibrierender Ton in den Oberleitungsdrähten in kurz aufeinanderfolgenden Intervallen sein Kommen an. Außerdem leuchtet ein Lichtpfeil weithin sichtbar in die Fahrtrichtung des angemeldeten Zuges an Bahnübergängen auf. Exakt im richtigen Moment, weder zu früh noch zu spät, geht die Schranke automatisch herunter und gibt den Weg schon wieder frei, wenn der Zug noch keine fünfzig Meter entfernt ist.

Weshalb allerdings außerdem neben jedem beschrankten Bahnübergang zusätzlich ein Bahnbeamter stehen muss, der mit einer kleinen weißen Flagge heftig winkt, sobald er des Zuges ansichtig wird, konnte der Verfasser bis auf den heutigen Tag nicht ergründen.

Komfort und Bequemlichkeit haben dagegen durchaus nicht immer Weltniveau. Speziell trifft das für Verkehrsmittel zu Land, Wasser und in der Luft zu, die vorwiegend Einheimischen vorbehalten bleiben. Japanische Inlandsdampfer erinnern fatal an Galeerenschiffe des düstersten Mittelalters, denn mehr Sklaven und Sträflinge können dort auch nicht eingepfercht worden sein als jetzt Erholungssuchende in Unterdecksammelschlafräumen. Nicht nur hier ist die Fähigkeit des Japaners, auf allerengstem Raum zu leben und mit einem Minimum an Platz auszukommen, absolut bewundernswert. Überhaupt werden Nachtfahrten in Nichtinternationalluxusfortbewegungsinstitutionen für einen *Gaijin,* der zufällig oder leichtsinnigerweise absichtlich in sie hineingerät stets ein strapaziöses Abenteuer.

Er versuche nur einmal aus Ersparnisgründen die Strecke *Osaka-Yokohama,* wo ihn am nächsten Morgen ein abfahrbereites Schiff erwartet, mit einem Schlafwagen zu bezwingen, der trotz *Shinkansen* existiert, weil er wesentlich billiger ist. Natürlich braucht der Schlummerexpress ungefähr die vierfache Zeit wie ein Superexpress. Aber wenn man ohnehin schläft...

Die Verblüffung beginnt schon beim Einsteigen: ›*Nanu, habe ich mich geirrt? Wo sind denn bloß die Schlafabteile?*‹

Ein gewöhnlicher, durchgehender, ziemlich schmaler Wagen ohne Abteilbegrenzung, in welchem nur einreihig je eine Bank in Fahr- bzw. Gegenrichtung drei schlanken Personen recht und schlecht Platz bietet. Zwei schmale hochgeklappte Bänkchen und eine zunächst noch rätselhafte zusammengerollte Plane vermitteln wenigstens die Vorahnung, dass sich irgendwann irgendetwas tun wird.

Des Rätsels Lösung lässt dann auch nicht lange auf sich warten und wird durch eine quakende Lautsprecheransage eingeleitet, die alt und jung sofort wohl abgezirkelte Schlafvorbereitungen treffen lässt. Keinen Moment zu früh, denn postwendend eilen *JNR*-Bedienstete durch die Wagen und funktionieren sie in Minutenschnelle für die Nacht um.

Das Endresultat ihres emsigen Wirkens ergibt ein höchst ungewöhnliches Bild. Neben einem ganz schmalen Flur, der es eben noch erlaubte, dringenden Bedürfnissen nachzukommen und an die Wagenenden zu eilen, ist mit Hilfe der Planen eine regelrechte Zeltkolonie entstanden. Unter jedem Minizelt können auf einer Bank bzw. heruntergelassenem Klappbänkchen jeweils drei Personen versuchen zu schlafen. Ein Unterfangen, das besonders für den *Gaijin* unlösbare Probleme aufwirft. Die sogenannten Betten sind unwahrscheinlich eng und selbst falls er nur das Notwendigste an persönlicher Habe mitgenommen hat, bedarf es einer raumkalkulatorischen Glanzleistung, um sich samt Zubehör in dem zugestandenen Volumen unterzubringen. Doch im noch weitaus stärkeren Maß wie der Platz gering ist, ist die zugebilligte Decke zu kurz, was langen *Gaijin*-Beinen in Wintermonaten kalte Füße garantiert. Kalte Füße bleiben aber nicht das einzige Manko während einer nicht enden wollenden Nacht.

Zwar verzichtet der Zugbegleiter auf sein ansonsten unumstößliches Privileg, jeden der bald nicht mehr zu zählenden Bahnhöfe einige Male anzukündigen (was ihm bestimmt das Herz abdrückt), aber dafür hält sich der Zugführer mehr als schadlos. Bremst er doch auf jeder Station so scharf, dass es an ein Wunder grenzt, wenn ohne Sicherheitsgurte nicht andauernd jemand kopfüber aus dem *Bett* herauspurzelt. Das wiederholt sich in einer Nacht ungefähr dreißig Mal!

Rotumränderten Auges fällt der unglückliche, solcher Prozedur ungewohnte Fremde in einen kurzen unruhigen Schlaf. Innerlich verkrampft und im Unterbewusstsein stets auf das nächste Bremsmanöver wartend, das todsicher kommen wird. Endlich gegen sechs Uhr in der Frühe erbarmt sich tiefster Erschöpfungsschlaf seiner und lässt ihn einige Bremsattacken schlummernderweise und ohne Alpträume überstehen… Die Glocken von Jericho reißen den Bedauernswerten so unsanft aus dem Schlaf, dass er mit dem Kopf gegen die Decke knallt!

›*Um Gottes willen, was ist passiert?!*‹

Es waren noch nicht die Töne des Jüngsten Gerichts, sondern nur der Zuglautsprecher, welcher in unverschämter Überlautstärke gleich neben seinen gepeinigten Gehörorganen muntere Morgenmusik im Frühgymnastikrhythmus ausstrahlt, um schon bald einer in doppelter Tonbandschnelligkeit plappernden munteren Stimme Platz zu machen, die eine Art Morgenappell zu halten scheint. Nur zwei Wörter vermag der unsanft Erwachte mühsam zu verstehen:

»*Jikan desu!*« (Es ist Zeit!)

›*Hm, Zeit ist es. Wozu bloß?*‹

Noch ehe sich diese Frage in seinem müden Gehirn richtig geformt hat, wird sie nachhaltig beantwortet. Exakt um 6.45 Uhr brechen geschäftig herbeieilende Uniformierte die Schlafzelte wieder ab. Als ein Übereifriger dem *Gaijin* die Basis unter dem Hosenboden mit einem forschen: »*Jikan desu, Jikan desu!*« wegreißen will, wird dieser um ein Haar gewalttätig!

Das Schlafwagenopfer hatte wohlweislich auf größeren Gepäckballast verzichtet. Ein deutsches Ehepaar jedoch glaubte das ungeschriebene Sperrguttabu in öffentlichen Verkehrsmitteln ignorieren zu können. Aus Europa kommend schleppt es volle zehn Koffer jeglichen Kalibers mit sich herum.

Jetzt stehen ein Mann, eine Frau und zehn Koffer verloren vor dem *Shin-Yokohama*-Bahnhof und möchten liebend gern samt Habe mit dem Schnellzug nach *Osaka* befördert werden. Wenn es um unnötigen Ballast geht, machen in Japan nicht einmal die Superzüge der *Shinkansen* eine Ausnahme: sie haben keine vernünftige Gepäckablag und pro Person ist bestenfalls Platz für Aktentasche und zusammengefalteten Mantel. Sind doch auch diese Expresszüge ein Musterbeispiel rationellster Raumausnutzung. Abteile gibt es nicht, dafür ziehen sich durch jeden Wagen zwei Sitzreihen. Rechts für zwei und links für drei Personen. Ein dazwischen liegender Gang ist derartig eng, dass schon ein einziger abgestellter Koffer unweigerlich zu Verkehrsstockungen führen würde. Stupsnasige Mädchen in gleichfarbigen Kostümen mit Häubchen und Schürze, die pausenlos lautstark Erfrischungen anpreisen, behindern ohnehin schon die freie Beweglichkeit auf nahezu Null.

»Ich will Meier heißen, wenn der Zug einen zusätzlichen Gepäckwagen hat«, seufzt der Mann ahnungsvoll.

Doch was hilft es, sie wollen nun einmal heute noch mit ihrer gesamten Habe nach *Osaka*. Die Voraussetzungen sind ungewöhnlich günstig, denn der Bahnhof vermittelt einen nahezu ausgestorbenen Eindruck. Dafür sind allerdings nur wenige Schalter geöffnet, was die Auswahl, eine Person zu finden, die ihr Anliegen begreift, entschieden geringer macht. Ohnehin drückt sich der Japaner gerade überall dort, wo mit Reisen gehandelt wird, gerne davor, einen *Gaijin* zu bedienen. Denn schließlich könnte er ihn missverstehen.

Hat sich der gleiche Japaner jedoch erst des hilfsbedürftigen Ausländers angenommen, dann schlägt sein Verhalten teils durch angeborene Höflichkeit, teils durch überlieferte Benimmformeln meist ins entgegengesetzte Extrem um. Deshalb läuft auch jetzt, nachdem der Mann und die Frau den richtigen Ansprechpartner aufgespürt haben, alles durch und durch japanisch.

Zwar gibt es tatsächlich keinen Gepäckwagen, aber wenn die komischen Ausländer sich in den Kopf gesetzt haben, den Schnellzug für einen mittelgroßen Umzug zu benutzen, kann man eben nichts machen.

Höflich lächelnd schließt der sich zuständig fühlende Beamte seinen Schalter und folgt ihnen bangen Herzens vor den Bahnhof, wo er sehr aufmerksam dass sittenwidrige Gepäckgebirge studiert. Offensichtlich kalkuliert er im Geist die Diskrepanz zwischen zu bewältigender Masse und vorhandener Muskelkapazität. Diese stille Meditation führt zunächst zu einem überraschenden Abgang, denn er dreht sich um und enteilt nicht ohne beruhigend zu rufen: »*Chotto matte kudasai!*« (Einen Augenblick, bitte!)

»Den sehen wir nicht wieder«, mutmaßt der Mann düster.

Ein Befürchtung, die sich als völlig grundlos erweist. Nicht nur, dass der freundliche Beamte nicht auf Nimmerwiedersehen verschwunden ist, er bringt sogar gewichtige Verstärkung mit - in Form des Bahnhofsvorstehers.

Danach läuft alles wie geschmiert. Noch hängt das unvermeidliche Grins-Verbeugungszeremoniell in der Luft, da bemächtigen sich beide Eisenbahner so vieler Koffer wie sie ächzend bewältigen können. Notgedrungen folgen der Mann und die Frau mit dem Rest, wollen sie nicht die Tuchfühlung zu den davon Hastenden verlieren. Die europäisch-japanische Koalition durchquert weite Hallen, überwindet steile Rolltreppen und landet schließlich außer Atem auf dem richtigen Bahnsteig, wo noch exakt 2 Minuten und 35 Sekunden Verschnaufpause bis zum Einlaufen des nächsten Zuges verbleiben. Schweißtropfen auf der Stirn gestikuliert der hilfsbereite Bahnhofsvorsteher: »Seid ganz unbesorgt, gleich geht es los, aber mit Kampfgeist schaffen wir es schon.«

Was allerdings losgehen soll, vermögen sich die solchermaßen Getrösteten nicht klar vorzustellen.

Da naht schon des Rätsels Lösung. Mit irrsinnigem Tempo rast der Express heran, wird jedoch erstaunlich schnell abgebremst. Kaum steht er, da entfalten die beiden Beamten hektische Aktivität, weil ihnen nur zwei Minuten Zeit bleiben, ehe das Schienenungeheuer unaufhaltsam in Richtung Süden weiterdonnert. Mit verblüffendem Sprintvermögen flitzen die gestandenen Herren spähend die Wagenreihe entlang, denn sie suchen ein ganz bestimmtes Abteil, was sie auch in rund dreißig Sekunden ausfindig machen.

Der erste Zugbegleiter steckt fragend den Kopf zur Tür heraus, während ein zweiter sich dazu gesellt. Das Palaver ist gedankenschnell kurz, löst aber einen rasanten Sprint zu viert aus, der sie alle zum Kofferberg bringt. Trotz erheblicher sportlicher Leistung bei beiden

Sprints sind bereits 1 Minute und 10 Sekunden unwiderruflich verstrichen, so dass für Erklärungen nicht eine einzige Sekunde mehr geopfert werden darf.

Jeder greift hastig soviel er fassen kann und rast genau fünf Wagen weiter. Der Mann und die Frau benommen hinterher, denn das Gesetz des Handelns ist ihnen total entglitten. Sie werden ziemlich unsanft in den Zug gestoßen und die Koffer purzeln einer nach dem anderen vorweg oder ihnen nach.

Keinen Moment zu früh. Schon ertönt gebieterisch das Abfahrtssignal, die automatischen Türen schließ sich, der Zug fährt. Es bleibt nicht einmal Zeit, den freundlichen Helfern Dank zu sagen.

Drinnen sind sie glücklich - aber kleiner Mann, was nun?

Ihre Koffer blockieren hoffnungslos Ein- und Ausstieg, was auf dem nächsten Bahnhof einige Komplikationen befürchten lässt.

Die salomonische Endlösung des verzwickten Problems ist jedoch längst während des Blitzunternehmens von den Japanern gefunden und einstimmig beschlossen worden. Immerhin verfügt man über eine verschließbare Abstellecke für Mitbringsel der Zugbegleiter, die in diesem Zug gänzlich unbenutzt ist. Dort wird das störende Gepäck letztendlich zufriedenstellend für alle Seiten gelagert.

Solche Beispiele japanischer Hilfsbereitschaft erlebt der überraschte Ausländer auf mannigfachen Gebieten. Besonders Autostopper vermögen wahre Wunderdinge davon zu berichten. Sitzt man erst in einem Auto, dann ist sehr oft der Tageserfolg so gut wie gesichert. Fährt er selbst partout nicht bis zum Endziel, dann setzt der sich verantwortlich fühlende Autobesitzer an Raststätten alle Hebel in Bewegung, um bei anderen Wageneignern seinem Schutzbefohlenen weiter zu helfen. Oftmals ändert er sogar die eigene Fahrtroute. Einladungen zum Essen und anderen erfreulichen Dingen, die das Leben zu bieten hat, sind dekorative Umrahmung.

Zahlreiche Legenden ranken sich um unübertreffliche Gastfreundschaft a la *Nippon*. Hier die schönste davon:

Ein besonders glücklicher Autostopper soll zwar nie an seinem eigentlichen Ziel angekommen sein. Dafür saß er Wochen später immer noch als umhegter Ehrengast im Haus der Familie des wohlhabenden Geschäftsmannes, der ihn freundlich am Straßenrand aufgelesen hatte. Mittlerweile war er um eine Nikkon-Kamera als kleines Gastgeschenk reicher und besuchte mit seinem Gönner allabendlich teure Hostessenclubs in *Osaka*. Bei guter Verpflegung setzte er langsam aber sicher Fett an und wenn er nicht gestorben ist…

Die einzige wirkliche Schwierigkeit liegt darin, dass sich biedere Japaner aus der Provinz meist nicht im geringsten vorstellen können, was ein *Gaijin* ohne eigenes Auto ausgerechnet auf der Autobahn treibt, wenn er doch in eine Stadt will, wo ein bequemer Zug hinfährt.

›*Wahrscheinlich findet der Ärmste den Weg nicht!*‹

Trotz mehr oder minder heftiger Proteste wird der Unglückliche dann nicht selten sanft lächelnd zum nächsten Bahnhof gefahren!

Der Autor mag diese Form der Höflichkeit, ganz gleich aus welchen psychologischen Beweggründen heraus sie auch immer verabreicht wird. Allerdings musste er auch nicht etliche Jahre hinweg von Berufes wegen in Japan verbringen, wie ein amerikanischer Journalist, der über seine Erfahrungen sarkastisch schreibt: *Gerade wenn Japaner für unsere Begriffe so übertrieben freundlich hilfsbereit sind, werde ich das fatale Gefühl nicht los, dass es eigentlich nicht mehr als ein aus nationalistischem Überlegenheitsgefühl geborenes Mitleid ist. Schließlich ist der bedauernswerte* Gaijin *nicht direkt selbst dafür verantwortlich zu machen, dass er kein Sohn Nippons ist!*

Trotz aller Höflichkeit bleibt die Ausgangsfrage ungelöst: *Warum wird in Japan der Gepäckbeförderung so wenig Beachtung geschenkt?*

Don Maloney, ein anderer Amerikaner, machte auf Bahnreisen folgende Erfahrungen: *Wenn Sie das nächste Mal in Japan verreisen, schauen Sie sich gut um. Ob für eine Nacht oder eine ganze Woche: der Japaner macht es spielend mit einer winzigen schwarzen Reißverschlusstasche, nicht größer als eine Brotbüchse. Selbst wenn Sie die jetzt sehr populäre Kaufhaustragetasche und das unvermeidliche* Furoshiki *(viereckiges Tragetuch) dazurechnen, so schleppt er nirgendwo und nirgendwann auch nur annähernd das Volumen mit sich herum, das wir glauben zum Überleben nötig zu haben. Ich würde liebend gern wissen, wie er das tut?*

Als leidlich zufriedenstellende Erklärungen ließen sich dafür aufzählen: die größere Bedürfnislosigkeit des Durchschnittsjapaners, die allerdings in absehbarer Zukunft dem Westen immer angepasster werden dürfte.

Ferner bieten japanische Hotels, *Ryokans*, Motels und selbst (oder gerade) Absteigen alles von Handtuch und Seife über Shampoo, sterilisierte Zahnbürste, Wegwerfrasierer und Kamm bis zum *Yukata.*

Der in jedem Hotel obligatorische *Yukata*, ein leichter Baumwollkimono, war ursprünglich lediglich Badeutensil. Aus der Wanne steigend benutzte man ihn, um sich abzutrocknen. Bald schon wurde seine Funktion in ein lockeres Gewand umgewandelt, das nach dem Baden getragen wurde. Da sich diese Bekleidung als sehr bequem erwies, zog man sie später überhaupt nicht mehr aus, wenn an Sommerabenden Erholung in Haus oder Garten gesucht wurde.

Heute ist der *Yukata* außerdem ein beliebtes Kleidungsstück für den Urlaub. Bei einigen ländlichen Schreinfesten spielt er sogar die Hauptrolle. Ganze Gemeinden wetteifern miteinander, die schönsten *Yukata* zu entwerfen, die man *Soroi-Yukata* nennt. Männer, Frauen und Kinder präsentieren sie bei derartigen Anlässen stolz in gleicher Ausführung. Der Japaner hat eben eine besondere Schwäche für deutlich sichtbare Markierung der *Rudelzugehörigkeit.*

Im heutigen japanischen Alltag spielt der *Yukata* in der Öffentlichkeit kaum noch eine Rolle und ist in Häuser oder Hotels zurückgedrängt. Nicht so allerdings in Kur- und Urlaubsorten, wo er auf den Straßen fröhliche Auferstehung feiert. Für jeden Japaner ist es offensichtlich der Gipfel aller Urlaubsfreuden, im *Yukata* mit den deutlich sichtbaren Insignien seines Hotels in Gruppen zu promenieren. So weiß man schon auf den ersten Blick, wer wohin gehört. Bei bekannten Luxushotels eine nicht zu unterschätzende Eigenwerbung.

Schließlich wäre noch die durchschnittlich sehr kurze Urlaubszeit zu nennen, die sich der Japaner schlechten Gewissens von seinem geliebten Büro wegstiehlt. In weniger als einer Woche muss ganz Japan abgehakt werden; d.h. man übernachtet täglich in einem anderen Hotel, womit die leidigen Probleme mit Hygiene und Urlaubskleidung perfekt gelöst wären. Das unvermeidliche weiße Hemd für die dazwischen liegenden Bahnfahrten lässt sich täglich bequem auswaschen und trocknen.

Leider hat heute in Städten die genormte Kaufhaustragetasche aus Plastik oder Papier das einst unersetzliche Reiseutensil *Furoshiki* abgelöst. Eine schleichende Entwicklung, die schon Ende der Siebziger Jahre des vorigen Jahrhunderts begann.

Dabei war dieses viereckige Einschlagestuch in auffälligen Farben und Mustern so populär, dass viele Japaner glaubten, nicht einen einzigen Tage ohne es sein zu können. Zwar wickelt man gelegentlich auch auf der übrigen Welt Dinge in Taschentücher ein, wenn nichts Besseres zur Hand ist, jedoch hat sich bestimmt nirgendwo sonst ein derartiger Kult gebildet. Das *Furoshiki* erfüllt ideal die eigentlich stets gegenwärtige Grundforderung japanischen Zusammenlebens, wenig Platz zu beanspruchen.

Nicht gebraucht, kann es, falls zur kleineren Kategorie gehört, sogar in der Hosentasche verstaut werden, denn die Größe von *Furoshiki* variiert von dreißig Quadratzentimetern bis zum Zehnfachen. Auf dem Land wird besonders von älteren Leuten auch in der Gegenwart hin und wieder so ziemlich alles Tragbare darin geschleppt: Schulbücher, Gemüse, Kartoffeln, Obst und selbst Bettzeug oder kleinere Möbelstücke.

Praktisch macht also jedes Stück quadratischen Stoffes ein *Furoshiki*. Doch Japan wäre hierin nicht Japan, gäbe es nicht ganz bestimmte Betriebe in ganz bestimmten Gebieten, deren Muster und Qualität aus Baumwolle oder Seide nicht festgelegten Regeln entsprechend als außergewöhnlich gut und perfekt gelten würden. Adelige und versnobte Neureiche lassen sich als Krönung aller diesbezüglichen Freude Kreationen mit Familienwappen entwerfen.

Die Geschichte des *Furoshiki* ist mühelos bis ins 14. Jahrhundert zurückzuverfolgen. Damals erbaute *Yoshimitsu Ashikaga* den berühmten *Muromachi*-Palast in *Kyoto*, zu dem auch ein großer Baderaum für die hochherrschaftlichen Feudallords gehörte, die sich dort bei siedend heißen Bädern von der Politik entspannten. Neben dem Baderaum lag ein spartanisch einfaches Umkleidezimmer, das außer nackten Holzbohlen buchstäblich nichts anderes bot und dessen Boden zudem bald von Fußstapfen der hohen Herren verunziert wurde, die sich schnell zu hässlichen Wasserlachen ausweiteten. So erfand irgendein findiger Kopf das *Furoshiki (Furo* = Bad) zum Schutz der Kleidung auf dem nassen Boden. Wie alte Chroniken zu berichten wissen, diente es gleichzeitig zur besseren Identifizierung der verschiedenen herumliegenden Garderoben. Vermutlich dürfte es als sehr unschicklich gegolten haben, aus Versehen in die Unterhosen eines Höhergestellten oder gar des mächtigen *Ashikaga* selbst hineinzuschlüpfen!

Die neue Erfindung bewährte sich so sehr, dass sie von Höflingen bald bei jedem Kleidungswechsel benutzt wurde. Die saubere Wäsche wurde in das Tuch eingeschlagen, welches man danach mit den vier Ecken kunstvoll zusammenknotete und ins Umkleidezimmer trug.

Und da sich praktische Dinge allgemein schnell durchsetzen, war das *Furoshiki* schon wenig später bei allen Klassen der Gesellschaft beliebt und wurde, den einstigen Rahmen weit sprengend, zum Tragen aller handlichen Gegenstände benutzt. Bei Bahnreisen allerdings dienten *Furoshiki* nahezu ausschließlich dem Zweck, so viele *Bento* in sie einzuschlagen, wie man während einer Reise erhaschen kann.

Bento ist ein kleines, flaches, rechteckiges Holzkistchen, das eine Art Zwischenmahlzeit enthält, sehr oft auf Reis und Fisch basierend. Der Begriff *Bento* wurde wahrscheinlich erstmals im 16. Jahrhundert benutzt. Nach altjapanischer Sitte hielt man sehr diät-bewusst zwei Mahlzeiten (am Morgen und am Abend) für ausreichend.

Körperlich hart arbeitenden Bauern muss aber der Magen so geknurrt haben, dass diese essenslose Spanne unerträglich gewesen sein dürfte. Deshalb begannen sie verschämt, kleine Bambuskistchen mit populären Leckereien wie *Mochi* (sehr klebrige Reiskuchen) oder *Kashi* (in Blättern verpackte Süßigkeiten aus roten Bohnen) mit aufs Feld zu bringen. Sogar heute noch soll es alte Bäuerlein geben, die ihren *Bento* nur unbeobachtet im Geheimen essen.

In dieser Hinsicht noch verklemmter war Japans stolzer Ritterstand, die *Samurai*. Ein wahrer Held hatte bedürfnislos zu sein, wenn es um unheroische Verrichtungen ging. Deshalb war ihm eine so profane Beschäftigung wie ordinäre Nahrungsaufnahme an öffentlichen Plätzen vor den Augen des gewöhnlichen Volkes wegen eben dieser Schicklichkeit schlichtweg verwehrt.

Da Krieger jedoch für jedes Vaterland äußerst wichtig sind, musste ihr allmähliches Aussterben unter allen Umständen vermieden werden, umso mehr, da man schon genügend *Samurai* durch Ehre gebietendes *Harakiri* (ritueller Selbstmord) verlor. Kein Wunder deshalb, dass mit allerhöchster Duldung bei Japans *Samurai Bento* und *Kashi* die lukullischen Hits gewesen sind, denn nichts anderes konnte man so schnell und ungesehen in beachtlichen Mengen herunter schlingen.

Heute dominiert der *Bento,* von den Japanern nur mit der ehrenvollen Vorsilbe *O-Bento* genannt, auf Reisen. Dort kann allerdings von heimlichem Genuss nicht länger die Rede sein. Viel eher mutet die einst so verpönte Gaumenfreude wie eine kultische Handlung an. Man muss einmal erlebt haben, mit welcher Vorfreude jeder Japaner erwartungsvoll seinen *O-Bento* öffnet, wie die schwarzen Äuglein verwegen dabei glänzen, als wollten sie fragen: › *Was kostet die Welt?* ‹ und wie er schließlich genussvoll schmatzend den Inhalt in sich hineinstopft.

Im Unterbewusstsein könnte der Gedanke dabei durchaus eine Rolle spielen, etwas eigentlich Ungehöriges zu tun, was von der Umwelt toleriert wird.

Noch wichtiger, als den Inhalt gleich an Ort und Stelle zu verkonsumieren, ist eine regelrechte Sammelmanie. Japaner lieben Souvenirs, mit denen Freunde und Verwandte breit gestreut beglückt werden im Allgemeinen und *O-Bento* als Mitbringsel im Besonderen. Kein Wunder, dass man sich im ganzen Land hervorragend auf diese Leidenschaft eingestellt hat. 300 Bahnhöfe bieten 1.539 verschiedene *Bento* an. Die Inhalte sind nur leicht unterschiedlich, umso mehr dafür die Etikettierungen.

Yokogawa, ein unbedeutendes Städtchen in der *Gumma*-Präfektur, hat einen derart berühmten *O-Bento* kreiert, dass selbst Schnellzüge nicht umhin kommen, diesem Umstand ihre Referenz zu erweisen und dort anzuhalten, obwohl niemand aussteigen will - nur um Reisenden die Möglichkeit zum Einkauf dieser Spezialität zu geben. Eine *Shinkansen*-Fahrt von *Tokyo* nach *Osaka* wird deshalb für den Fahrgast zu einer nicht unerheblichen ausgleichssportlichen Betätigung, weil sich bei jedem kurzen Bahnhofsaufenthalt das gleiche Spielchen wiederholt: verzweifelt sprintende *Bento*-Jäger, die wie von Furien gehetzt an Kioske rasen, wobei sie riskieren, dass der Zug ohne sie weiterfährt.

Ist die *Bento*-Hatz im Großen und Ganzen ein durchaus positiver Aspekt japanischen Eisenbahnwesens, da sie ein wenig Abwechslung in die ansonsten recht monotone Bahnfahrt bringt, so lässt sich das von japanischen Klimaanlagen leider nicht behaupten.

In den Sommermonaten ist Japan, was Hitze mit schlapp machender Luftfeuchtigkeit betrifft, ein Klein-Indien. Zwar kursieren über den hiesigen Sommer nicht derartige Gerüchte wie während der Monsunzeit in Neu-Delhi - wo angeblich von teuflischen Temperaturen gestresste Ausländer in Badewannen schlafen und pro Nacht mindestens dreimal das Wasser wechseln – aber trotzdem schützt sich der Japaner nach amerikanischem Vorbild gegen brütende Hitze allzu gründlich.

Aus gut plus dreißig Grad kommend, fühlt man sich im Schnellzug in die tiefste Arktis versetzt und sehnt sich zähneklappernd nach soliden warmen Wolldecken, die, eigentlich im Zugservice enthalten, wegen der heißen Saison gut verschlossen in der Gepäckecke eingemottet lagern.

Restaurants, Bars und Cafés stehen dem nicht im Geringsten nach, denn sie verwandeln sich in Gefriertruhen, von eisigen Winden aus Klimaanlagen durchweht. Es erfordert einen aus Selbsterhaltungstrieb geborenen sechsten Sinn, durchgeschwitzt in leichter Kleidung wenigsten zielsicher sofort den Platz auszumachen, wo die kalten Winde am wenigsten ausrichten.

Dabei mussten früher auch hartnäckigste Klimaanlagenmuffel zugestehen, dass ihnen »ohne« in *Shinkansen*-Zügen die Luft zum Atmen fehlen würde. Schützten die perfektionierten Miefquirle doch nicht nur gegen tropische Hitzegrade, sondern verhinderten auch nebenbei Erstickungstode durch Rauchvergiftung, weil es selbst in Japan immer noch Menschen gab, deren Lungen Sauerstoff brauchten.

Nippons Büroangestellte mit Anzug, Schlips und Kragen, die auch hier den Löwenanteil an Passagieren stellen, sind so ziemlich alle Kettenraucher der schlimmsten Sorte. Deshalb war, stärkstem Eiswindfortschritts zum Hohn, schon nach kürzester Zeit die Luft nur noch mit dem Messer zu schneiden. Kleinkinder, die zu oft dieser Tortur ausgesetzt wurden, hätten leicht zu staatlich anerkannten Asthmaopfern durch *Shinkansen*-Luftverschmutzung werden können. Der gleiche kinderliebe Angestellte, welcher in der täglichen Nahverkehrszugschlacht zwar jede Frau, ob jung oder alt, rücksichtslos zur Seite schob, wenn es um einen begehrten Sitzplatz ging, aber den eben erst erkämpften genauso selbstverständlich schutzbedürftigen Kindern überließ, blies hier gedankenlos einem empfindlichen Baby Rauch ins Gesicht.

Passionierte Nichtraucher waren im vorigen Jahrhundert die widerwillig geduldeten Stiefkinder japanischen Schnellzugwesens. Sie mussten entweder schweigend leiden oder zu Haus bleiben. Die gesamte stolze und etwas schnellere Variante des *Shinkansen* hatte bis zum Beginn des 1981 auch nicht das winzigste geschützte Eckchen für Antinikotiner. Nach jahrelangem Zögern und stürmischen Debatten hinter verschlossenen Türen entschlossen sich die Landesväter wenigstens der *langsameren* Variante, die auf mehreren Bahnhöfen hält, einen ganzen rauchfreien Wagen zuzubilligen. Mit der Perspektive auf Erweiterung, falls sich diese revolutionäre Änderung bewähre. Vier Jahre später allerdings wartete man immer noch ab. Nichtraucher durften sich vor Wagen 16 anstellen, um einen Platz zu ergattern. Eine Möglichkeit auf Reservierung dafür gab es wegen angeblichen Mangels an Interesse nicht.

Immerhin begannen danach verschiedene Musterprozesse, in denen sich die »Jünger der reinen Luft« endlich Gehör verschaffen konnten. Heutzutage, im Zeitalter der Globalisierung, hat sich das Verhältnis von Raucher- zu Nichtraucherwagen glücklicherweise um glatte 180 Grad gewandelt.

Obwohl eigentlich über Generationen hinweg an tropische Hitzegrade gewöhnt sein müssend, leidet der Japaner ganz im Gegensatz zu gängigen Buchbeschreibungen wesentlich mehr unter der Hitze als unter manchmal nicht unerheblicher Winterkälte. Der ständige Aufenthalt in vollklimatisierten Bürotiefkühltruhen hat diese Anfälligkeit noch zusätzlich gefördert. Dazu kommt die unpassende Geschäftskleidung mit dunklem Anzug, Schlips und Kragen, die heutzutage wenigstens in der Freizeit weitgehend salopperer Kleidung gewichen ist.

Daraus ergibt sich zwangsläufig für die tägliche Praxis, dass die meisten Japaner in unpassender, beengender Kleidung schwitzen. Schon das bloße Betreten eines Nahverkehrzuges löst in jedem von ihnen Ströme von Schweißausbrüchen aus und wie ein Erstickender reißt er alle erreichbaren Fenster auf.

Die leidige Folge davon ist eine Kettenreaktion: in japanischen Lokalzügen zieht es grundsätzlich vom mildesten Frühlingsanfang bis in den reifsten Spätherbst wie Hechtsuppe! Umso mehr, da Verbindungstüren zwischen den einzelnen Wagen von vorn bis nach hinten fast immer offen stehen und den Fahrtwind ungehindert bis in die letzte Ecke blasen lassen.

An heißen Tagen ist es wenigstens zwar schmutzige, aber immerhin warme Luft, die wesentlich weniger Erleichterung verschafft als die verschmähte Klimaanlage, würde man die Fenster geschlossen halten.

An nur ein wenig kühleren Tagen wird es jedoch schon zur zähne-klappernde Tortur. Denn so leicht die zweiteiligen Fenster am Morgen zu öffnen sind, so schwer lassen sei sich - grundsätzlich klemmend - am Abend wieder schließen. Jedem Japaner wäre der Gesichtsverlust, sich vergeblich bemüht zu haben, allzu peinlich. Außerdem würden solche Bemühungen den starken Unwillen der Scharen unempfind-licher betrunkener Büronachtrunkheimkehrer erwecken.

Und so windet es eben lustig weiter und Zugbenutzer beiderlei Geschlechts haben bald rote Augen wie Albinos und selbst die kunst-vollste Frisur wird hoffnungslos zerzaust.

Der Massentransport ist also, wie ausführlich dargelegt, ein ganz besonderes Kapitel, tief verwurzelt in der japanischen Gesellschaft. Und es kann mit Spannung als das erwartet werden, was uns dieses ausge-klügelte, einzigartige System in naher Zukunft an technischen Wundern offenbaren wird. Schon jetzt sind die Fakten beeindruckend:

Die geografische Anordnung unglaublich dicht besiedelter Metropolregionen in engen Tälern zwischen vulkanischen Bergen hat eine linienförmige Struktur des nationalen Schienennetzes bewirkt. Während das deutsche Flachland mit 340 Einwohnern pro Quadrat-kilometer besiedelt ist, drängen sich hierzulande 990 auf der gleichen Fläche. Auf Bahnkapazitäten bezogen, bedeutet das: pro Bahnkilo-meter werden in Japan täglich mehr als 46.000 Fahrgäste befördert, in Deutschland dagegen nur vergleichsweise bescheiden anmutende 5.000.

Der Fahrgast kann je nach Ziel und Eile zwischen drei Varianten mit bedeutungsvollen Namen wählen:

Der *Kodama* (Echo) hält auch in mittleren Städten, der *Hikari* (Licht) nur in Metropolen. Dazu hat sich zwischen den beiden größ-ten Städten des Landes *Tokyo* und *Osaka* sowie in Richtung Süden zwischen *Kobe* und *Hakata* ab 1992 der noch schnellere *Nozomi* (Hoffnung) gesellt. Der Form nach gleicht dieser mit seinen neuesten

Modellen wahren Superraketen. Mit Spitzengeschwindigkeiten um die 300 Stundenkilometer benötigt er für die 512 Kilometer zwischen *Tokyo* und *Osaka* lediglich 2 ½ Stunden. Mit dem Auto braucht man für die gleiche Strecke rund das Dreifache an Zeit. Auch das Flugzeug ist wegen der wesentlich größeren Entfernung zum Stadtzentrum und der langen Abfertigungszeiten keine wirkliche Alternative.

Im 21. Jahrhundert reicht diese aber natürlich längst nicht mehr aus. Deshalb arbeiten japanische Wissenschaftler bereits intensiv am Hochgeschwindigkeitszug der Zukunft. Auf einer fünfzig Kilometer langen Versuchsstrecke der *Chuo-Shinkansen*-Magnetschwebebahn wurde der Weltrekord für Schienenfahrzeuge auf wahnwitzige 552 Stundenkilometer hoch geschraubt! In gar nicht mehr allzu ferner Zukunft soll die Fahrzeit zwischen *Tokyo und Osaka* lediglich noch eine Stunde betragen. Wohnsitz hier und Arbeitsplatz dort wären dann nahverkehrsmäßig fast in eine direkte Nachbarschaft zusammen gerückt.

Vom Fortschritt besessene Optimisten hatten kühn bereits 2004 als Einweihungsjahr vorausgesagt. Das konnte allerdings noch nicht realisiert werden. Schuld daran dürften nicht nur die gigantisch hohen Investitionskosten, sondern auch der viel zu hohe Energieverbrauch sein. Im Vergleich zu »normalen« *Shinkansen*- Zügen wird das Fünffache an Strom verbraucht. Man glaubt aber fest daran, den Verbrauch bald um mehr als die Hälfte verringern zu können. Und genau darum lässt sich der Autor zu der kühnen Prognose verleiten: *Schon bald ist es so weit!*

Aber: Mögen auch supermoderne Schienenraketen nun mit 500 oder später einmal sogar mit 1000 Stundenkilometern durch Japan rasen, eine alltägliche Gewohnheit wird sich garantiert nie ändern: echte Japaner werden weiterhin einer neben dem anderen, Schulter an Schulter, Kopf auf Schulter, Mann an Frau (und umgekehrt) tief selig miteinander unbeabsichtigt verschlungen unbekümmert schlafen, sobald sie im Zug einen begehrten Sitzplatz erkämpft haben!

Über Mikrofontraktierer und sonstigen Umweltkomfort

Einst sinnierte der berühmte russische Schriftsteller Leo Tolstoi: ›*Wie viel Erde braucht der Mensch?*‹

Er fand in weiser Resignation selbst die Antwort. ›*Nur so viel, um damit einen bescheidenen Sarg bedecken lassen zu können, denn am Ende müssen wir alle miteinander sterben!*‹

In den frühen Siebziger Jahren wurde diese Frage japanisch umgewandelt in: ›*Wie viel Sonne braucht der Mensch?*‹

Allerdings handelt es sich hierbei nicht um ein abstraktes Gleichnis über die Sinnlosigkeit menschlichen Besitzstrebens, sondern lediglich um nüchterne Überlegungen von Fachleuten.

Die drückende Enge im Ballungsraum *Tokyo/Osaka*, der langsam aber sicher zu einer fünfhundert Kilometer langen Supermetropole zusammenwächst, machte eine derart futuristisch anmutende Kalkulation ernstlich notwendig.

Ein Blick aus dem vorübersausenden *Hikari* auf das Städtchen *Fujikawa* am Fuß des Berges *Fuji* ist wie ein Symbol für diesen Mangel an Raum. Ganz unten die blauen, rollenden Wogen des Pazifiks. Jedoch davor unübersehbar ein anderes Meer aus Häuschen und Hütten mit blauen, grauen oder roten Ziegeldächern. So dicht drängen sie sich aneinander, dass es vom *Fuji* bis zum Meer herunter keinen Quadratmeter freien Bodens mehr zu geben scheint und die untersten Gebäude von den nachdrückenden allmählich ins Meer geschoben werden.

Bald schon müssen die Fluten ihre Fundamente benetzen, aber genau dort, wo es nicht mehr weitergeht, weil unwiderruflich das nasse Element beginnt, haben emsige Konstrukteure noch eine kühne Hochstraße hingesetzt - deren Pfeiler schon im Wasser stehen…

Leider haben Häuser, setzt man sie in Beziehung zu Licht spendenden Sonnenstrahlen, die unangenehme Eigenschaft, Schatten zu werfen. Und sehr viele Häuser, nach den Gesetzen der Logik, eben sehr viel davon. Von den fatalen Auswirkungen, die Wolkenkratzer inmitten, vor oder hinter Einfamilienhütten haben, ganz zu schweigen.

Die betrübliche Folge war in sehr vielen Großstadtwohnungen ein latenter Mangel an Sonnenschein. Das rief schließlich eine Expertenkommission des Gouverneurs von *Tokyo* auf den Plan, die keine andere Aufgabe hatte, als die anfangs aufgeworfene Frage salomonisch zu lösen. In ihrem Gutachten heißt es u.a. sinngemäß: »Die japanische Verfassung garantiert jedem Bürger Grundrechte für ein umweltwürdiges Leben.«

So steht beispielsweise im Artikel 25: *Das Recht auf den Erhalt eines Minimumsstandards für gesundes und kultiviertes Leben ist garantiert.*

Oder im Artikel 13: *Das Recht nach Glück zu streben ist garantiert. Zu einem gesunden, glücklichen und kultivierten Leben gehört aber in erster Linie Sonnenschein. Deshalb stehen jeder Wohnung mindestens 3-6 Stunden Sonne täglich zu! Die Differenz ergibt sich aus der unterschiedlichen Beurteilung von reinen Wohngegenden und Geschäftsbezirken.*

Es lebe der Fortschritt! Die bedauernswerten Vorfahren heutiger Japaner mussten noch ohne Gesetzanspruch einfach so in der Sonne sitzen.

Wie grotesk das auch anmuten mag, in japanischen Städten war es tatsächlich höchste Zeit, dieses neben freiem Atmen natürlichste aller menschlichen Grundrechte abzusichern und durch strikte Paragraphen zu gewährleisten. Auch *Gaijin,* die nicht zur Kaste der sehr wichtigen Persönlichkeiten gehören und für deren westlich inspirierte Wohngemächer Firmen oder Botschaften schon vor über 30 Jahren zwischen 230.000 Yen (1.500 Euro) und 767.000 Yen (5.000 Euro) monatlich auf den Tisch zu blättern hatten, können ein Trauerlied über dieses Thema anstimmen.

Ein deutscher Globetrotter, der in *Osaka* seinen illegalen Lebensunterhalt als Kellner in einem Deutschstil-Restaurant mit dem umwerfenden Namen *Mozartstübl* fristete, wohnte damals in einem Appartement, das generös sein Brötchengeber stellte. Eigentlich fehlte dort überhaupt nichts, wenn man von so einer unbedeutenden Kleinigkeit wie dem völligen Mangel an Fenstern absieht.

Beruflich bedingt kam er erst sehr spät nach Hause und schlief demzufolge am nächsten Tag entsprechend lang. Da er ein echter Germane war, der japanischen Köstlichkeiten wenig Geschmack abzugewinnen vermochte, kochte er nach dem Aufstehen eine Kleinigkeit, las ein Buch oder beschäftigte sich mit einer anderen Sache. Im Nu dämmerte schon wieder der Abend heran, er stieg seufzend in die Kleider und ging wie gehabt zur Arbeit. Die liebe Sonne, welche ihm den ganzen Tag über in den eigenen Räumlichkeiten verborgen geblieben war, ging nun auch draußen fast schon wieder unter.

Doch es gibt noch Steigerungen. Ein deutsches Ehepaar wohnte ungefähr zur gleichen Zeit in *Kyoto*. Nicht nur, dass ihre Behausung keine Fenster hatte, als zusätzliche Behaglichkeitssteigerung lag eine emsige kleine Werkstatt Wand an Wand mit ihren Gemächern. Das vermittelte ihnen die nicht zu unterschätzende Erfahrung, japanischen Arbeitseifer sozusagen an der Quelle zu studieren. Vom ersten Hahnenschrei um fünf Uhr früh bis in den fortgeschrittenen Abend erfreute sie munteres Hämmern auf schwer zu definierendem Schrott. Was diesen akustischen Genuss noch intensiver gestaltete, war die Tatsache, dass japanische Hauswände ausnahmslos nicht einmal fingerstark sind. Man durchlebte das plastische Gefühl, mitten in der Werkstatt zu sitzen.

Doch an bloßen Lärm hatte sich auch der zartbesaitetste *Gaijin* zu gewöhnen. Leider wurde aber nicht nur eifrig gehämmert, sondern ebenfalls geschweißt und nach Herzenslust Abfall verbrannt. Jeder Japaner kennt seine verfassungsmäßig zugesicherten Rechte, so kann als sicher angenommen werden, dass der Vermieter des Appartements den Artikel 25 aufmerksam studiert hatte. Wird dort aber nicht ein Minimumsstandard für gesundes und kultiviertes Leben geradezu gebieterisch gefordert?

Der Enge gehorchend hatte man in der Wohnung auch auf das kleinste Fensterscheibchen verzichtet, weil es ohnehin nicht von Sonnenstrahlen umschmeichelt wurden wäre. Da aber Gesetze stets zu respektieren sind, wurde als generöse Entschädigung und zur Sicherung des kultivierten Lebens eine richtige Belüftungsklappe in der Küche angebracht.

Ein wahres Wunder der Technik, denn wenn man an einer Schnur zog, arbeitete in ihr ausdauernd und unverdrossen ein Ventilator.

Seine Arbeitsweise war über jeden Zweifel erhaben und verdiente keinerlei Beanstandung. Den ganzen lieben Tag lang füllte er zuerst Küche und dann, nach dem physikalischen Gesetz der Ausdehnung, Wohn- und Schlafzimmer mit Abgasen und Verbrennungsgestank aus der benachbarten Werkstatt. Sein korrektes Funktionieren wurde von dem japanischen Vermieter mehrmals täglich gewissenhaft kontrolliert, weil selbst ein barbarischer Ausländer, der Miete bezahlte, das fundamentale Recht auf gesundes und glückliches Leben genoss.

Allerdings sind *Gaijin* längst nicht so umweltgestählt wie jahrelang trainierte Japaner. Eines Tages wurde dem männlichen Deutschen speiübel, schwindelig und sein Kopf schmerzte rasend. Mit allen Anzeichen einer mittleren Rauchvergiftung stürzte er voller Panik zu seinem Wirt. Der gute Mann, immerhin ein Arzt, lauschte verblüfft dem Klang der versagenden Stimme des klagenden Mieters und die ganze Familie hörte amüsiert zu. Bis hinunter zur jüngsten Tochter wollten sie sich allesamt über den kleinen Betriebsunfall zu Tode lachen. Lange *Gaijin*-Nasen sind eben allzu empfindlich!

Als der Autor bei einer erneuten Rückkehr nach Japan wiederum vor das leidige Problem der Wohnungssuche gestellt wurde, war er, durch eigene und fremde Erfahrungen hinreichend vorgewarnt, ein gewiefter Experte, der fachmännisch zu Werke ging. Auch freundliches, formvollendetes und superhöfliches Gebaren, verbunden mit noch so tiefen Verbeugungen vermietungsheischender Makler oder Hausbesitzer, schläferten seine misstrauische Wachsamkeit nicht im Geringsten ein.

Für das Unterzeichnen des Mietkontraktes zählte ein einziges Kriterium: *Fenster oder nicht Fenster, das ist hier die Frage!*

Dabei ist dies ein mehrschichtiges Problem, denn bloßes Vorhandensein eines Fensterrahmens muss noch lange nicht die gesetzlich zugesicherte Sonnenmenge garantieren. Lenkt doch Blendwerk in Form von attraktiven Papierschiebefenstern vor den eigentlichen Glasscheiben geschickt von der Wirklichkeit ab. Erst nachdem man diese künstlerische Pracht kompromisslos zur Seite geschoben hat, öffnet sich der Ausblick in meist deprimierende Einsichten.

Bei vier von fünf begutachteten Wohnungen bestand der Ausblick nach *draußen* aus einer knapp fünfzig Zentimeter entfernten, feuchten Wand des Nachbargebäudes, auf der lichtscheue Asseln und dicke Kakerlaken ein ungestörtes, glückliches Leben führten - was die japanische Verfassung ausgerechnet diesen bestimmt nicht garantierte.

Letztlich bewahrte ein kleines, gut aufgeteiltes Appartement mit einem erschwinglichen Preis, das den Blick auf eine nicht zu schmale Straße und sogar einen Fluss im Hintergrund freigab, vor völliger Frustration. Die Unterschrift unter den unverständlichen Mietsvertrag war nur noch Formsache.

Damit wurde der Verfasser eingegliedert in die riesige Schicksalsgemeinschaft derjenigen, die sich in eine sogenannte *Kaninchenhütte* im japanischen Stil hineinquetschen müssen. Solche Miniwohnungen sind nicht viel größer als eine Puppenstube. Nichtsdestotrotz stopft der moderne, konsumorientierte Japaner aller Platznot zum Hohn soviel an westlichen Möbeln und technischem Gerät hinein wie eigentlich gar nicht reinpassen kann. Uralte Regeln japanischer Raumkultur, wo schlichte Harmonie und wenig Beiwerk bestimmend ist, bleiben glatt auf der Strecke.

Die Größe der Wohnung berechnet man nicht nach Quadratmetern, sondern nach *Tatami*. Das sind rechteckige Strohmatten, ca. 0,90m mal 1,80m, die den Boden bedecken und das Schuhausziehen zur ersten Benimmregel machen.

Schlimmer als dies zu versäumen, ist nur noch, nicht täglich mindestens ein heißes Bad zu nehmen. In dieser Beziehung muss offensichtlich ein tiefer kulturell-historischer Graben zwischen Ost und West verlaufen, der bis heute nicht gänzlich zugeschüttet werden konnte.

Als im 16. Jahrhundert Spanier und Portugiesen auf großen Schiffen über die Weltmeere herangesegelt kamen, stank dieser Widerspruch förmlich zum Himmel. Zwar fühlten sich übereifrige Missionare und zwielichtige Abenteurer als Apostel europäischer Zivilisation, dies hielt die Einheimischen aber nicht davon ab, mit zugehaltener Nase alle fremdländischen Eindringlinge den Barbaren zuzuordnen. Wozu deren sehr herber Körpergeruch und peinlicher Verlausungsgrad nicht unerheblich beigetragen haben dürften.

Für Kenner der Verhältnisse ist das nicht weiter verwunderlich. Herrschte doch in Europa damals die einheitliche Meinung, dass

Baden im höchsten Maße ungesund und moralisch verwerflich sei. Wenn der empfindsame menschliche Corpus notgedrungen schon bei Geburt und Tod mit dieser suspekten Substanz in Berührung zu geraten habe, so wäre das wirklich mehr als genug. Eine solche Grundhaltung ausgerechnet in einem Land, dessen Badestandard nebst Überbau bereits eine ausgefeilt ästhetisch-rituelle Prozedur war. Ob die Katholiken in ihrem fanatischen Bekehrungseifer nicht ähnlich erfolgreich wie in Lateinamerika gewesen wären, hätten sie wenigstens hin- und wieder mal freiwillig gebadet?

Aber die Menschheit gleicht sich im Zeitalter der Globalisierung mehr und mehr an. Auch die Reinigungskluft ist längst nicht mehr unüberbrückbar, denn selbst im hintersten Europa denkt wohl kaum noch jemand ernsthaft, dass sich zu waschen für die Gesundheit schädlich sei. Aber trotzdem: wer badet bei uns schon täglich?

Berücksichtigt man all' das gerade Gesagte, dann dürfte eigentlich in keiner *Kaninchenhütte* der tägliche Freudenspender, ein Badezimmer, fehlen. Nichts drückt eindrucksvoller die Platznot in den Ballungsgebieten der Hauptinsel *Honshu* aus, als die lapidare Feststellung: »Leider ist dem nicht so!«

Das gerade unterschriftlich besiegelte Luxusgelass des Autors sprengte den Rahmen des Normalanspruchs von zehn *Tatami,* der damals bestimmt noch tiefer lag, ganz enorm nach oben und dürfte es mit zwei Zimmern, einer kleinen Holzdielenküche und einem ziemlich großen Badezimmer nahezu auf die doppelte Fläche gebracht haben.

Allerdings kostete es auch schon ohne Wasser, Licht, Gas, Telefon und Hausreinigung einen für diese Zeit recht stolzen Betrag von 40.000 Yen (260 Euro), wobei der Schlüssel zum Paradies ein schmerzendes Schlüsselgeld in Höhe von 383.000 Yen (2.500 Euro) war, von dem der Vermieter mit breitem Lächeln am Ende zwanzig Prozent *Dankeschöngeld* einbehalten würde.

Dafür lag die neue Wohnung nur zwei Stationen vom Stadtzentrum *Osakas* entfernt in günstiger Verkehrslage. Sie übererfüllte sogar den gesetzmäßig zustehenden Sonnenanteil erheblich. Dadurch hielt sich die nächtliche Zimmertemperatur im Sommer locker auf 35 Grad. Ein schweißtreibender Nachteil, für den der freie Ausblick auf ein Stück Natur entschädigte: den unrettbar verdreckten *Yodo*-Fluss, der von mittleren Bergketten am Horizont gesäumt wurde, die immer nur dann sichtbar wurden, wenn sich die Luftverschmutzung im Rahmen hielt. Allerdings war die Chance auf ein solches Wunder im glutend-heißen Sommer nahezu gleich Null.

Um der Freude die Krone aufzusetzen, fehlte selbst die beinahe überall unvermeidlich übermäßige Lärmbelästigung. Nur hin und wieder vibrierten die Fensterscheiben und geriet die Deckenlampe in leicht kreisende Schwingungen. Es ließ sich dann nie mit hundertprozentiger Gewissheit bestimmen, ob es nur ein vorüberratternder LKW oder ein kleineres Erdbeben gewesen war!

Natürlich waren auch in dieser Wohnung die trennenden Zimmerwände so dünn, dass man, ohne Karateexperte zu sein, mühelos mit dem bloßen Finger ins Nachbarappartement hätte stoßen können - aber so etwas den Gemeinsinn störendes tut eben niemand.

Überhaupt sind alle Nachbarn, die man zwar selten sieht, dafür aber umso deutlicher hört, Menschen wie du und ich. Der von ihnen produzierte Lärm ist menschlich normal und durch und durch natürlich.

So tönte von links lediglich ununterbrochen überlauter Fernsehton, dessen Monotonie ab und zu durch einen lebendigen Familienstreit unterbrochen wurde. Oder es steigerte sich ein schrilles Telefonläuten zum Dauer-Da-Capo, falls die Frau des Hauses zufällig abwesend gewesen sein sollte.

Von rechts dagegen hämmerte das auch nicht gerade leisere, schlecht eingestellte Stereogerät einer mandeläugigen Hostess, dessen Schwung nur gebremst werden konnte, indem man das eigene Radio noch lauter aufgedrehte. Ein- oder zweimal steigerte dann die unsichtbare Schöne die Phonstärke ebenfalls, gab aber spätestens nach fünf Minuten auf und schaltete entnervt ab.

Dazu gab es, als kleine anregende akustische Beigabe, nur noch die gelegentlichen Nachtbesuche ihres ländlich anmutenden Freundes. Nun wird ja gemeinhin behauptet, dass japanische Liebhaber wenig ausdauernd sein sollen... in ihrem Falle ließ dies nur einen einzigen Schluss zu: der nächtliche Besucher muss Koreaner gewesen sein!

Unwissende *Gaijin*, die ebenfalls das Glück hatten, unter ähnlichen Bedingungen als Mieter akzeptiert zu werden, könnten ein solches

Göttergeschenk nicht richtig zu würdigen wissen. Unter Umständen würden sie sich voller Ingrimm nach links, rechts, oben und unten gestenreich über Lärmbelästigung beschweren. Das Echo wäre pures Unverständnis: ›*Was hat der komische Ausländer denn bloß?*‹

Daraufhin würde jedoch übergangslos ohne Zaudern, verbunden mit höflichstem Grinsen und tiefster Verbeugung eine formvollendete Entschuldigung folgen: »*Domo sumimasen de shita!*« (Entschuldigen Sie bitte, was ich getan habe!)

Nichts geht dem Japaner so leicht über die Lippen wie eine Entschuldigung. Vorsichtshalber entschuldigt er sich für alles, angefangen bei der bedauerlichen Tatsache, dass er nun einmal möglicherweise zu unserem Leidwesen auf dieser schönen Welt sei. Das kostet nichts und entspricht genau den Höflichkeitsregeln. Nach diesem Ritual würde der aufgeschreckte Nachbar hochbefriedigt in seine Wohnung zurückschlurfen und den Fernseher doppelt so laut wie vorher aufdrehen.

Bis vor kurzem schienen nämlich alle Japaner die erstaunliche Fähigkeit zu besitzen, auch heftigste Schallwellenaggressionen mühelos zu ignorieren, wozu ohne Zweifel ihre stets durch zu viele Menschen und dünne Zimmerwände geprägte Vergangenheit als perfektes Dauertraining beigetragen hat.

Es gibt in diesem Zusammenhang keine gelehrte Abhandlung von Japankennern, die nicht das »auf allerengstem Raum miteinander leben können« gründlich durchleuchtet und in der Quintessenz ein Hohelied auf menschliche Rücksichtnahme, Disziplin und feste Verhaltensregeln singt. Auch der Autor kommt nicht umhin, sich still und bescheiden dem Hosiannachor weiser Männer einzureihen. Konnte er doch nirgendwo soviel Toleranz und an Selbstaufgabe grenzende Rücksichtnahme erleben wie in Japan. Das gilt auch gegenüber unerträglichsten Lärm und Radau des Anderen, den man einfach vornehm überhört. Dabei spannt sich der Begriff »Anderer« sehr weit und deckt sich letztendlich mit der Umwelt im Allgemeinen.

Selbst als alle Welt Lärmbelästigung als das größte Umweltübel auf den japanischen Hauptinseln anzuprangern begann, hatte der davon betroffene Durchschnittsjapaner scheinbar überhaupt nichts bemerkt.

1980 jedoch ließ eine repräsentative Meinungsumfrage erstmalig Zweifel an der unerschütterlichen Unempfindlichkeit japanischer

Ohren gegenüber Lärm arg ins Wanken geraten. Waren doch zwei von drei Befragten mit Regierungsmaßnahmen gegen verschiedene Umweltprobleme unzufrieden und legten die Reihenfolge der Hauptübel wie folgt fest: *1. Lärm, 2. Gestank, 3. Luftverschmutzung* und *4. Vibration.*

Interessant wäre allerdings festzustellen, wie repräsentativ solche Umfragen tatsächlich waren und sind. Der unbestimmte Verdacht will nicht weichen, man würde bei solchen Ermittlungen nur Englisch sprechende, die *Japan Times* oder *Mainichi Daily News* lesende Japaner interviewen, denn die waren durch lang währende, heftige Leserbriefdiskussionen schon entsprechend vorbelastet und für diese Problematik sensibilisiert.

Ausgerechnet ein Amerikaner hatte die Stirn besessen, verschiedene Formen unnützer Lärmbehelligung als das zu bezeichnen, was sie tatsächlich sind: barbarisch und eines hoch zivilisierten Landes unwürdig!

Ein ungeheuerer Affront gegen den nationalen Krach, der einem aufrechten japanischen Studenten den Schlaf raubte und einen geharnischten Protestbrief gegen die rassistischen Vorurteile des unverschämten Vertreters der amerikanischen Herrenrasse verzapfen ließ. In diesem Protestschreiben wurde über alles räsoniert, aber nur eben nicht über den leidigen Lärm. Worauf wieder andere Ausländer an der Reihe waren und schließlich sogar immer mehr Japaner, denen es wie Schuppen von den Augen fiel: ›*Ja, das ist tatsächlich wahr, darunter haben wir wirklich schon viel zu lange gelitten!*‹

Ein Leserbrief dürfte ihnen allen aus der Seele gesprochen haben:

Mit großem Interesse habe ich die Leserbriefdiskussion der letzen Wochen über die »barbarische japanische Sitte der Lautsprecherbelästigung und die inhumane Behandlung von Hunden« gelesen. Ich befinde mich in der unglücklichen Lage, gleich ein Opfer von Beidem zu sein. Jede Nacht bin ich gezwungen, der dudelnden Melodie eines Nudelverkäufers aus dem Lautsprecher zu lauschen, wenn er nur vier Meter von meinem Kopfkissen entfernt erst um Mitternacht und dann noch einmal so gegen 0.30 Uhr vorbeizieht. Um 5.30 Uhr bellt und jault aber bereits der Hund aus dem Nachbarhaus, weil er zum Zwecke der Erleichterung ausgeführt werden will. Dieses Konzert dauert grundsätzlich so lange, bis der Besitzer endlich nachgibt und dem armen Hund seinen einzigen Ausgang des Tages gegen 7 Uhr zubilligt. So sind mir also zwischen Lautsprechergeplärre und Hundebellen nur ungefähr fünf Stunden nächtlichen Schlafes zugebilligt. Ein guter Teil weniger als die acht Stunden, die ich eigentlich brauche. Sollte man nicht eine Eingabe an den Gesetzgeber machen, damit Verordnungen gegen Lärmbelästigung, falls überhaupt welche bestehen, endlich geändert werden?!

»Falls überhaupt welche bestehen.«

In diesem eingeschobenen Satz des stoßseufzenden Lesers liegt der Hase im Pfeffer. Die Geister, die er gerufen hatte, wurde er einfach nicht mehr los! Als Preis für umwerfenden Fortschritt, der das Land in nur gut 100 Jahren unter die größten Industrienationen der Erde aufsteigen ließ, war der Gesetzgeber in den letzen 30 bis 40 Jahren einfach überfordert – es gab einfach zu viele die Lebensqualität beeinträchtigende Aspekte. Es ist ein Kampf gegen eine Hydra mit vielen Köpfen, dessen Auswirkungen alle *Nippon*-Aufenthalte des Autors im stärksten Maße bestimmten.

Den Katalog des Schreckens führten an: maßlose Übervölkerung in den Ballungsräumen auf der Hauptinsel *Honshu*, Wohnraum ohne Sonne, Luftverschmutzung nie gekannten Ausmaßes, Verpestung der Flüsse durch Industrieabfälle und als Gipfel der Bedrohung: fürchterliche Umweltkrankheiten.

Ist es deshalb verwunderlich, dass bei einer derartigen Hochkonjunktur an erforderlichen Änderungen eine *belanglose Kleinigkeit* wie die Lärmbelästigung zu Hause und auf der Straße zunächst kaum beachtet wurde? Dabei hätten die Verantwortlichen gerade dieses Übel dringend im Auge oder besser im Ohr behalten sollen, denn allzu leicht ufert Besessenheit ins Uferlose aus und beginnt die Umwelt zu tyrannisieren.

Als Ausgangspunkt einer solch beispielhaften Tyrannei könnte die bahnbrechende Erfindung von Mikrofon und Lautsprecher gelten, liebt der durchschnittliche Japaner doch offensichtlich nichts so sehr, wie den vollen Klang seiner Stimme auf akustische Membranen zu übertragen. Wenn dann die Fülle derselben noch in vielfacher Verstärkung Straßen, Plätze, Schulen und öffentliche Gebäude überflutet, ist die Seligkeit des Schreihalses vollkommen. Erst einmal in Ekstase geraten, kommt er nicht einmal andeutungsweise auf die Idee, andere

Menschen stören zu können. Im Land der aufgehenden Sonne, berühmt für die Harmonie der Stille, darf ohne Furcht vor Geldstrafe anscheinend jedermann mit Mikrofon und Lautsprecher die Nerven seiner Mitmenschen nach Herzenslust strapazieren.

Den Reigen der akustischen Nervensägen eröffnen dabei Rufer mit folkloristischem Anstrich:

Der Süßkartoffelverkäufer

Mit einer Art Heizkanone auf zweirädrigem Holzkarren ist er während der kalten Jahreszeit zu abendlicher und nächtlicher Stunde mit einem durch jede Pore dringenden, Kunden anlockenden Sprechgesang unterwegs:

»*Yakiimo, Yakiimo!*« (Süßkartoffeln, Süßkartoffeln!)

Unvermeidliche Attribute technischen Fortschritts haben dieses lebende nationale Kulturdenkmal zudem heimgesucht, denn gewaltige Verstärkeranlagen vervielfachen die Urgewalt seiner Stimme. Trotzdem ist man als objektiver ausländischer Betrachter zu mittelspäter Abendstunde inmitten lärmerfüllter Vergnügungsbezirke geneigt, den Singsang als nicht unangenehm oder je nach Auffassung gar als exotisch geheimnisvoll zu empfinden.

Freundliche Toleranz schlägt jedoch schnell volle 180 Grad um, wenn während der Wintersaison mit schönster Regelmäßigkeit der beste Schlummer brutal unterbrochen wird, weil die lautsprecherverstärkte Stimme des *Yakiimo*-Mannes Fensterscheiben und Papiertüren der heimatlichen Kaninchenhütte vibrieren lässt. Warum muss er ausgerechnet nach Mitternacht sein Betätigungsfeld in reine Wohnbezirke verlegen, wo alles im tiefsten Schlaf liegen dürfte?

Sollten Japaner, solchermaßen aus schönsten Träumen gerissen, wirklich zu dieser unpassenden Stunde das pervers anmutende Gelüst verspüren, unbedingt süße Kartoffeln essen zu müssen? Zum reinen Vergnügen wird er seinen Karren kaum Nacht für Nacht durch menschenleere Straßen schieben. Oder etwa doch? Sollten viele Süßkartoffelverkäufer unserer Tage nur verkappte Musikstudenten sein, die hier endlich unbeanstandet ihre Stimmbänder schulen können?

Vielleicht schon, denn am Tage ist nämlich in öffentlichen Parkanlagen die Konkurrenz Trompete spielender Kommilitonen akustisch allzu erdrückend!

Der Nudelverkäufer

Nichts was eben geschildert wurde, könnte nicht auch über ihn geschrieben werden. Zusätzlich ist zu berücksichtigen, um wie viel populärer Nudeln als Süßkartoffeln sind. Werden sie doch bei jeder Gelegenheit und überall gegessen, was spezielle Restaurants bekanntlich ermutigt, 24 Stunden ununterbrochen zu öffnen. Wenn aber, wie sich daraus folgern lässt, ein Japaner sogar freiwillig zu nächtlicher Stunde in eine Nudelschwemme eilt, muss er dann nicht überglücklich sein, die geliebten *Ramen* (Nudeln) frei Haus bis ans Bett gebracht zu bekommen? Wer sich also über die nächtliche Ruhestörung erregt, ist selbst Schuld daran, weil er keine *Ramen* mag!

Die Ablösung der Nudel- und Süßkartoffelverkäufer für den Tag ist nicht so traditionsbehaftet, jedoch um keinen Deut leiser und außerdem von hundertprozentiger Zuverlässigkeit beim gewissenhaften Erfassen früher Morgenstunden an Sonn- und Feiertagen:

Der Zeitungssammler

Er ist unermüdlich mit einem lautsprecherbestückten Kleintransporter für das Gemeinwohl auf Achse, um den wichtigen Rohstoff Papier in Form von alten Zeitungen zu nutzbringender Wiederverwendung einzusammeln. Allerdings meist nur Zeitungen und Zeitschriften, denn Altpapier in anderer Ausführung begehrt er offensichtlich kaum.

Ein höchst suspekter Vorgang, der bestimmte Kreise, die alles zu negieren pflegen, eine durch nichts zu belegende Vermutung aussprechen lässt, die alten Zeitungen würden in solchen Mengen von den Verlagen aufgekauft und zwecks erheblicher Senkung des Selbstkostenpreises (unbedeutende Kleinigkeiten wie Druckerei und Redaktion wären dann überflüssig) lediglich mit aktuellem Datum wieder unters Volk geworfen.

Der Zeitungssammler ist bei alt und jung beliebt, weil er die platzraubenden Staubfänger gegen blütenweiches Toilettenpapier umtauscht und genau die erlesene Höflichkeit besitzt, die hierzulande über alle Maße geschätzt wird. Versäumt er doch niemals, zu besonders »günstiger Stunde« wie am frühen Sonntagmorgen oder während eines festtäglichen Nachmittagsschläfchens, seinen Spruch live oder manchmal sogar per Tonband herunterzubeten. Ein Ritual, was stets mit dem Satz beginnt: »Entschuldigen Sie bitte, falls ich stören sollte, denn das ist wirklich nicht meine Absicht...«

Der Bambusstangenverkäufer

Er verkörpert den goldenen Mittelweg zwischen nächtlichem Traditionalisten und Zeitungssammler. Fahrzeug und Lautsprecheranlage sind den Requisiten des Zeitungssammlers genauso ebenbürtig wie das feine Gespür für die richtige Zeit des Erscheinens. Im Gegensatz zu diesem teilt er jedoch auch den sängerischen Ehrgeiz mit den Traditionalisten, was daran liegen mag, dass Bambus ein uralter kultureller Nutzstoff ist. Bei gekonnter Ausführung klingt sein Gesang schön wie der des nächtlichen *Yakiimo*-Mannes. In idealer Weise kommt er dem hausfraulichen Sauberkeitsbedürfnis entgegen, weil die klangvoll angepriesenen Stangen dazu dienen, nasse Wäschestücke in Ermangelung eines anderen Platzes dekorativ vor Wohnzimmerfenstern flattern zu lassen.

Nach dem Prinzip der persönlichen Freiheit muss, was dem einen recht ist, dem anderen billig sein. Wo ist deshalb anzufangen und wo aufzuhören, will man die zahlreichen Lärmaktivisten des täglichen Lebens gebührend würdigen?

Etwa beim ambulanten Gemüsehändler, der frische Tomaten frei Straße liefert und diese Neuigkeit solange aus einem Lautsprecher brüllen lässt, bis selbst die schwerhörigste Oma an seinen Verkaufswagen sprintet?

Oder besser bei der tüchtigen japanischen Polizei, deren Überfallwagen meist in Rekordzeit am Tatort eintreffen?

Eine bewundernswerte Leistung, die ohne serienweises Ignorieren roter Ampeln, Höllentempo und Behindern anderer Verkehrsteilnehmer unmöglich wäre. Zur Erklärung eines solchen Verstoßes gegen gemeinübliche Fahrsitten kann sie sich natürlich nicht, wie international allgemein praktiziert, profan mit Blaulicht und Sirene begnügen. Deshalb wird nicht nur das schmerzhaft durchdringende Panikhorn pausenlos betätigt, sondern ein stimmgewaltiger Beifahrer schmettert eine wahre Flut von Entschuldigungen für den verursachten Lärm durch den Äther, dessen Phonzahl enorm sein muss. Sie übertönt sogar die markerschütternde Sirene um etliche Oktaven!

Sollte man vielleicht sogar die zahlreichen Schulsportfeste dazu zählen?

Der Wert derartiger Veranstaltungen für einen gesunden Körper, der nach antiken Vorstellungen einen gesunden Geist zu beherbergen hat, dürfte unumstritten sein. Dem zufälligen Zaungast allerdings wird nicht ohne weiteres klar, ob die Leistungsfähigkeit der stirnbandbewehrten, gleichgekleideten Sportler oder nur die stimmgewaltige Ausdauer des offiziellen Ansagers getestet werden soll. Die sogenannten Aktiven sitzen oder stehen meist passiv herum, um angespannt den nie abreißenden Instruktionen aus dem Lautsprecher zu lauschen. Für den korrekten Verlauf der Dinge ein unbedingtes Muss.

Die äußerst verschlungenen Pfade der Organisation können gar nicht oft genug erläutert werden, weil mit allen Mitteln verhindert werden soll, dass auch nur ein einziger Teilnehmer den richtigen Ablauf des Geschehens nicht begreift. Rein zufällig kommt es hin und wieder trotzdem zu wettkampfähnlichen Betätigungen, ohne dass der Ansager auch in solch unvermeidlichen Momenten eine Sekunde seine wirkliche Pflicht vergisst.

Die männlich oder weibliche Stimme beherrscht stets anfeuernd, lobend, beschwörend und insbesondere genau das erklärend, was jeder ohnehin mit eigenen Augen sieht, dominierend das Feld. Wenn der Mikrofonsprecher, ohne Luft zu holen, pausenlos schreit, kann auch der Athlet nicht schweigen, denn virtuose Stimmritzenakrobatik wirkt ansteckend.

Nicht nur sprintende, zum Laufen verdammte Schüler, sondern eigentlich auch alle anderen japanischen Sportler brüllen deshalb nahezu ständig. Sei es, um sich selbst anzufeuern oder um den Gegner einzuschüchtern. Das schöne Geschlecht ist dabei an der akustischen Front voll integriert. Selbst bei Baseballspielen dominiert die weibliche Mikrofontraktiererin mit einer künstlich auf Zwitschern eines noch nicht flüggen Sperlings getrimmten Stimme, die trotz kindlicher Höhe auch im letzten Winkel eines riesigen Stadions allgegenwärtig ist und bei akustisch empfindlicheren Ausländern exakt den empfindlichen Zahnnerv trifft.

Bekannt ist des Japaners Sinn fürs handlich Praktische. Diese nützliche Gabe hat findige Geister befähigt, den eigenen Verstärker im

Handformat immer bei sich tragen zu können. In Weiterentwicklung der wohlbekannten Flüstertüte wurde eine Batterie betriebene moderne Version entworfen, deren Effektivität schönste Hoffnungen erfüllt, so dass sie bei Schulausflügen und Gruppenreisen bereits unentbehrlich ist. Was für ein unvergessliches Erlebnis, wenn in berühmten, vielbesuchten Tempeln mindestens zehn von Ihnen im edlen Phonwettstreit liegen!

Auch im Kaufhaus ist dieser Handverstärker bei Propagandisten sehr gefragt, obwohl er sich hier nicht ganz wie gewohnt in Szene setzen kann, da bereits die sonstige Lärmkonkurrenz erdrückend ist. Denn japanische Kaufhäuser sind Tollhäuser, in denen geplagte Trommelfelle von akustischen Überreizen hin- und hergerissen werden!

Vom Erdgeschoss bis unters Dach, alle Etagen erfassend, füllt eine zwitschernde Frauenstimme das Gebäude mit besorgten Warnungen und Benutzungshinweisen für die tückische Rolltreppe, untermalt von launigen deutschen Kinderweisen.

Wie der Name zum Ausdruck bringt, sind Lebensmittel Mittel, die man zum Leben braucht und demzufolge ständig kaufen muss, woraus sich ergibt, dass die nahrhafte Erdgeschossabteilung die Goldgrube eines jeden Kaufhauses ist. Deshalb wird gerade hier die Ohrfolter akustischer Berieselung bis an die Grenzen der Erträglichkeit gesteigert. Nahrungsmittelabteilungen sind Schwerpunkte des allgemeinen Lärminfernos und vermitteln tiefe Einblicke in ein unentschiedenes Ringen zwischen Natur und Technik. In Überkopfhöhe dominiert souverän die Technik in Form von Tonbandgeräten und Lautsprechern, mit denen Selbstbedienungsregale bestückt sind. Wo der schutzlose Kunde auch stehen und wählen mag, brüllen, drohen, flüstern, schmeicheln oder drängen sich ihm schreiend männliche oder schrille weibliche Stimmen ins Ohr, damit er bloß nicht an einem günstigen Angebot achtlos vorübergeht. Falls nicht erlösende momentane Taubheit die geplagten Gehörorgane befällt, vermischen sich pausenlos Butter, Fisch, Marmelade, Fleisch, Käse und Schokolade zu einem unentwirrbaren akustischen Brei!

Japanische Verkaufskultur ist viel zu aktiv, um Selbstbedienungsläden völlig sich selbst sein zu lassen. Landesspezialitäten wie *Tsukemono* werden von Piraten in *Happi* (Kimonojacke) und verwegenen Stirnbändern ungeheuer lautstark ausgerufen, so dass die Regionen in

Kopfhöhe unbestritten von ihnen beherrscht werden. Auch in Bezug auf Ausdauer halten sie mit der Technik auf den Regalen mühelos mit. Ein wahres Stimmbandwunder bei den gequetschten Gewalttönen, die sie ständig von sich geben. Würde der Autor seine empfindlichen Sprechorgane nur zehn Minuten derartig strapazieren, wäre ihm wochenlange Heiserkeit sicher.

Ihr aufreizendes »*Irasshaimase, Irasshaimase!*« (Willkommen!) wirkt nicht wie ein freundliche Aufforderung zum Einkauf, sondern mehr wie eine messerscharfe Nötigung. Und ihr donnerndes »*Arigato!*« (Dankeschön), nach Rettung vor der stimmlichen Erpressung durch Panikkauf, zerreißt mühelos nicht geschulte Trommelfelle!

Zu allem Überfluss sind japanische Kaufhäuser Kleinkinderparadiese. In der Beliebtheitsskala rangiert bei hoffnungsvollen Sprösslingen die Lebensmittelabteilung aber gleich hinter der Spielzeugetage und keine echt japanische Mutter käme auf die ungewöhnliche Idee, ihre Rangen zu Hause zu lassen. Das gibt dem Nachwuchs die Chance, das verbliebene Geräuschvakuum unter der Gürtellinie voll auszufüllen. Was für ein pulsierendes Getümmel! Aufgeregte Kinder versuchen einander kreischend zu fangen und spielen in Schokoladenbergen glücklich Kaufmann - untermalt von wie am Spieß brüllenden lieben Kleinen, denen die allzu gestresste Mutter eine Süßigkeit verweigert hat.

Falls bis hierhin vom Lärminferno der beiden oberen Regionen auch nur ein einziges Gehörnervchen nicht zitternd vibrierte: jetzt bestimmt!

Benommen rettet sich der Kunde ins Freie: ›*Uff, nichts wie weg, mir platzt der Schädel. Vielleicht dieses hübsche kleine Café?*‹

Halb taub nimmt er Platz und bestellt aufatmend, wohlig der Entkrampfung harrend. Doch seltsamerweise will sie nicht kommen. Aus Lautsprechern donnert gewaltig Rockmusik durch den Raum… nun ja, Kaffe und Kuchen schmecken zu Hause ohne Lärmbelästigung ja eh viel besser!

Aber wie drückt man sich als Angestellter vor der alle Jahre wieder unweigerlich stattfindenden X-Mas-Feier?

X-Mas ist das, was in Japan unter Weihnachten verstanden wird. Aus unerklärlichen Gründen entsprechen diese Vorstellungen nicht der romantischen westlichen Aufmachung, sondern eher einer milden Karnevalsversion: in den großen Kaufhäusern hängen Lautsprecher über geschmückten Weihnachtsbäumen und tönen noch lauter als sonst. Dem Anlass entsprechend erschallen vertraute deutsche Weihnachtslieder, was hier am anderen Ende der Welt seltsam deplaciert anmutet. Die lebensgroße Pappgestalt des Kentucky-Fried-Chicken-Mannes vor den zahllosen Filialen dieser über ganz Japan verbreiteten amerikanischen Brathähnchen-Kette hat sich in einen zünftigen Knecht Ruprecht verwandelt. Dazu beherrschen anfangs nüchterne, später betrunkene Büromenschen ausgelassen das abendliche Straßenbild. Mit Papiermützen auf dem Kopf, übermütig Konfetti werfend und mannigfache Lärminstrumente betätigend, befinden sie sich je nach Stunde auf dem Weg von bzw. zur betrieblichen Weihnachtsfeier.

Die gehobenere X-Mas-Party spiegelt in ungefähr genau das umwerfende Niveau beliebter Fernsehshows für Hausfrauen und Grundschüler wider.

Im Mittelpunkt stehen zwei männliche Conferenciers mit der stimmlichen Urgewalt röhrender Hirsche. Sie sind eine Kombination von Marktschreier, Anpreiser, dummer August und malträtieren zudem das unschuldige Mikrofon heftig mit den erforderlichen, belanglosen, allgemein bekannten Höflichkeitsfloskeln, die in Nippon über alle Maßen hochgeschätzt werden. Stützgerüst ihrer tiefschürfenden Ausführungen sind beliebte Phrasen, wie: »*Hai dozo! So desu ne? Domo arigato gozaimasu!*« (Ja, bitte! So ist das, nicht wahr? Vielen herzlichen Dank!)

Höhepunkt ihrer darstellerischen Fähigkeiten sind Schläge auf den meist sehr runden, kurz geschorenen Kopf desjenigen, der den Dümmeren zu mimen hat. Ein Gag von überwältigender Situationskomik, der pro Show mindestens zehnmal dargeboten wird und dem immer dröhnendes Gelächter sicher ist. Assistiert werden sie von einer ständig in höchsten Diskrepanzen kichernden spitzmaushaften Kollegin, deren sonstige Aktivität sich zunächst auf entzückte Bewunderungsschreie über die umwerfenden Taten und Worte der männlichen Männer beschränkt. Manchmal schaltet sie sich sogar in deren Dialog ein und haucht verschämt die naiv bewundernde Frage: »*Ah, so desu ka?*« (Ah, ist das wirklich so?)

Aufgabe diese vielversprechenden Teams ist, in den zwei zur Verfügung stehenden Stunden ein Maximum an Programmpunkten hektisch über die Bühne zu bringen. Dabei spannt sich der Bogen besonders weit. Von der Begrüßung der geschätzten Gäste, über neckische Geschicklichkeitsspiele, Preistanzen, einer Versteigerung und Lotterie, dem kulturellen Beitrag des Abends in Form einer Schlagersängerin nebst Klavierspieler, die Weihnachtslieder intonieren, bis zur abschließenden Tombola mit Knallbonbonsaalfeuerwerk.

Während dieser zwei Stunden prallen Geschehens, in denen noch gefärbte Drinks genommen und das kalte Buffet belagert werden müssen, schweigt das muntere Team fast ausnahmslos niemals, um peinlichst zu verhindern, dass aus Versehen doch besinnliche Stimmung aufkommen könnte. Lediglich bei der musikalischen Darbietung summen sie nur mit und bei den obligatorischen Interviews verdienter Angestellter stehen jedem Befragten ein oder zwei knappe Antwortsätze zu, die schweigend hingenommen werden.

Wahre Jünger der friedlichen Stille suchen lieber in einem der wunderschönen, traditionellen Gärten Zuflucht, um sich an *Wabi* (Schlichtheit) und *Yugen* (Tiefgründigkeit) zu erfreuen. An Sonn- und Feiertagen sollte sie dies aber besser vermeiden.

Hat doch Japans Jugend alte Kulturwerte wiederentdeckt und lustwandelt dort in hellen Scharen, wobei unnachahmlich eine Brücke zwischen Tradition und Fortschritt geschlagen wird. Schließlich ist es von tiefster Symbolik, wenn zahllose Kofferradios jener Elitefirmen, die das heutige Japan groß gemacht haben, im ehrwürdigen Landschaftsgarten der Ahnen eine flotte *Session* hinlegen. Ein altmodischer Naturfreund, dem dieser geniale Brückenschlag nicht einleuchten wollte, beschwerte sich in einem berühmten Garten der *Hokuriku*-Region bei einem Wächter über derartigen Radau. Der Angesprochene dachte kurz nach, zuckte dann mit den Schultern und meinte gleichgültig: »Ich weiß nicht recht. Wenn sie Zweige abgerissen oder wenigstens auf den Boden gespuckt hätten. Dagegen gibt es genaue Vorschriften, aber gegen Radiolärm?«

In periodischen Abständen, bestimmt durch die Spielregeln parlamentarischer Demokratie, sehnt sich das Akustikopfer wehmütig an die *stilleren* Tage zurück und gedenkt verträumt der melodischen Stimme des Süßkartoffelverkäufers, welche wenigstens nicht überall und zu jeder Zeit gegenwärtig war. Ja selbst den täglichen Zeitungssammler ist er plötzlich geneigt, als dezent, unaufdringlich und gar nicht so schlimm zu empfinden.

Eine bewegte Zeit bricht stets an, wenn Politiker letzte Reserven mobilisieren, um wieder einmal ihre Diäten für die nächste Legislaturperiode zu sichern. Deshalb wird für die unermüdlichen Wahlkämpfer auch die unscheinbarste Hausfrau als potentielle Stimmgeberin ungeheuer interessant.

In solchen Nerven zerreißenden Tagen ist in einem Land, wo offensichtlich jeder freie Bürger mit Mikrofon und Lautsprecher ungerügt öffentlich Amok laufen darf, der Lärm kaum noch in Phonwerten zu messen. Dazu trägt entschieden die geistige Einstellung aller Wahlkampfhelferscharen bei, die für den Mann ihrer Wahl in unbeirrbarer Gefolgschaftstreue durchs Feuer gehen. Der erkorene Kandidat ist wie ein mächtiger *Daimyo* (Feudallord; wörtlich: Große Namen) des Mittelalters, dem seine ergebenen Leute auf Gedeih und Verderben treu sind. Der im modernen Japan von einigen bedauernd, von anderen aufatmend vermisste Geist des asketischen *Samurai* lebt dabei plötzlich und überraschend wieder auf. Genauso wie das historische Vorbild bereit war, jede kriegerische und sonstige Dummheit zu begehen, wenn es um die Ehre des Feudalherrn ging, so schreckt auch der Wahlhelfer im 21. Jahrhundert vor nichts zurück, das kostbare Stimmen bringen könnte.

Leider bestehen gewisse Interpretationsunterschiede des Begriffes *Ethik* zwischen unserer prosaisch-plebejischen Epoche und vergangener feudaler Kriegerherrlichkeit. Übertriebener Einsatz verstößt leicht gegen profane Wahlgesetze einer nüchterneren Gegenwart. Was früher einmal als Tugend gegolten haben mag, ruft heutzutage leicht den Staatsanwalt auf den Plan.

Japan ist ein modernes Land, weshalb nicht nur Wählerbestechung, sondern auch jegliche »von Haustür zu Haustür-Kampagne« gesetzlich verboten ist. Trotzdem stieg der Prozentsatz von Verhaftungen wegen dieses Kavalierdeliktes von Parlamentswahl zu Parlamentswahl. Echte Wahlhelfer sind von derartiger Devotion für ihren *Daimyo,* dass sie unbedenklich Handlungen begehen, die sie für sich allein nicht einmal im Traum riskieren würden. Läuft es dann trotzdem nicht wie erhofft, empfinden sie tiefe Kollektivschuld.

So entschuldigte sich nach einer mit maßlosem Einsatz geführten Wahlschlacht das gesamte Team des durch den Lockheedskandal nicht gerade rühmlich bekannt gewordenen Ex-Ministerpräsidenten *Tanaka* zu Tode betrübt wegen zu weniger Wählerstimmen – und dies, obwohl *Tanaka* nur die läppische Lappalie eines Strafverfahrens anhing. Nicht Unpopularität, Unvermögen oder Schlimmeres des unfehlbaren Bosses sind also Schuld an einem solchen Wahldesaster, sondern einzig und allein mangelnder Einsatz der gesamten Mannschaft. Eigentlich fehlte nur noch, dass sie bitten würden, in aller Form *Seppuku* (zeremonieller Selbstmord) für ihr schmähliches Versagen begehen zu dürfen. Den veränderten Zeitverhältnissen angepasst nicht mehr mit scharfem Schwert, sondern mit Mikrofon und Lautsprecher, die man sich so lange auf den Schädel donnert, bis derselbe nicht länger über die verlorene Wahl nachzugrübeln braucht! Langsames, genussvolles Erdrosseln mit den eigenen ausgeleierten Stimmbändern böte sich als Alternative zwingend an!

Derartig zelebrierte *Seppuku* würden die unglücklichen Wahlvorgänge symbolisch perfekt widerspiegeln, denn im krassen Gegensatz zu den illegalen Praktiken, wo notgedrungen Flüstertöne dominieren, sind beim legalen Kandidatenanpreisen die geschilderten Requisiten bis zur Höchstkapazität gefragt.

Mindestens zwanzig Tage lang rollen zweckentsprechend hergerichtete Kleinbusse, mit dreifach stärkeren Lautsprechern als in *Friedenszeiten*, vom frühen Morgen bis in die Nacht durch die Städte. Die Dächer der kleinen oder nicht mehr ganz so kleinen Fahrzeuge werden dabei zu einer Tribüne umfunktioniert, auf der sich eine mehrköpfige Besatzung mit stolz geschwellter postiert. Pausenlos winkt man der Bevölkerung zu und jagt, sich im Schichtsystem ablösend, Laute durch die Mikrofone, die für Sprachunkundige von einer Art Orgasmusgestammel nicht weit entfernt sind.

Für Japanisch Sprechende formen sich daraus allerdings höchst feinsinnige Sätze, wie: »Bitte, bitte wählen Sie mich doch. Ich heiße *Sato*, ich heiße *Sato*. Vielen herzlichen Dank, vielen herzlichen Dank! Bitte wählen…«

Und auch hier gilt: jedes Gebiet gebärt besondere Könner. Zu ihnen gehört unbestritten *Ichio Asukata*, seines Zeichens Präsident der Oppositionspartei *JSP*, der es fertig brachte, schon um 7.30 Uhr mit nüchternem Magen von der Tribüne eines parkenden Fahrzeugs herab zur Arbeit flutenden Mitbürgern am Bahnhof von *Takadanobaba* binnen zehn Minuten seinen Namen hundertmal in die Ohren zu hämmern!

Um der Wahrheit die Ehre zu geben, darf nicht unerwähnt bleiben, dass beileibe nicht nur Namen und Entschuldigungen in den Äther geschrien werden, sondern mit dem gleichen Elan im Maschinengewehrfeuerstakkato auch politische Parolen, wobei dem Redner ziemlich schnuppe ist, ob jemand seinem Gebrüll lauscht oder nicht. Für solch substanziellere Aussagen wird der mit Fahnen und Spruchbändern geschmückte Wahlkampfwagen an strategisch wichtigen Punkten geparkt (das sind meist als Lärmzentren bekannte Plätze vor wichtigen Schwerpunktbahnhöfen!). Der Redner steht dort hocherhobenen Hauptes auf der Plattform, umringt von mehreren Getreuen, die häufig bemalte Stahlhelme tragen und starr in die gaffende Menge zu ihren Füßen blicken.

Höhepunkte ergeben sich, wenn, durch geschickte Koordination, zwei Gefährte aus feindlichen Lagern nebeneinander parken. Hier rote, dort schwarze Stahlhelme und keiner nimmt von dem anderen auch nur die geringste Notiz. Die Sprecher vom Dienst heben allenfalls ihr Stimmvolumen noch mehr an und beten ungerührt, ohne im Geringsten auf die Nebenseite einzugehen, Schulter an Schulter ihr auswendig gelerntes Pensum herunter, so dass sich Phrasen von Rechts und Links unentwirrbar miteinander verkeilen.

Japaner sind gegen Umweltzerstörungen sehr wachsam geworden. Jeden Lärmschwerpunkt im ganzen Land ziert eine elektrische Anzeigetafel, die unbestechlich überflüssige Dezibel anzeigt. Der tolerierte Standard liegt um sechzig dB herum. Wenn am Bahnhof *Shibuya* zwei Schreierrollkommandos wetteifern, steigt der Geräuschpegel auf die Irrenhausintensität von über hundert!

Einmal ist aber zum Glück selbst die heftigste Wahlschlacht vorüber. Schweigen jetzt endlich die Lautsprecher? Gemach, so schnell geht das nicht, schließlich müssen sich die gewählten Kandidaten für ihre glanzvolle Nominierung bedanken. Jedem potentiellen Wähler eine persönliche Danksagung zu schreiben, ließe sich aus verschiedenen Gründen nur schwerlich verwirklichen, weshalb sich die bewährten Streitwagen zwingend anbieten. Tagelang nach Beendigung der Wahl tuckern sie noch durch die Straßen und tönen: »Vielen herzlichen Dank, dass Sie mich gewählt haben. Ich heiße *Sato*…«

Dabei wäre der ununterbrochene Einsatz von Mikrofon und Lautsprechervergewaltigern gar nicht nötig, um Japans Weltspitzenstellung zu untermauern, denn der natürliche Straßenlärm allein ist im ganzen Land so hoch wie noch nie in der bestimmt nicht leisen Vergangenheit. Der Hauptradaubruder, unter dem die meisten Japaner wissend oder unwissend leiden, ist das Auto. Zahllose Messpunkte wurden in mühevoller Kleinarbeit an lärmgefährdeten Stellen angebracht, wo brav und geduldig abgelesen wurde. Allerdings wohl bei weitem nicht so unbeschwert milde lächelnd wie es die braven Ordnungshüter tun, deren Polizeirevier direkt unter einer Anzeigetafel am Lärmschwerpunkt Bahnhof *Shibuya* in *Tokyo* liegt.

Hinzu kommt, dass in Japan wegen des latenten Platzmangels besonders starke Dezibelverursacher, wie zum Beispiel große Lastkraftwagen, besonders unpassend sind. Obwohl japanische Metropolen an vielen Punkten Science-Fiction-Visionen gleichen und selbst Frankfurt vergleichsweise dörflich still erscheinen lassen, ist nichtsdestotrotz die Anzahl schmalster Gassen mit Wohnhäusern und kleinen Geschäften unübersehbar. Fußwege kennt man dort nicht einmal vom Hörensagen. Der Energie sparende Fußgänger muss das absolute Stiefkind in der Rangliste der Verkehrsplaner sein. Gibt es nämlich ausnahmsweise irgendwo Bürgersteige, dann wird er, gesetzlich toleriert, von Kamikaze-Radfahrern terrorisiert. Und trotz dieser drückenden Enge bahnt sich durch viele Gassen ein Strom von Autos, Lieferwagen und Motorrädern laut hupend seine Weg durch spielende Kinder und andere Menschenmassen. Ein nahezu perfekter Ort, um sehr schöne Mehrklanghupen zu bewundern, gegen die der Gesetzgeber offensichtlich ebenfalls keine Einwände hat.

Natürlich muss der Gordische Knoten laufend verstopfter Gassen und Gässchen irgendwie entwirrt werden. Deshalb sind wohl kaum in einem anderen Land auf verwegenen Pfeilerkonstruktionen ruhende, stets gebührenpflichtige Hochautobahnen so kühn konstruiert - aber auch genauso brutal mitten durch Wohngebiete gezogen. Nicht selten in drei bis vier Etagen fährt man ganz dicht an Häusern vorbei, so dass bei Staus im Autofahrer das seltsame Gefühl aufkeimt, er nehme direkt am Familienleben teil!

Als ob das noch nicht genug wäre, sind *Tokyo*, *Osaka* und andere Metropolen ständige Bau- und Reparaturstellen und hohe Häuser türmen sich nacheinander und rasend schnell auf. Ein Vorgang, der nach kurzer Zeit optisch kaum noch zu verfolgen ist, weil überdimensionale Plastikplanen wie ein riesiges Zirkuszelt um das stählerne Baugerüst gezogen werden, in das gelb-behelmte Arbeiter, Autos und Baumaterial von heftig pfeifenden Wächtern hinein dirigiert werden. Akustisch dämpfend wirkt das Zirkuszelt kaum, umso weniger, da rund um die Uhr gearbeitet wird. Auch das christliche Gebot ›*Doch am siebenten Tage sollst Du ruhen!*‹ findet in einem buddhistischen Land keine Anwendung.

Reparaturarbeiten an undichten Gasleitungen oder Ähnlichem finden grundsätzlich in der Nacht statt, damit der Verkehr am Tage wieder ungehindert fließt. Um den genauso ungestört dahin fließenden Schlaf der Anwohner scheint sich dabei niemand zu kümmern.

Noch viel schlimmer ist der Lärm an Großbaustellen, mit Vorliebe an Bahnhöfen, wenn ganze Komplexe eingestampft und derartig umgemodelt werden, dass sich nach endlicher Fertigstellung auch ortskundigste Einwohner dort hoffnungslos verlaufen. Das titanenhafte Einrammen riesiger Eisenpfeiler lässt die gesamte Umgebung wie bei einem Erdbeben erzittern. Es existieren Städte, wie beispielsweise *Yokohama*, wo dies in ein Dauerbeben ausartet, da irgendeiner irgendwo immer irgendetwas einrammt!

Auch ohne Bauarbeiten sind Bahnhöfe Lärmsammelpunkte genug. Rattert doch durch sie ein unaufhörlicher Strom von Zügen. Der berühmteste von allen verzapft mit Abstand den meisten Lärm: der Superexpress *Shinkansen*.

Wer unmittelbar neben den Schienen wohnt – und das tun hier und an anderen Linien unglaubliche viele – erleidet ein Martyrium. Fensterscheiben vibrieren heftig oder zerspringen manchmal sogar wie bei einem Bombenangriff, Teller tanzen auf dem Tisch und man versteht sein eigenes Wort nicht mehr. Und das in Abständen von sieben Minuten – der Preis des wohl perfektesten Schienenverkehrs der Welt!

Allmählich hat sich in Japan neben der schweigenden Mehrheit ein Gegenlager gebildet, das nicht länger bereit ist, den Heldentod für allein selig machenden Fortschritt zu erleiden. Eine ernüchternde Erkenntnis erwächst: ›*Wenn wir weiter ungehemmt produzieren, ist der Fortschritt in nicht allzu ferner Zukunft so vollkommen, dass auf der Hauptinsel* Honshu *niemand mehr leben kann!*‹

Selbst führende Persönlichkeiten im politischen Leben meldeten ihre Bedenken an. Sagte doch selbst ein früherer Gouverneur von *Tokyo* während seiner Amtszeit einmal nachdenklich: »Worin liegt schon der tiefere Sinn, in unserem kleinen Japan den schnellsten Zug der Welt zu haben?!«

Gerichte begannen bei Umweltfragen eine immer größere Rolle zu spielen. Viele Grundsatzurteile wurden gefällt und werden in Zukunft noch gefällt werden. Die Entscheidung ist mal Pro und mal Kontra, denn zwei Seelen wohnen auch in des Richters Brust. Der staatlichen Eisenbahn jedenfalls wurden alle möglichen Auflagen hinsichtlich Phonzahl und dem Anbringen vor Lärm schützender Installationen gemacht.

Doch kurioserweise erwähnt niemand den eigentlichen Hauptübelstand: einen entschieden zu kurzen Abstand zwischen Bahnanlagen und Wohnhäusern. Nirgendwo sonst hat man das Gefühl, geradewegs mit dem Zug durch Vorgärtchen zu rasen, nirgendwo kann man, wie in Japan, Wohnhütten bestaunen, die in einem schmalen lichtlosen Schlauch von Gasse zwischen Hauptverkehrsstraße und einer Gleisanlage, ungefähr zwei Meter direkt unter einer Eisenbahnbrücke liegen. Welche Lärm dämpfende Einrichtung soll unter solchen Umständen ausreichen? Selbst solide Gebäude tragen unweigerlich Wandschäden davon, ganz zu schweigen von den nicht sehr soliden älteren japanischen Wohnhäusern, die längst noch nicht alle abgerissen wurden.

Im Frühjahr 1981 rollte folgerichtig auch der erste Prozess über die Bühne, der sich mit Krankheiten befassen musste, die durch gesundheitsschädlichen Lärm hervorgerufen wurden. Damals klagten 29 Familien aus *Kashiba-Cho* (*Nara-* Präfektur) gegen die Japan-

Highway-Public-Corporation. Nach zahlreichen Gerichtsschlachten wegen mannigfacher anderer Umweltschäden, saß quasi Niederfrequenzlärmbelästigung erstmalig auf der Anklagebank. Unter den Einwohnern der erwähnten Stadt grassierte eine völlig neue Krankheit, die volkstümlich als *Lärmseuche* bezeichnet wurde. Fortwährend dem Donnern von LKWs ausgeliefert zu sein zeigte ernsthafte Symptome von Konzentrationsschwierigkeiten, Kopfschmerzen, Übelkeit und Nasenbluten.

Keine Zuflucht bei salomonischen Gerichtsurteilen dürfte dagegen eine langjährig verheiratete Ehefrau aus *Tokyo* suchen, die in einem Leserbrief ihr Herz ausschüttet: in einer Drei-Raum-Kaninchenhütte, die sie mit Mann und zwei Kindern teilen muss, schnarcht ihr Partner mit einer Intensität, welche an kombiniertes Brüllen von Löwe und Tiger denken lässt!

Noch am Anfang der Siebziger Jahre hätten Antilärmemotionen wahrscheinlich allgemein nur die Frage provoziert: »Habt Ihr wirklich keine anderen Sorgen?«

Das war auf dem traurigen Höhepunkt einer Zeit, wo unbestätigten Gerüchten zufolge, ausgesuchte industriegefolgstreue Wissenschaftler in geheimen unterirdischen Laboratorien mit dem Problem schwanger gingen, wie die menschliche Lunge Abgase statt Sauerstoff verarbeiten kann!

An kritischen Sommertagen – und das waren nicht wenige – stieg zu dieser Zeit in Metropolen wie *Tokyo* oder *Osaka* der Grad der Luftverschmutzung auf das Siebenfach von New York, wenn dort bereits Smogalarm geschlagen wurde!

Japaner überboten sich damals, solange die Zellen ihres Lungengewebes noch nicht aufgebraucht waren, in sorgloser Unbekümmertheit. Im Sommer wurden ganze Schulklassen vom Smog regelrecht gebissen. Symptome wie tränende Augen, Kratzen im Hals und Atembeschwerden machten sofortige ärztliche Behandlung notwendig. Das stellte eine Art Ausgleich zwischen den Generationen dar, denn anerkannte Asthmakranke rekrutieren sich fast ausschließlich aus älteren Semestern, deren Lungengewebe durch ständige Infiltration chemischer Schmutzstoffe nach und nach regelrecht verbrannt war. Dabei hat die Natur weise vorgeplant und ein schier unerschöpfliches

Reservoir davon geschaffen. Das gesamte Zellgewebe einer normalen Lunge Schicht für Schicht aufgerollt und dann aneinandergelegt könnte einem Tennisplatz in Wimbledon den Rasen ersetzen!

Darin, dass hauptsächlich ältere Leute die Leidtragenden waren, liegt eine traurige Logik. Warum allerdings laufend komplette Schulklassen vom Smog rabiat angefallen wurden, blieb dem Autor lange Zeit ein Rätsel.

Ist es etwa die zarte Konstitution Heranwachsender? Liegen Schulen direkt unter Fabrikschornsteinen, um den Gegenwartskunde-Unterricht anschaulicher zu machen? Oder spielen gänzlich unbekannte Faktoren die Hauptrolle?

Ein wagemutiger Spaziergang brachte des Rätsels Lösung.

Es ist ein Smogtag von Weltspitzenniveau. Die Messtafeln zeigen Traumwerte. Autos und Fabriken spucken aus allen Rohren, was Radiosender und Polizeistreifenwagen zu pausenlosen Warnungen veranlasst:»Bitte schließen Sie die Fenster! Bleiben Sie im Haus! Vermeiden Sie überflüssige Bewegung…«

Just zu diesem pädagogisch-erzieherisch ungemein günstigen Zeitpunkt traben schweißgebadete Schüler im Gleißen photochemischer Oxydanten bei sengender Mittagshitze über schattenlose Schulsportplätze. Menschenfreundliche Lehrer treiben sie mit Trillerpfeife unbarmherzig an, die lautstarken Smogwarnungen kreisender Lautsprecherwagen nonchalant übertönend. Erlaubt ist eben, was hart macht, denn durch sportliches Laufen dringt ungefähr die fünffache Menge an Gift in das Lungengewebe ein!

Erwachsene sind nicht minder gesundheitsbewusst als dazu angeleitete Schüler. Schon lange vor dem von Sportartikelfirmen kreierten Joggingfieber ist in Japan Langstreckenlauf für jedermann sehr populär gewesen. Dem ausgeprägten Gemeinschaftssinn des Japaners entsprechend, läuft man in dichten Gruppen genau dort, wo ohnehin schon Fußgängermassen durch die Gegend hasten. Dazu ist lautstarkes Brüllen beim Laufen obligatorisch, denn nur so können Lungen zersetzende Stoffe restlos verschlungen und die Umwelt davon befreit werden. Schließlich sind Rundstrecken, die nicht vom Autoverkehr umbrandet und von Abgaswolken eingehüllt werden, als nicht den Anforderungen des Industriezeitalters gewachsen abzulehnen, womit sich die Strecke um den kaiserlichen Palast in *Marunouchi (Tokyo)* wie von selbst anbietet. Erfüllt sie doch in idealer Weise diese Grundbedingung und bietet außerdem noch Gelegenheit, dem *Tenno* gebührenden Respekt zu erweisen.

Gaijin hielten damals erkenntnismäßig bei weitem nicht mit. Einige von ihnen absolvierten den täglichen Morgenlauf mit Gasmaske! Selbst die ganz großen Läufer unter den ausländischen Barbaren haben offensichtlich wesentlich empfindlichere Atmungsorgane als der schlichteste Kollektivjapaner. Marathonläufe beispielsweise werfen, wenn man den Spitzenreiter des Rennens beobachtet, der auf engste Tuchfühlung von einem Autokonvoi eingekesselt ist, die staunende Frage auf: ›*Wie kann der Kerl nicht nur Luft holen, sondern auch noch derart schnell laufen?*‹

Der amerikanische Olympiasieger von München, Frank Shorter, konnte es bei einem Marathonlauf auf der Insel *Kyushu* nicht. Fortwährend scheuchte er mit ärgerlichen Handbewegungen die vor seiner Nase brummenden Begleitfahrzeuge auf weiteren Abstand weg, wobei er sich konsterniert an den Hals griff und ein stummes Husten imitierte. Trotzdem dauerte es bis zur Hälfte der 42-Kiometer-Distanz bis endlich auch der letzte Fahrer kapiert hatte, dass *Gaijin* Kohlendioxyd nicht sonderlich mögen.

Damit drängen sich die in Klausur grübelnden Wissenschaftler wieder in unser Gedächtnis: sollten sie nicht klammheimlich doch eine Lösung für japanische Lungen gefunden haben?

In einem Freibad. Fröhliche Bader tummelt sich in gewohnten Quantitäten: ein halber Quadratmeter Wasser pro Person.

Am Schwimmbassinrand verkünden Warntafeln den offiziell ausgerufenen Smogalarm mit exakten Luftverschmutzungswerten. Schließlich ist man eine staatliche Badeanstalt und sich seiner Verantwortung für die Volksgesundheit voll bewusst. Deshalb zwitschert sicherheitshalber auch noch eine Ansagerin die gleiche Warnung, sich nicht unnütz zu bewegen, ins Mikrofon - um nach kurzem gedankenvollen Schweigen munter zur gemeinsamen Gymnastik aufzurufen. Und alle Anwesenden machen kichernd mit, sich eifrig die Lungen mit verpesteter Luft füllend!

Überall auf der Straße. Mit masochistischem Wohlbehagen lassen Autofahrer im rohstoffknappsten Land der Welt den Motor laufen, wenn ihr Auto steht. Taxifahrer tun es zur Sommer- wie zur Winterszeit mit professioneller Routine, weil sonst Klimaanlage bzw. Heizung einen winzigen Moment aussetzen könnten. Auch vor dem Haus des Autors wird bei Lieferwagen im Allgemeinen nur nach Feierabend der Motor abgestellt. An einem der seltenen smogfreien Tage schafft es ein Lieferwagen, der den ganzen Vormittag vor der geöffneten Haustür parkt, solange Abgase in die Flure strömen zu lassen bis selbst in der vierten Etage der Gestank unerträglich wurde. Als der Autor wutschnaubend nach unten raste, um gegen den Atemnotstand zu protestieren, blickt man ihn so verständnislos an, als käme er vom Mond. Weil Japaner höflich sind, kam man trotzdem seiner Aufforderung nach - am nächsten Morgen aber lief der Motor wie gehabt.

Am Ende, als die Horrorvision Tausender in Atemnot Zusammenbrechender in greifbare Nähe gerückt war, weniger dickfellige Lebewesen (wie z.B. Schmetterlinge) in *Tokyo* zu existieren aufgehört hatten, man den Berg *Fuji* nur noch von Postkarten kannte und empfindliche kostbare Bäume im Kaiserpalast die Köpfe hängen ließen, da schritten die Japaner, bekanntlich traditionelle Pflanzenfreunde, endlich energisch ein.

Strengere Maßstäbe für Autoauspuffanlagen wurden festgelegt, neue Umweltschutzgesetze im ganzen Land geschaffen, Sünder auch tatsächlich bestraft, Musterprozesse gegen Großkonzerne auch mal anders herum entschieden und dergleichen nützliche Dinge mehr.

Die Erfolge übertrafen optimistischste Erwartungen um Längen. Bereits einige Jahre später ist blauer Himmel wieder bekannt und nicht länger Privileg für Leute, die sich Auslandreisen leisten können. Im *Yoyogi*-Park von *Tokyo* wurden unlängst zwei *richtige* Schmetterlinge gesichtet. Der *Fuji* ist häufig mit bloßen Augen sogar von *Tokyo* aus zu bewundern. Niemand in *Ginza* (größter Vergnügungs- und Einkaufsbezirk in *Tokyo*) fällt wegen Atemnot um, sondern höchstens aus Trunkenheit. Die kostbaren kaiserlichen Pflanzen tragen die Blätter wieder hoch und Läufer atmen gefilterte Autoabgase ein. Die petrochemische Hauptstadt des Landes, *Yokkaichi,* sollte gar, ehe sich diese kühnen Pläne endgültig zerschlugen, in einen Luftkurort umgewandelt werden, weil nach strengen Auflagen gegen die Luftverschmutzung und einem Schadenersatzprozess, bei dem 88 Millionen Yen an Asthmaopfer berappt werden mussten, viele Konzerne das Weite suchten und sich anderswo niederließen.

Stolze Erfolge, die einem fortschrittsgläubigen Pakistaner, der in Japan lebt, folgenden Ausruf entlockten: »Oh, dieses wunderbare moderne Japan. Welche Luftverschmutzungsprobleme hatte es noch bis vor kurzem. Es nahm die Sache entschlossen in die Hand und alle Probleme sind verschwunden!«

Stimmt das wirklich?

Das wäre ein lupenreines Wunder und die gibt es wohl nur im Märchen. Wenn sich ein relativ kleines Land, von dem große Teile nicht zu besiedeln sind, in atemberaubenden Tempo zu einer der führenden Industrienationen im Weltmaßstab empor geschwungen hat, kann das leider nicht ohne Folgen für die Umwelt bleiben. Selbst nach der Erkenntnis, ohne Gegenmaßnahmen nicht einmal die nächsten 50 Jahre überleben zu können, wird man den übermächtigen Konzernen immer wieder Kompromisse unterbreiten müssen, um das viel zitierte Sozialprodukt pro Kopf der Bevölkerung ständig vergrößern zu können.

Denn allein dies scheint in der heutigen Welt des globalisierten Kapitalismus als Wertmesser für den Fortschritt zu gelten.

Deshalb will und kann der Autor auch nicht bis ins kleinste Detail darlegen, was sich zu Beginn des 21. Jahrhunderts auf den verschiedenen Gebieten alles verbessert hat. Nicht zu übersehen oder vielleicht besser zu überriechen ist die unbestrittene Tatsache, dass man in den Großstädten nicht mehr ständig Alarm wegen katastrophaler Luftverschmutzungswerte schlagen muss. Derart schlimme Smogtage, wie sie hier geschildert wurden, paralysieren selbst bei schier unerträglicher Sommerhitze *Tokyo* oder *Osaka* glücklicherweise kaum noch.

Die zweifelhafte Führungsposition auf diesem Lungen strapazierenden Gebiet hat inzwischen der große asiatische Rivale China übernommen. Alle Fehler, die bei *Nippons* Sturmlauf vom Feudalismus zur hochentwickelten Industrienation ökologische Desaster von unvorstellbarem Ausmaß hervor riefen, wiederholen sich dort wegen der Größe und Dimension dieses riesigen Landes zum Quadrat.

Langsam aber sicher dringt die schlechte Luft vom Festland auch bis nach *Nippon* vor! Davon ist ausgerechnet die industriearme und fast immer von klarem, blauem Himmel überwölbte *Rückseite Japans* am Japanischen Meer. Selbst *Tottori*, die am meisten besuchte Sehenswürdigkeit mit dem berühmten Sanddünen-Strand, wird plötzlich von Smog noch nie erlebten Ausmaßes heimgesucht.

Aber zumindest scheinen die Versäumnisse der Vergangenheit den japanischen Verantwortlichen klar geworden zu sein. Umweltbewusstsein gehört zum Vokabelschatz eines jeden Politikers, der gewählt werden will. In diesem Zusammenhang mutet es geradezu wie ein symbolisches Fanal an, dass der Name von Japans einstiger alter Kaiserstadt *Kyoto* eines der wichtigsten Dokumente für Klimaschutz unserer arg bedrohten Erde ziert.

Eine kleine Randbemerkung sollte man aber bei diesem *Kyoto*-Protokoll nicht auslassen: die einzelnen Vertragsländer haben sich zu sehr unterschiedlichen Emissionsänderungen verpflichtet. Japan nur zu minus 6% und Deutschland, wo ungefähr die gleiche Menge an Tonnen Treibgas in die Luft gejagt wird, zu immerhin vorbildlichen 21%! Und trotz dieser wesentlich geringeren Zielmarke weist eine Statistik aus dem Jahre 2004 aus, dass sich der Ausstoß mitnichten verringert, sondern sogar noch um 0,5 % erhöht hat. Zum Glück bleibt bis zum Jahre 2012 genügend Zeit zum Nachdenken, um wenigstens im globalen Maßstab nicht über allein selig machenden Fortschrittsglauben das Wohl des Homo sapiens ganz zu vergessen. Hatte man doch lange Zeit im nationalen Rahmen Umweltzerstörungen derart ignorant missachtet, dass sich ein dickes Weißbuch über die Tradition des Schreckens herausgeben ließe.

Nun bleibt aber die bange Frage im Raum stehen, was die Japaner tatsächlich aus dieser durch Lärm, Luftverschmutzung und Platzmangel geprägten Vergangenheit gelernt haben?

Außer der in Ballungsräumen wie *Tokyo* oder *Osaka* wohl unvermeidlichen Lärmbelästigung scheint sich im Allgemeinen das Verhältnis des Japaners zu seiner Umwelt entschieden verbessert zu haben. Das gilt auch für die heutigen Wohnverhältnisse. In Japans pulsierender Hauptstadt *Tokyo* haben sich die geschilderten Wohnverhältnisse spürbar verbessert. Natürlich sind nicht, wie von einem Zauberstab berührt, lichtlose, vom Verkehr umtoste Miniwohnungen restlos verschwunden, denn dafür leben im Großraum Tokyo einfach zu viele Menschen. Auch ist der lästerhafte Begriff *Kaninchenhütte* nicht völlig in Vergessenheit geraten, aber im Allgemeinen quetschen sich heutzutage lediglich nicht so begüterte Einzelpersonen in weniger als 10 *Tatami.*

Wie sich das anfühlt, verspürte der Autor bei seinem letzten Japanbesuch 2004 nochmals am eigenen Leibe, als er aus ökonomischen Gründen 3 Wochen in einem *Guest house*, das vorwiegend von jungen ausländischen Globetrottern frequentiert wird, ein Einzelzimmer mietete. Bei brütender Hitze, die auch nachts nicht unter 30 Grad absank, fühlte er sich auf knapp 4 *Tatami* um gut 30 Jahre zurück versetzt. Eine etwas zweifelhafte Art der Nostalgie des Leidens!

Die japanische Durchschnittfamilie mit einem oder höchstens zwei Kindern hingegen lebt jetzt überwiegend in Eigentumswohnungen von immerhin 60-80m² in einem Wohnblock aus Beton, sogar teils von Grünanlagen umgeben, und stottert die hohen Zinsen für Hypotheken mehr oder weniger mühsam ab. Hat sich eine solche Familie aber für den uralten Traum eines eigenen Häuschens entschieden, dann herrscht immer noch die geschilderte Enge zu den Nachbargebäuden.

Doch damit noch nicht genug. Manch braver Japaner ließ sich durch einen scheinbar unbremsbaren Bauboom dazu hinreißen, per Kredit ein zusätzliches Appartement als Kapitalanlage zu erweben und so vermeintlich ein Teil des anstehenden Profits für sich zu sichern.

Dann aber begann Japans legendäres Wirtschaftswunder wie eine *Seifenblase* zu platzen. Einer der Hauptgründe dafür war das im stärksten Maße allzu üppig fließende, billige Geld. Für reichlich vorhandene niedrig zu verzinsende Yen galt uneingeschränkt der bewährte Grundsatz: ›*Alles was der Wirtschaft dient, dient Japan!*‹

Deshalb gab es bei der Kreditvergabe weder strenge Bonitätsprüfungen, noch wurden industrielle Vorhaben streng nach wirklicher Tragfähigkeit abgeklopft. Mit der Zeit häuften sich die notleidenden Kredite auf derart dramatische Weise, dass die Zentralbank die Zinsen erhöhen musste. Der sprudelnde Geldhahn war damit nicht nur zugedreht worden und stoppte zahlreiche Bauprojekte, sondern die Immobilienpreise fielen zusätzlich bodenlos in den Keller. Dies, in Kombination mit dem bis dato in Japan unbekannten Phänomen der steigenden Arbeitslosigkeit, brachte viele stolze Kapitalanlagenbesitzer in arge Bedrängnis, da sie nun auf einer Eigentumswohnung festsaßen, die einen katastrophalen Wertverlust von bis zu 70% durchlitten hatte.

Wie viele von ihnen völlig auf der Strecke blieben und aus der bürgerlichen Bahn geworfen wurden, lässt sich für einen Außenstehenden schwer beurteilen. Umso weniger, weil es über die reale Zahl der gescheiterten Obdachlosen keine genauen Statistiken geben dürfte.

Sie gehören eben zwar irgendwie nicht mehr dazu, integrieren sich allerdings auf unglaublich disziplinierte Weise in den großstädtischen Alltag *Nippons*. Die für japanische Metropolen charakteristischen blauen Zelte der Obdachlosen zieren nahezu jede öffentliche Grünanlage. Nicht einmal der kleine Park direkt am berühmten Nationalmuseum in *Tokyo-Ueno* macht da eine Ausnahme.

Man stelle sich das gleiche Phänomen einmal in Europa vor: Eine regelrechte Siedlung von Obdachlosen neben dem Louvre in Paris oder der Museumsinsel in Berlin, die von jedermann toleriert und nicht von drohenden Polizisten verjagt werden!

Ein deutscher Freund des Autors, der seit Jahren ein Medienunternehmen in Japan besitzt, vertritt ernsthaft den Standpunkt der Wohlhabenderen: »Diese Menschen wollen gar keine richtige Wohnung haben!«

Bei aller Freundschaft und Wertschätzung seiner Kompetenz: das kaufe ich ihm nicht ab!

Abschließend sei festzuhalten: den Großraum *Tokyo* bevölkern zu Beginn des 21. Jahrhunderts schon gut 30 Millionen Menschen. Für eine zufriedenstellende Lösung aller in diesem Kapitel erwähnten Umweltprobleme wäre es bestimmt nützlich, diesen riesigen Ballungsraum so weit wie möglich zu enturbanisieren. Doch kaum ein Hauptstädter hält etwas davon, denn nirgendwo sonst kann man so schön eng beieinander wohnen. Eine Einstellung, die beweist, dass unser Verständnis von persönlicher Freiheit und entspannender Ruhepausen in Japan relativiert werden muss.

So wundert es nicht, dass sich 70% der Großstädter in Japan pudelwohl fühlen und beteuern: »Natürlich will ich *Tokyo* nie verlassen, denn ich habe mich so daran gewöhnt!«

五

Über Japans vergötterte Diabetiker und andere Körperkultur

Im Frühjahr 1854 hatte es *Commodore Matthew C. Perry* mit sanftem Nachdruck geschafft, die zaudernden Japaner an sich und seine Fleisch fressenden Barbaren zu gewöhnen. Haargenau das, womit seine expansiven Nachfahren in missionarischer Ausbreitung des *American Way of Life* fortan die ganze Welt beglücken, war die unvermeidliche Folge: ein Handels- und Freundschaftspakt mit dem noch herrschenden *Shogunat*.

Das Tor zu einem der exotischsten Länder unseres Erdballs war nach mehr als zwei Jahrhunderten endgültig wieder aufgestoßen und noch heute scheiden sich die Geister bei der schwerwiegenden Frage, ob es Segen oder Desaster gewesen ist.

Unbestritten ist die Tatsache, dass fürderhin Einflüsse aus allen Lebensbereichen nach *Nippon* einströmten und einsaugend absorbiert wurden. Eine unbedeutende Nebensächlichkeit wie der Sport, der heutzutage sogar Kriege auslöst und Regierungen stürzt, machte dabei keine Ausnahme. Auf diesem Gebiet ist eine gewisse austauschende Befruchtung durchaus wechselseitig gewesen, wenn auch im Westen längst nicht mit solcher Breitenwirkung wie umgekehrt.

Immerhin sind aber martialische Sportarten wie *Judo* oder *Karate* über den wettkampfmäßigen Rahmen hinaus zu einer Art fernöstliches Wundermittel geworden. Besorgte Eltern schicken deshalb gern muttersöhnchenhafte, Klassenkeile beziehende Sprösslinge zwecks garantierter Erlangung physischer Abwehrmöglichkeiten und zur Stärkung des psychischen Egos in geplagte Selbstverteidigungsschulen japanischer Stilrichtung.

Wahrscheinlich begann der Sportaustausch schon anno 1854 zu keimen. Der japanische Anteil dazu ist schriftlich überliefert, den amerikanischen könnte man mit Fantasie leicht konstruieren. Bestimmt haben die listigen *Daimyo* (Feudalherren) nicht einmal im Traum an irgendwelche Zukunftsauswirkungen gedacht, als sich, nach überstandenem Vertragsabschluss mit den neuen Freunden, kurz vor deren Abfahrt im Hafen von *Yokohama* Geschenke wie Seide, Brokat, Porzellan, Fächer etc. für den amerikanischen Präsidenten zu stapeln begannen. Am Ende sollte die ganze Pracht und Herrlichkeit noch durch einige hundert Säcke Reis ergänzt werden. Die stärksten Ringer des Landes kamen bedächtig herangeschlendert, wobei jeder mit einigen 125-Kilo-Säcken hantierte als wären sie Kinderspielzeug.

Der offizielle Chronist der Perry- Expedition Francis L. Hawks, beschreibt die Szene schaudernd wie folgt:

Plötzlich wurde aller Aufmerksamkeit von einer Anzahl monströser Burschen gefesselt, welche den Strand wie riesige Elefanten herunter stampften. Es waren professionelle Ringer, die einen Teil des Gefolges der Prinzen bildeten und von ihnen zur privaten und öffentlichen Unterhaltung gehalten wurden. Sie waren ihrer ungefähr 25 von enormer Statur und ungeheurem Fleischgewicht. Ihr knappes Kostüm, eigentlich nur ein farbiges Tuch mit Fransen und dem Wappenzeichen des Prinzen, zu dem jeder gehörte, unterstrich noch mehr ihre gigantischen Proportionen in praller Fülle von Fleisch und Muskeln...

Da die Schockwirkung über solche menschlichen Geheimwaffen sich unschwer auf den Gesichtern der meisten Amerikaner ablesen ließ, schlugen die cleveren Japaner, um diesen Effekt noch zu verstärken, vor, sich ruhenderweise die Darbietungen der Ringer zu Gemüte zu führen. Falls damals alle *Gaijin,* von dem was nun folgte, so beeindruckt gewesen wären wie der offizielle Chronist, hätte das neckische Spielchen seinen Zweck bestimmt nicht verfehlt.

Verstört beendet er seinen Bericht für den amerikanischen Kongress: *...diese ekelhafte Zurschaustellung hörte nicht auf, bis alle 25 Ringer erfolgreich paarweise ihre furchterregende Stärke und wilde Qualitäten vorgeführt hatten.*

Allerdings war der gute Mister Hawks sportlich nicht besonders auf dem Laufenden, denn sonst hätte er sich nicht derartig schocken lassen, obwohl ein ebenfalls Körperkulturunkundiger unseres Jahrhunderts, der zum ersten Mal *Sumo* - so nennt man den traditionellen japanischen Ringkampf - erlebt, wahrscheinlich ähnlich empfinden würde. Gerade das war natürlich die Absicht der *Daimyo,* die wie professionelle Diplomaten spekulierten: *eine kleine wirkungsvolle Demonstration eigenständiger nationaler Stärke kann der Kanonenboot- freundschaft realpolitisch nur förderlich sein!*

Eine hochwohllöbliche, kluge Absicht, die im Rückblick betrach- tet nur als zur Hälfte geglückt anzusehen ist, denn bei kampfsportlich Vorgebildeten war schon damals der Einschüchterungseffekt eher ge- ring. Gab es doch zu dieser Zeit in Amerika besonders brutale Ring- metzeleien, wo buchstäblich jede Gemeinheit erlaubt war.

Chroniken sind von parteiischen Menschen geschaffen und ver- schweigen oft gerade die interessantesten Dinge, um nachträglichen Spekulationen Tür und Tor zu öffnen. Das ungemein wichtige Ver- hältnis zwischen sportunkundig-geschockten und sportkundig-unge- schockten Yankees bleibt bedauerliche Dunkelziffer. Da aber offizielle Vertreter des Landes der unbegrenzten Möglichkeiten unter gar kei- nen Umständen das geringste Anzeichen von ordinärem Schiss sicht- bar werden lassen durften, musste das drückende Unbehagen über die lebenden Fleischberge schleunigst durch einen Schock für die Ge- genseite überspielt werden. Völlig unverständlich besteht jedoch nicht die geringste schriftliche oder mündliche Überlieferung über eine wie auch immer geartete, dringend erforderliche sportpolitische Konter- attacke.

Der Autor nimmt sich deshalb die schöpferische Freiheit seine ur- eigene, aber durch Vorgänge der heutigen Zeit überreich bestätigte Version im Stile eines Chronisten jener Jahre zu präsentieren:

Endlich waren die erschreckenden Darbietungen menschlicher Zyklo- pen zu Ende gegangen. Nachdenkliches Schweigen hüllte die amerika- nische Führung ein. Verstohlen forschten japanische Feudallords in den beeindruckten Mienen der steif auf ausgelegten Tatami *hockenden Gäs- te. Im richtigen Moment rettete ein namentlich unbekannt gebliebener junger Schiffsoffizier und Ex-Student aus Coopers Town (New York) die unbehagliche Situation. Mit einem für sein Alter erstaunlichen Überblick erkannte er strategisch richtig:* ›Was den Japsen recht ist, muss uns bil- lig sein. Ist der weite Platz vor dem Verhandlungsgebäude nicht ein ideales Baseballfeld?!‹

Er konnte getrost so denken, denn das amerikanischste aller Spiele wurde bereits 1839 durch einen gewissen W.D. Abner geschaffen.

Es bedurfte nur weniger aufmunternder Zurufe und schon wurde ein knochenharter weißer kleiner Ball hervorgezaubert, glänzten Holzkeulen aggressiv in der Sonne und intonierte eine Schiffskapelle anspornende Rhythmen. Richtige Amis tragen Baselballkeulen und Golfschläger ja immer bei sich!

Augenblicklich waren die Rollen vertauscht und mancher der furchteinflößenden Fleischberge zog instinktiv den Kopf ein, weil selbst der härteste Schädel gegen eine mit über 100 Stundenkilometern gegen denselben krachende Kugel wenig auszurichten vermag! Ob die Feudallords ebenfalls beeindruckt waren, ließ sich aus ihren beherrschten fernöstlichen Gesichtszügen natürlich nicht ablesen...

Die Erfolge des politischen Imponiergehabes blieben also für den Historiker nach beiden Richtungen hin ziemlich offen. Eines jedoch steht bombensicher fest: das neue *Gaijin*-Spiel muss dem einfachen Japaner ausnehmend gut gefallen haben, weshalb Baseball heutzutage unbestritten mit Abstand die populärste Sportart in ganz Japan ist. Zwar konnte *Sumo* in den USA nicht annähernd die gleiche Breitenwirkung erzielen, ist aber zumindest für Amis, die es nach *Nippon* verschlagen hat, eine der beliebtesten Attraktionen, dem sogar ein Sportmagazin über *Sumo* in englischer Sprache Rechnung trägt.

Dabei ist *Sumo* für Ausländer, die unverhofft in eine derartige Veranstaltung geraten, kaum jemals Liebe auf den ersten Blick. Vielmehr werden die geringschätzigen Urteile zwischen ekelhaft, lächerlich, grotesk bis bestenfalls langweilig schwanken.

Was passiert in den Augen eines Laien?

Zwei abnormal dicke Buddhas, um zweieinhalbe Zentner Gewicht herum, mit überdimensionalen Bäuchen, die langen schwarzen, fettglänzenden Haare nach Samuraiart zu einem formellen Knoten zusammengebunden und frisiert, watscheln auf kurzen gedrungenen Sauerkohlstampfern, die einem ausgewachsenen Elefanten alle Ehre machen würden, nahezu nackt in den Ring.

Dort vollziehen sie vier Minuten lang ein befremdliches Ritual, in dem neben Salzwerfen, auf dem Boden stampfen und sich niederknien ganz offensichtlich die *einem-Straßenköter-abgeschaut-sein-könnende* Imponierhaltung eine unverkennbare Rolle spielt. Das ist oftmals bereits alles.

Allzu leicht übersieht der Laie ein mysteriöses Zeichen des farbenfroh gekleideten, zwergenhaften Ringrichters und schaut gerade in diesem ungeheuer wichtigen Moment weg, wo es endlich los geht. Wenn er dann wieder aufblickt, kann er eben noch wahrnehmen wie sich der Besiegte vom Boden aufklaubt und mit einer höflichen Verbeugung den Ring verlässt. (Zur Verteidigung des Wegschauers sei angeführt, dass das tatsächliche Kampfgeschehen durchschnittlich nicht länger als 20-30 Sekunden dauert, die Chance etwas zu verpassen für Unkundige also durchaus gegeben ist!)

Danach betreten zwei andere gewaltige Buddhas den Ring, die ihren Vorgängern wie Zwillinge gleichen und beginnen dasselbe Spiel von vorn, was mit dem Fortschreiten der Veranstaltung die Zuschauer in immer heftiger werdende Ekstase versetzt.

Kurzfristig in Japan weilende, Kunst und Kultur abhakende Touristen werden sicherlich, auch trotz allen exotischen Glanzes um die eigentlichen Kämpfe herum, das Land in solch einer abwertenden Meinung verlassen und erleichtert aufatmend innerlich notieren: ›*So, das habe ich auch. Fehlt bloß noch Noh, Bunraku und...*‹

Für die länger Ausharrenden und Yen-Verdienenden gibt es die Volksbildung fördernde Einrichtung des Fernsehens, welches seit 1953 alle zwei Monate fünfzehn Tage lang die Kämpfe der beiden höchsten Sumoklassen mit ihren jährlich sechs Turnieren frei Haus liefert.

Seit dem Start der Übertragungen besitzt der staatliche Fernsehsender *NHK* das Monopol für die Live-Übertragungen. Damals wie heute hat er gegenüber der nach Brot gehen müssenden Privatkonkurrenz für empfindsamere Naturen einen unschlagbaren Vorteil: Werbespots sind in seinem Programm tabu. Nicht von Nudelkonsumierungsaufrufappellen dauernd im geistigen Genuss gestört, kann sich der Zuschauer so ungestört der Fernsehberieselung hingeben.

Bei *Gaijin*, von denen viele bald aufgegeben haben, den undurchdringlichen Dschungel der japanischen Sprache jemals zu durchqueren, werden es notgedrungen mehr Darbietungen voller Aktionsfülle als spitzfindiger Wortakrobatik sein, womit sich Sport in jeder Form wie von selbst aufdrängt. An einem Ereignis, das fünfzehn Tage lang jeden Nachmittag über den Bildschirm flimmert, kommt man da auch einfach nicht vorbei.

Zuerst nachsichtig lächelnd und nur gelegentlich konzentriert auf die Mattscheibe schauend, fangen die meisten der anfangs innerlich Widerstrebenden langsam, aber sicher Feuer. Das mag damit beginnen, dass man lernt, Gesichter zu unterscheiden und aus der anonymen Buddhafleischmasse originelle Individuen mit speziellen Eigenarten werden, die außerdem auch noch sehr klangvolle Ringernamen tragen.

Wie beispielsweise: *Hakuho* (Weißer Riesenvogel), *Wakanosato* (Junge Heimat) oder *Asashoryu* (Blauer Morgendrachen). Nicht zu vergessen sind die großen ehemaligen Mitstreiter *Aobayama* (Grünes Blatt-Berg), *Fujizakura* (Fuji-Kirschblüte), *Kitanoumi* (Nördliche See), *Wakanohana* (Junge Blume) oder *Ozutsu* (Große Kanone).

Was der Mensch aber erst einmal kennt, beginnt ihn auch zu interessieren. Der einstige Spötter entdeckt jeden neuen Tag ein anderes bewundernswertes Detail. Explosive Schnelligkeit der lebenden Fleischkugeln, die außerhalb des Ringes wie Enten watschelnd vor Kraft kaum gehen können, eine Fülle von Techniken – 70 sind anerkannt – mit denen ein Ringer zu Boden oder aus dem Ring herausgeworfen werden kann, kompromissloser Einsatz aller Kräfte, die in kürzester Frist gewaltig gegeneinander wirken und kaum für möglich gehaltene Spannung innerhalb weniger Sekunden erzeugen können, psychologische Kriegsführung in den vier Minuten vor dem eigentlichen Kampf und ein traditionsgeladenes und farbenprächtiges rituelles Beiwerk.

Es dürfte kaum eine andere harte professionelle Sportart mit soviel historischen Traditionen geben wie *Sumo*. Dicke Bücher sind allein über die geschichtliche Vergangenheit geschrieben worden, obwohl der unbestimmte Verdacht nicht von der Hand zu weisen ist, dass die Aktiven selbst nicht genau durchsteigen *(»Warum, Was, Weshalb?«)* und sich dafür mehr auf den Sieg konzentrieren. Auch deshalb ist in Bezug auf *Sumo* ein kleiner historischer Rückblick nicht nur Verständnis fördernd, sondern auch sehr unterhaltsam:

Die Ursprünge des japanischen *Sumo,* das anfangs noch nicht mit dieser Bezeichnung bedacht wurde, gehen ins Mythologische zurück. In grauer Urzeit war man allzu gern bereit, aus dem Ausgang eines Zweikampfes den unerforschlichen Willen der zahlreichen Götter abzulesen, solchermaßen schon das Fundament für heutige Politik nach der Devise präparierend: d*er Stärkere hat immer Recht!*

Mehr noch: Japan verdankt Größe und ununterbrochenes Amtieren einer einzigen Kaiserdynastie lediglich einem einzigen Ringkampf zwischen zwei Göttern.

An einem nicht exakt festgelegten Tag – alte japanische Chroniken wie das *Nihongi* oder *Kojiki* nehmen es mit solch unbedeutenden Kleinigkeiten wie Jahrhunderten nicht besonders genau – traten auf der Zentralebene *Honshus* in der heutigen *Shimane*-Präfektur zwei Götter mit den nicht zu behaltenen Namen *Takemikazuchi-no-Kami* und *Takeminakata-no-Kami* gegeneinander an. Der Erste siegte durch allerlei faule Tricks, wobei er nicht einmal davor zurückschreckte, seinen Arm abwechselnd in einen Eispfeiler und dann wieder in ein rasierklingenhaft scharfes Schwert zu verwandeln. Durch diesen Sieg begründet er die fortan beherrschend Rolle der *Yamato*-Rasse, deren Kaiserdynastie er ins Leben rief.

Nach diesem göttlichen Vorgeplänkel ließ auch der erste überlieferte *Sumo*-Kampf zwischen zwei Sterblichen nicht lange auf sich warten, der im Juli des Jahres 23 vor Christi stattgefunden haben soll.

Ein Prahlhans namens *Taima-no-Kuyehaja* war so bärenstark, dass er Ochsen die Hörner ver- und krumme Schlüssel wieder gerade biegen konnte und fiel mit einem unbeherrschten und gewalttätigen Wesen seiner Umwelt über Gebühr auf die Nerven. Deshalb nahm sich der legendäre Kaiser *Suinin* persönlich im heutigen *Nara,* der ersten *Sumo*-Hochburg des Landes, mit majestätischer Autorität der Sache an und ließ nationenweit fahnden, um einen ebenbürtigen Gegner für das Raubein zu finden.

Wie ein gutes Omen wurde ausgerechnet in jener *Shimane*-Präfektur, wo Japans Stammvater den feindlichen Gott ausgetrickst hatte, ein vielversprechend aussehender Töpfermeister, der auf *Nomi-no-Sukune* hörte, gefunden. Zum mittelständischen Handwerk gehörend, hatte der überbeschäftigte Meister, dem außergewöhnliche boxerische Qualitäten nachgesagt wurden, an und für sich nicht die geringste Lust, irgendeinem Schläger aus *Nara* den Hintern zu verhauen oder, was noch unangenehmer wäre, den eigenen durchgeprügelt zu bekommen. Jedoch: gegen eine zwanglose, freundliche Einladung des Kaisers war und ist selbst heute noch kein Kraut gewachsen.

Deshalb machte er sich schleunigst auf den Weg, um die Sache so oder so zu bereinigen. Von einer erwartungsvollen Menge bestaunt, leistete der wackere Töpfermeister genau vor der kaiserlichen Loge sauberste Hand- oder besser Fußarbeit. Nach kurzem erbitterten Ringen landete ein fürchterlicher Tritt in der Magengrube des vorher unbesiegbaren *Taima-no-Kuyehaja,* dem ein noch wirksamerer auf den Solarplexus folgte. Unter dem ungläubigen Staunen des begeisterten Publikums wälzte sich der Bullenhornverbieger schreiend auf dem Boden. Routinemäßiges Zertreten der Hüften gab ihm den Rest.

Während der neue Held begeistert gefeiert wurde und künftig in den Annalen der Geschichte als Vater des *Sumo* geführt wird, fegte man achtlos die sterbenden Überreste seines Gegners aus dem Ring.

Von diesem denkwürdigen Tag an nennt man *Sumo*-Kämpfe, die der *Tenno* (Kaiser) höchstpersönlich mit seiner Anwesenheit beehrt *Tenran-Zumo. (Anmerkung zur Rechtschreibung: In Zusammensetzungen verwandelt sich* Sumo *in* Zumo *und wird genau umgekehrt zur deutschen Aussprache im Gegensatz zum harten S weich ausgesprochen.)*

Eine Tradition, die heute noch existiert. Gewöhnlich am achten Tag des *Natsu Basho* (Sommerturnier) besucht der jeweils herrschende *Tenno* alljährlich die in *Tokyo* stattfindenden *Sumo*-Veranstaltungen.

Aus letzterem, für zartbesaitete Nerven nicht besonders geeignetem, Schlachtfest ist unschwer zu erkennen, dass damaliges Ringen mit dem heutigen *Sumo* kaum Ähnlichkeit hatte. Die *Sumo*-Kämpfe entsprachen heutigem Proficatchen, bei dem tatsächlich Ernst gemacht werden würde und Blut nicht nur mit Unmengen an Ketchup vorgetäuscht wird. Mit fortschreitender Zivilisation durfte nur noch in Kriegen mit behördlicher Genehmigung getötet werden und die Ringkämpfe gestalteten sich immer unblutiger, obwohl noch über genügend Knochenbrechereien berichtet werde konnte.

In einem extremen Fall ging es hinterher erst richtig los. Das Buch *Soga Monogatari* (Die Sage des Soga Clans) berichtet über eine achtzehn Jahre lang tobende Blutrache zweier feudalgetreuer Söhne, deren Vater nach einem allzu erfolgreichen Ringkampf in unfairer Umkehrung des sportlichen Resultats kurzerhand ermordet worden war.

Die auch bei uns ominöse ›7‹ spielte bei zuerst rituellen, dann unterhaltsamen, höfischen *Sumo*-Turnieren eine Doppelrolle. Bis ins 9.

Jahrhundert fanden die Aufmärsche der stärksten Männer vor dem Kaiser stets am 7. Tag des 7. Monats statt, um an den ersten überlieferten Zweikampf unter Kaiser *Suinin* zu erinnern, der ebenfalls am 7. Tag des 7. Monats und auch noch im 7. Jahr seiner Regierung getobt haben soll. Dieses der jedem deutschen Schüler wohl bekannten Schlacht bei Issus ›333‹ ebenbürtige Datum ist kein Zufall, weil es sowohl in Japan, als auch in China augenfällig bedeutungsschwanger war.

Wie die Chinesen glauben, ist am 7. Tag des 7. Monats die erfüllende Nacht, in der zwei einander unsterblich liebende Sterne den sie trennenden Himmel auf einer Brücke aus Elsternfedern überqueren dürfen, um sich wenigstens einmal im Jahr ein Stelldichein gönnen zu können. Seit dem 9. Jahrhundert gedenkt man auch in Japan dieses romantischen Rendezvous mit einem Fest namens *Tanabata.* (siehe nächstes Kapitel)

Derbe, rustikale Volksbräuche bestimmten anfangs selbst das Hofzeremoniell japanischer *Tennos.* Erst mit der Einführung des Buddhismus im Jahre 552 verfeinerten sich die Sitten. Chinesisches Protokoll, gemischt mit pompösen *Shinto*-Ritualen, beherrschte schnell den guten Ton. Neben Bogenschießen und Reiterwettkämpfen spielte *Sumo* in ritueller Form auch hierbei bereits eine Rolle. Solche religiös geprägten Darbietungen hießen *Sechi,* was soviel wie »ein Festmahl zu Ehren der Götter« bedeutete.

Doch ebenso wie heutzutage Sport ohne sensationelle Höchstleistungen und Rekorde keinen Hund mehr hinter dem Ofen hervorlocken kann, geschweige denn Mäzene aus der Industrie in die Tasche greifen lässt, langweilten sich bald die erlesenen Blaublütler bei den religiösen Schaukämpfen. Richtiger Wettkampf musste unbedingt her, umso mehr, weil die von Musik- und Tanzdarbietungen umrahmten Ringkämpfe am glanzvollen Kaiserhof der *Sui*-Dynastie in China, wohin der wahre Mann von Welt ständig mit einem Auge schielte, ein spektakuläres Vorbild boten.

Die Herrscher von *Nara* und später noch viel mehr die in *Heian (Kyoto)* imitierten dieses Showbusiness a la China und vergaßen darüber das einstige religiöse Anliegen. Solche Wettkämpfe, zu denen die stärksten Männer aus allen Provinzen an den Hof beordert wurden, hießen künftig *Sumai no Sechi* (Hof-Sumo). Damit war der erste Schritt zum heutigen *Sumo* getan.

Doch nicht nur Aristokraten, auch das einfache Volk hatte, soweit des Lesens kundig, in patriotischer Pflichterfüllung die wichtigen Chroniken *Nihongi* und *Kojiki* studiert, welche Japans Aufstieg zu Glanz und Gloria verherrlichen. Als Folge davon standen Männlein und Weiblein literarisch-historisch geprägt sehr auf Muskeln schwellen lassende Zweikämpfe. Zu allen Zeiten erstaunlich geschäftstüchtige *Shinto*-Priester nutzten diese Vorliebe geschickt aus, indem sie rituelle *Sumo*-Vorführungen in verschiedene ihrer zahllosen *Matsuri* (Feste) einbauten, um kräftig die Münzen in ihren Kollektekisten klirren zu lassen.

Solche Ringkämpfe wurden *Shinjin-Zumo* (Gottesdienst-Sumo) genannt und standen immer in Beziehung zum Reisanbau. Ohne eine gute Ernte musste im nächsten Jahr der Gürtel sehr eng geschnallt werden, weil es sonst außer Fisch buchstäblich nichts zu Knabbern gab. Deshalb drängte es sich auf, die lebenslustigen Götter so gut zu unterhalten, dass sie ihren Segen zu einer guten Reisernte einfach geben mussten. Verbürgtermaßen gehörte der Ringkampf über diesen beschwörenden Aspekt hinaus aber auch zweifellos zu ihren besonders beliebten Hobbys und noch heute wird in ländlichen Gemeinden die Tradition des *Shinjin-Zumo* intensiv gepflegt.

Das *Wie* variierte damals wie heute ziemlich weit. Oftmals handelte es sich um reine Rituale, mehr einem Tanz vergleichbar.

Hierbei war das Ein-Mann-*Sumo* eine besondere Kuriosität, der der ein einzelner Ringer täuschend echt mit einem imaginären Gott rang und je nach Charakter desselben unterlag oder ein ehrenvolles Remis erreichte.

Wesentlich spannender ging es allerdings zu, wenn starke Männer aus verschiedenen Dörfern oder Gebieten gegeneinander rangen. Nach der Himmelsrichtung, aus der sie zum Wettkampf antraten, wurde sie zu einer Ost- und Westmannschaft zusammen gestellt. Paar auf Paar kämpfte dabei aus, welches Dorf göttlichem Willen zufolge die bessere Ernte erwarten dürfe.

Das klappte fast immer glänzend und falls ausnahmsweise einmal doch nicht so richtig, verstanden es die Priester ebenso gut, diese

Fehlleistung plausibel zu interpretieren – ähnlich wie das in der griechischen Antike berühmte, zweideutige Orakel von Delphi.

Obwohl es bis zu den sechs *Basho* (Turnieren) der Gegenwart immer noch ein weiter Weg war, waren beide *Sumo*-Entwicklungen – die höfische und die des Volkes auf ihren Festen – nachhaltig prägend. Als Ritual salonfähig machten es aber vor allem die Herrscher der Zeit, die das letztendliche Zeremoniell auch durch genaues Beobachten des ländlichen *Shinjin-Zumo* herausbildeten.

Und da Japaner schon immer mit einer Schwäche für superperfekte Organisation gesegnet waren, überließen sie von nun an beim jährlich stattfindenden Turnier der 34 Stärksten des Landes nichts mehr dem Zufall.

Die wichtigste Einrichtung bei Hof, zwei wasserkopfartig aufgeschwemmte Leibwächterbüros, waren mit ihrer gesamten Beamtenschaft für Einladung, Betreuung, Klassifizierung und Einteilung der Ringer in zwei Gruppen verantwortlich. Die Giganten wurden entweder der *Hidari Gata* (linke Seite) oder der *Migi Gata* (rechte Seite) zugeteilt, was nicht das Geringste mit ihrer politischen Gesinnung zu tun hatte, sondern nur aussagte, ob das links oder rechts hinter dem Palasteingang liegende Leibwächterbüro sie betreute.

Und da von nun an die regellose Zeit endgültig der Vergangenheit angehörte, waren sowohl faule Göttertricks, als auch Schläge und Tritte in empfindsame Körperteile als Verstoß gegen die Etikette nicht mehr zu tolerieren. Erlaubt waren Wurf- und Drehtechniken, um den Gegner zu Boden zu befördern, worüber bereits Schiedsrichter mit Argusaugen wachten. Trotzdem endeten immer noch viele Duelle mit schweren Verletzungen oder gar dem ehrenvollen Exitus fürs Kaiserhaus. Daraus lässt sich schließen, dass damalige Ringer noch nicht so gut gepolstert wie heutige gewesen sein können und außerdem wohl das Studium der hohen Kunst, richtig zu fallen, arg vernachlässigt hatten.

Aber wie es so oft der Fall ist: dem Höhepunkt folgt stets der Katzenjammer!

Leider wurde auch das Hof-*Sumo* nicht davon verschont. Mit sinkendem Einfluss des Kaiserhauses verlor es jeglichen Glanz. Die besten Ringer des Landes konnten nicht mehr so ohne weiteres an den

Hof delegiert werden, weil sie für ihre Feudalherrn andere Kastanien aus dem Feuer holen mussten. Außerdem wurden die Kämpfe immer häufiger abgesprochene Scheinaffären und endeten mit unpopulären Unentschieden.

Deshalb ging *Sumo* der Nachwelt aber beileibe nicht verloren, denn dafür enthielt es zu viele die Wehrertüchtigung fördernde Tugenden, an denen in der kriegsbetonten Feudalzeit unerschöpflicher Bedarf war. Leicht verändert mit Haltegriffen, um einen besiegten Feind am Boden festhalten zu können, fand es als Martial-Art Eingang in das Ausbildungsprogramm der *Samurai* und diente außerdem unter dem Namen *No-Zumo* (Feld-Sumo) zur Förderung der kriegerischen Moral zwischen blutigen Schlachten.

Die *Shogune*, als wirkliche Herrscher des Landes, förderten zudem die Durchführung von Ringkämpfen während lokaler Feste in Schreinen, was die Priester in die Lage brachte, künftige olympische Nichtprofitideale, welche erst noch durch Baron Pierre de Coubertin formuliert werden mussten, mit Füßen zu treten und *Sumo* in die Mammon jagende Richtung statt unter die fünf Ringe treiben zu können.

Der Grund: allem Kollektenkistenmünzgeklingel zum Hohn war bei ihnen stets Ebbe in der Kasse. In höchster finanzieller Verlegenheit erinnerte man sich eines uralten Begriffes aus dem Buddhismus: *Kanjin.* Er beinhaltet eine Kapital-sammelnde Kampagne für religiöse Institutionen. Jedem großzügigen Spender war der unsterbliche Dank der Götter bis zum nächsten Mal sicher. Um aber erdverbundeneren Gläubigen, außer dem höchst unsicheren Ewigkeitseffekt, etwas greifbar Gegenwärtiges zu bieten, kamen pfiffige Pfäfflein auf die geniale Idee, solche Klingelbeutelaktionen mit volkstümlicher Unterhaltung zu verbinden, für die zum Zwecke und Nutzen der Wohlfahrt eine angemessenes Eintrittsgeld erhoben wurde. Das war die Geburtsstunde des *Kanjin-Zumo* (Wohltätigkeits- Sumo).

Gute Ideen finden bekanntlich schnell begeisterte Nachahmer. Gegen Ende des 16. Jahrhunderts bedurfte nicht nur der Klerus der Wohlfahrt, sondern in noch stärkerem Maße die durch die Verbreitung westlicher Feuerwaffen arbeitslos gewordenen *Samurai,* welche bekanntlich außer kriegshandwerklichen Künsten und verschrobenen Ehrbegriffen nichts Vernünftiges gelernt hatten.

Von Stadt zu Stadt reisend, zogen sie nach priesterlichem Vorbild *Sumo*-Wohltätigkeitsveranstaltungen auf, die bald so gut florierten, dass vom *Shogunat* eine *Sumai Sen* genannte Sondersteuer darauf erhoben wurde. In solchen, ebenfalls häufig in *Shinto*-Schreinen stattfindenden, Balgereien stellte sich die gemischte Ringertruppe starken Herausforderern aus dem jeweiligen Ort. Der Champion des Ganzen erledigte manchmal an einem Tag ununterbrochene Schlangen von Kampfeslüsternen, bis es ihn schließlich doch erwischte und damit der neue Star gefunden war. Peinlich wurde es, wenn niemand mehr seine Knochen hinhalten wollte und der unbezwingbare Champion rollenden Blickes vergeblich nach einem Kontrahenten in der Menge Ausschau hielt.

So geschah es im Jahre 1594 in *Fushimi*. Die *Kanjin Gata* (*Kanjin*-Seite), bestehend aus dreißig der stärksten Ringer des ganzen Landes, erschien zu unbezwingbar, um einheimische Kämpfer, die auf dem Boden hockend die *Moto Kata* (Original-Seite) bildeten, überhaupt noch aufstehen zu lassen.

Jedoch, wenn die Herren der Schöpfung versagen, muss die holde Weiblichkeit die Ehre retten. Zur grenzenlosen Belustigung aller Anwesenden stellte sich eine beinahe zierliche zwanzigjährige Nonne dem Meister aller Meister zum Kampfe. Das Lachen verging ihnen bald, denn sie warf ihn blitzschnell mit unbekannter Drehtechnik, und nach ihm noch fünf andere der stärksten Ringer, zu Boden. Zu ihrem großen Glück lebte die starke Nonne nicht in Europa; dort hätte man sie wohl vorsorglich als Hexe verbrannt!

Sumo hatte den ersten Schritt zum Profit getan, wovon allerdings die Aktiven selbst lange Zeit nicht allzu viel verspürten. Den Rahm schöpften allein die Nichtaktiven ab. Und nur die Ringer, die für würdig befunden wurden, von einem Feudallord ausgehalten zu werden, hatten ein regelmäßiges Einkommen von 5-20 *Koku* (*Koku* = Wert der Reismenge, die eine Person pro Jahr verkonsumieren kann).

Weniger Glückliche gingen in *Edo* (heute *Tokyo*), dessen Bevölkerung nach der Machtübernahme durch *Ieyasu Tokugawa* auf über eine Million anschwoll, in des Wortes wörtlichster Bedeutung auf die Straße. Gegen aus dem Publikum aufs Pflaster geworfene Münzen verkauften sie ihre ringerischen Fähigkeiten – auch weil Köpfe abschlagen nicht mehr recht *in* war und sogar als kriminell galt. *Tsuji-Zumo* (Straßen-Sumo) wurde bald in den Vergnügungsbezirken von *Edo* ein heißer Tipp für Kenner. Bei solchen Eckenbalgereien mussten sich aber hochwohlgeborene *Samurai*, obwohl inzwischen zwar arm wie Kirchenmäuse, in der sozialen Rangordnung aber immer noch die Nummer Eins, mit Muskelmännern der niedriger eingestuften Kasten die adeligen Finger schmutzig machen, was dem vom *Shogun* gewollten Verlauf der Dinge widersprach.

Also musste es schnellstens geändert werden, zudem unausbleibliche kleine Meinungsverschiedenheiten zwischen Edlen und nicht so Edlen nicht selten dazu führten, dass mancher Kopf vor die eigenen Füße rollte. Solche unappetitlichen Zwischenfälle boten einen hochwillkommenen Anlass im Namen von Ruhe und Ordnung einzugreifen und im Jahre 1648 Straßen- und Wohltätigkeits-*Sumo* einfach zu verbieten.

Dreht man die letzten zwei Ziffern dieser traurigen Jahreszahl um und liest stattdessen 1684, dann wird das konträre Ereignis dazu präsentiert: die eigentliche Geburtsstunde des organisierten *O-Zumo* (*O* = groß).

Einem herrenlosen *Samurai* namens *Ikazuchi Gondaiyu* gelang der große Wurf. In Gesellschaftsspielregeln perfekt, wusste er genau, dass im Grunde genommen nichts unmöglich ist, wenn nur die äußere Form stimmt. Er ließ sich auch von einer Kette höflicher Ablehnungen nicht im Geringsten aus der Ruhe bringen, was am Ende tatsächlich durch die erste triumphale Ausnahmegenehmigung, nach 36 Jahren Sendepause, zur ersten legalen *Kanjin-Zumo*-Veranstaltung belohnt wurde.

Das erstmalige Markieren eines von den Zuschauern abgegrenzten Ringes, die bindende Festlegung erlaubter Techniken unter dem Begriff *Shijuhatte* (48 Hände) und vermutlich damit verbundene stilvoll-dezente Bestechung, hatten den zuständigen gestrengen Magistrat weich gemacht. So weich sogar, dass künftig konzessioniertes *Kanjin-Zumo* mit dem offiziellen Vermerk *Gomen o Komuru* (Erlaubnis erhalten) nie wieder in Acht und Bann getan wurde.

Damit die Dinge ihre Ordnung und das Kind einen Namen haben würde, bekam *Ikazuchi Gondaiyu,* der fortan als Mittelsmann zwischen Ringern und Behörden fungierte, einen höchst ehrenvollen Titel verliehen. Durfte er sich doch von jetzt *Toshiyori* (Ältester) schimpfen, eine begehrte Auszeichnung, bislang nur Staatsmännern und Führern von Städtergruppen vorbehalten.

Vom Moment dieser historischen Auszeichnung an, wurde *Sumo* der streng verwaltete Gral konservativer, sendungsbewusster Ältester. Allerdings kontrastierten deren rein individuelle Interessen oftmals genauso krass wie die Bestrebungen verschiedener *Daimyo* (Feudalherren) auf politischem Gebiet. Damit war für eine weitere spannende Entwicklung während der nächsten Jahrhunderte gesorgt.

Ihren auch gegenwärtig noch bestehenden Abschluss fand sie im Jahre 1958 mit der Festlegung auf den Namen *Nihon Sumo Kyokai* (Japanische Sumo- Assoziation). Dies ist eine nicht profitable und deshalb dem Bildungsministerium unterstehende Organisation mit einem Direktor an der Spitze und unter der Führung von mittlerweile 106 *Toshiyori*.

Die Regeln des heutigen *Sumo* machen eine bestimmte, nicht gerade Männerschönheitswettbewerbe zierende Körperlinie erforderlich: sehr stämmige, kurze, ungemein standfeste Beine, die von hinten immer ein wenig an die Schinken einer dicken Sau erinnern, aber in für derartige Fleischproportionen relativ flache Hinterteile übergehen. Vorn wölbt sich ein mächtiger Bauch, der nicht selten gesprungener als der Leib einer mehrfachen Mutter von Zwillingen ist, als Auffangpuffer für ochsenstarkes Anrennen. Ringsum verteilte Fettpolster verdecken die Stärke fürchterlicher Bizeps, welche noch am meisten in den Oberarmpartien sichtbar werden.

Schaut man sich Abbildungen der sieben japanischen Glücksgötter an, könnte man glauben, dass ein verborgenes Schönheitsideal fleischerner Fülle in einer Nation schlummern muss, der derartigen Körperüberschuss fördernde Speisen solange verwehrt oder unbekannt waren und deren allgemeine Konstitution mehr in Richtung *Asket* gelenkt worden war.

Auch Frauen aller Altersgruppen säumen in engen Logen den Abgangsweg der schweißtreibenden Kolosse. Vom Ideal fetter Prallheit und einem anerzogenen Ekel dagegen scheinen sie hin- und hergerissen zu sein. Innerlich widerstrebend, aber vom eigenen Trieb überwältigt, greift selbst so manche *Jungfrau* verstohlen mehr oder weniger besitzergreifend an vorüberschaukelnde herkulische Schulterwülste, um sie wenigstens einmal ganz kurz von hinten zu betatschen. Natürlich wird die vorwitzige Hand im gleichen Augenblick so erschrocken zurückgezogen als hätte man ein glitschiges Ungeheuer berührt!

Kimono tragende alte, winzig kleine Omas, die in derartiger Anzahl keine andere Sportveranstaltung auf der Welt zieren, blicken aus ihrer gereiften Warte jenseits von Gut und Böse mit so unumwunden wohlwollender, still verklärter Versunkenheit auf die gigantischen Fleischidole, dass es einer heiter-besinnlichen Andacht für die Glücksgötter gleichkommt.

Aber eine solche Fülle von 120 bis knapp 200 Kilo kommt natürlich nicht von allein. Die Ringer helfen vielmehr kräftig nach. Das Wundermittel zum Gewichtansetzen heißt *Chankonabe*. Nach einem harten Vormittagstraining mit leerem Magen versammelt man sich um einen großen Kessel, der ein Eintopfgericht enthält, das alles bietet, was Substanz gibt: Fleisch oder Fisch, Kohl, Spinat, Zwiebeln, Bohnenmark, Brühen, große Mengen Sojasoße plus Zucker. Mindestens sechs Schälchen der kalorienreichen Mischung sind Ehrensache, wozu die entsprechenden Reis- und Alkoholmengen nicht fehlen dürfen. Das obligatorische mehrstündige Mittagsschläfchen danach tut sein übriges. Viele Ringer sind zudem am Abend von Fans eingeladen und man erwartet zwingend Ess- und Trinkrekorde von ihnen.

Das, diese fleischliche Philosophie provozierende Regelwerk des *Sumo,* wie es heute betrieben wird, ist denkbar einfach und beschert im Durchschnitt die kürzesten Duelle aller bekannten Kampfsportarten. Im Grunde genommen geht es lediglich darum, den Gegner aus der Balance zu bringen, was aber bei seiner beschriebenen Silhouette titanischer Kraftanstrengungen bedarf. Derjenige, welcher durch den übermäßigen Druck der auf ihn wirkenden Körpermasse entweder innerhalb der Ringmarkierung auch nur mit Hand oder Knie den Boden streift oder zum *aus-dem-Ring-herausstapfen* getrieben wird, hat bereits verloren und darf schnurstracks unter die Dusche eilen. Allerdings kommt das bittere Ende selten durch sanftes Berühren der Horizontale, meist ist es viel mehr ein krachender Sturz auf diese oder jene Extremität ins Tiefe, bei dem sich weniger gut gepolsterte Zeitgenossen sicherlich sämtliche Rippen im Leibe brechen würden.

Hauptanliegen der allmächtigen *Toshiyori* (Älteste) ist es, stets klarzustellen, dass *Sumo* nur nach ihren Richtlinien oder überhaupt nicht praktiziert werden kann. Ergo gibt es siebzig Techniken, um den Gegner zu besiegen, die man in drei Hauptgruppen aufteilt: *Tsuki* (Schlagen mit der offenen, flachen Hand), *Oshi* (Schieben, Drängen, Stoßen) und *Yori* (Fassen, Halten Ringen)

Am Ende eines jeden Kampfes wird umgehend verkündet, mit welcher Technik der Gewinner gesiegt hat. Dabei muss das Kind stets einen offiziellen Namen haben, selbst wenn ein übereifriger Kontrahent quasi von allein ausgerutscht oder zum Ring heraus gestolpert ist.

Verzwickt wird es für den armen Ringrichter bei Duellen, in denen die Rivalen beinahe gleichzeitig fallen. *Wer hat nun gewonnen?* Nicht einmal das Fernsehzeitlupenauge kann in einigen Fällen hundertprozentige Gewissheit geben. Der Unparteiische jedoch muss sich sofort definitiv entscheiden, womit seine ständige Angst, das Gesicht verlieren zu können, immer noch nicht völlig ausgestanden ist.

Der aktive Kämpfer hat nicht das geringste Vetorecht. Selbst gegen die umstrittenste Entscheidung protestiert er nicht nur nie, sondern quittiert sie mit einer formellen Verbeugung und verlässt unbewegt den Ring. Den Unparteiischen dagegen überwacht das kritische Auge der *Sumo*-Assoziation in Gestalt von vier in schwarze Kimonos gekleideten, gewichtigen Schiedsrichtern, von denen jeder von einer anderen Seite des Ringes aus die Situation überblicken kann. Findet einer das berühmte *Haar in der Suppe* und zweifelt das gerade gefällte Urteil an, so hebt er gebieterisch die Hand zum Einspruch. Darauf versammeln sich alle Vier, den unglücklich aussehenden Schiedsrichter in die Mitte nehmend, um nach kurzer Beratung die Entscheidung entweder zu bestätigen, ins Gegenteil zu verwerfen oder einen Wiederholungskampf anzusetzen, weil der Ausgang des Gefechtes nicht mit an Sicherheit grenzender Wahrscheinlichkeit bewertet werden kann.

Um ein wirklich gerechtes Urteil zu verkünden, ist der ranghöchste Schiedsrichter per Funk mit einem unsichtbaren Offiziellen verbunden, der sich die Zeitlupenwiederholung im Fernsehen anschaut und seinen Eindruck umgehend übermittelt. Falls ein Wiederholungskampf nötig ist, findet er sofort statt, denn ein Sieger muss immer gefunden werden - im modernen *Sumo* existiert kein unpopuläres Remis.

Der Weg zum Sumoprofi führt über eine strenge Aufnahmeprüfung: hoffnungsvolle Knaben müssen für Japan mindestens beachtliche 1,70 Meter groß und 70 Kilogramm schwer sein. Wenn vor dem Wiegen einige Pfündchen fehlen, pumpen sich besonders Schlaue den Bauch bis zum Platzen mit Süßkartoffeln und Wasser voll. Das hilft zwar manchmal, aber genauso oft wird der innere Druck übermächtig und führt vor den Augen der ungerührt darüber hinwegsehenden Prüfungskommission zu einer peinlichen Kartoffelbreieruption!

Mit bestandener Aufnahmeprüfung tritt der Novize in einen der offiziellen *Heya* (Ringerstall) ein und befindet sich auf der untersten Sprosse einer strikten Feudalhierarchie, von der er sich mühsam Schritt für Schritt nach oben arbeiten muss. Sein Leben in solch einem Ringerinternat kommt dem Dasein leibeigener Sklaven verdammt nahe, denn Rechte und Privilegien hat nur der *Sekitori* (Ringer der beiden höchsten Klassen), den die Lehrlinge wie einen allmächtigen Pascha bedienen und assistieren müssen.

Lästerer, die es ganz genau wissen wollen, behaupten, dass nicht einmal an jenem unaussprechlichen Ort, wo sogar der Kaiser allein hingeht, echte Meisterringer auf gewohnte Bedienung verzichten, weil sie sich wegen der überdimensionalen Bäuche ohnehin nicht mehr allein abwischen können!

Entschädigt denn dann die Aussicht auf sehr viel Geld wenigstens für all die Strapazen und körperlichen Quälereien, wenn ein hoffnungsvoller junger Mann durch entsprechende Erfolge in den Turnieren auf der Rangliste nach oben geklettert ist?

(Eine Notiz zum besseren Verständnis am Rande: im professionellen japanischen *Sumo* wird in 7 verschiedenen Klassen gekämpft. In den beiden höchsten Klassen an allen 15, in den anderen fünf dagegen nur an 7 Tagen. Eine Mehrzahl an Siegen, also ab 8 - auf Japanisch *Kachikoshi* - bedeutet ein Aufsteigen in der Rangliste, was sich von ganz unten nach ganz oben normalerweise über Jahre hinzieht. Eine Minderzahl - auf Japanisch *Makekoshi,* also weniger 8, - dagegen bewirkt, dass es auf der Stufenleiter nach unten geht.)

Von Gagen wie sie Profiboxer, amerikanische Football-Stars oder berühmte Top-Models einstreichen, träumte in den Siebziger oder

Achtziger Jahren nicht einmal der größte *Yokozuna* (Großer Meister). Dauerte es doch immerhin bis 1957, ehe sich die *Sumo*-Assoziation endlich dazu durchrang, wenigstens den *Sekitori* (Ringer der beiden höchsten Klassen) feste Monatsgehälter und den unterklassigen Ringern gestaffelte Spesen während der 15 Turniertage huldvoll zu gewähren.

Damals erhielt ein Großer Meister ganze 150.000 Yen (950 Euro*) im Monat, was in den bewegten 50er Jahren gut ausreichte, ein Eheweib zu ernähren. Deshalb waren damals die *Yokozuna* meist verheiratet und fast alle anderen mehr oder weniger neidvoll auf deren Eheglück schielende Junggesellen. Wenn auch heute noch längst nicht von Millioneneinkommen die Rede sein kann, so sind doch die Gehälter und Siegesprämien beinahe inflationär gestiegen.

Ohne in jedes einzelne Detail zu gehen, kann man deshalb pauschal konstatieren: die absoluten Spitzenringer der ersten Klasse verfügen über ein stattliches Einkommen, wozu auch eine Art großzügiger Pensionsanspruch gehört, der sich schwer durchschaubar aus der Anzahl der Kämpfe und Siege errechnet.

Der Autor möchte seine Leserschaft nicht mit Zahlen überfüttern, aber aus der letzten veröffentlichten Statistik 2001 wenigsten die dicksten pekuniären Brocken anführen: das Grundeinkommen eines *Yokuzuna* beträgt monatlich 2.820.000 Yen (17.770 Euro). Hinzu kommt für jede Teilnahme an einem Turnier ein Anwesenheitsbonus von 200.000 Yen (1.260 Euro).

Unter den Siegesprämien schlägt die für den Turniersieg in der *Maku –no-uchi* (1. Klasse) mit 10 Millionen Yen (63.000 Euro) natürlich am höchsten zu Buche. Das ist allerdings die Spitze des Eisberges, denn schon die anderen *Sekitori* verdienen entschieden weniger. Von den unterklassigen Ringern ohne festes Gehalt erst gar nicht zu reden.

---

* Anmerkung des Verfassers
Bei der zum Verständnis in Klammern gesetzten Umrechnung in Euro handelt es sich um abgerundete Beträge vom Stand 2008. Der Euro ist aber ständig gestiegen, so dass die Umrechnung für das Jahr 2001 um Einiges höher gewesen wäre. 150 000 Yen aus dem Jahre 1957 als es noch keinen Euro gab, waren real gesehen entschieden mehr wert als die errechneten 950 Euro.

Zu allem Überfluss sind die Chancen, in Zukunft ebenfalls zu diesen beneideten Paschas zu gehören, äußerst gering, denn von fünfzig Ringern, welche eine *Sumo*-Laufbahn starten, schafft nur einer die zweithöchste Klasse, die *Juryo* (frühere japanische Währung in der *Edo*-Periode) und bei der Spitzenklasse, der *Maku-no-uchi* (hinter dem Vorhang) ist es gar unter hundert hoffnungsvoll Gestarteten nur einer. In der gesamten *Sumo* Geschichte haben bis jetzt lediglich 69 Ringer den alles andere überstrahlenden Rang eines Großen Meisters erreicht.

Last but not least, im Zeitalter der Werbung hat sich für erfolgreiche und gut aussehende Ringer durch das in Japan allgegenwärtige Werbefernsehen eine nicht unerhebliche zusätzliche Einnahmequelle erschlossen, was zwischenzeitlich sogar einmal verboten werden sollte, aber am Ende wie das legendäre Hornberger Schießen ausging.

Was *Sumo* so wohltuend angenehm von modernen Sportarten unterscheidet, ist die asiatische Emotionslosigkeit und Bescheidenheit. Gehören doch diese Tugenden vor, während und nach dem Kampf zur verbindlichen Verhaltensetikette.

Luftsprünge über Siege, Protest nach Niederlagen, Anzweifeln der Kampfgerichtsentscheidung, Schmähen des Gegners und sonstige, in heutigen Sportarenen bis zum Überdruss praktizierte Unarten sind genauso undenkbar wie das hysterische Überfluten des Ringes von fanatisch brüllenden Anhängern.

Fernsehinterviews bringen dem bedauernswerten Reporter ein Stück Schwerarbeit, da der eben noch wie ein Zyklop wütende Hüne sich plötzlich schlimmer ziert als ein verschüchtertes Schulmädchen. Mit rauer, künstlich leise gehaltener Stimme bringt kaum etwas anderes hervor als »Ja« oder »Nein«. Dabei wischt er sich dauernd den Angstschweiß ab und sieht aus als ob er jeden Moment Fersengeld geben wolle. Und das ganze zurückhaltende Gebaren nur deshalb, um nicht unbescheiden zu wirken und sich mit seinem Sieg zu brüsten.

Meister der beiden höchsten Ränge sollen schweigend siegen und sich später ebenso unbeweglich dem in der Halle direkt übertragenen Interview mit dem Turniersieger zu stellen, um danach, den Kaiserpokal in den Händen, von Arme hoch reißenden Fans umgeben zum

Siegerfoto zu posieren, das am nächsten Tag die Titelseiten aller Zeitungen schmückt.

Leider ist die heile Welt des traditionellen japanischen *Sumo* aber nicht mehr ganz so in Ordnung. Früher waren während der offiziellen sechs jährlichen Turniere die Riesenhallen in *Tokyo* (3 Veranstaltungen), *Osaka, Nagoya* und *Fukuoka* stets restlos ausverkauft. Ein begehrtes Ticket zu erhaschen, kam beinahe einem hohen Lottogewinn gleich. Skandale um Manipulationen bei der Vergabe der begehrten Eintrittskarten, die mit Selbstmorden beschuldigter Funktionäre endeten, machten spektakuläre Schlagzeilen. Heute dagegen gehört es zu den Ausnahmen, wenn die weißen Fähnchen über dem Ringdach ein ausverkauftes Haus verkünden.

Vom Wirtschaftwunder verweichlichte japanische Knaben sind immer weniger bereit, sich in einem von strikter Hierarchie bestimmten *Heya* (Ringerstall) wie Leibeigene empor zu dienen. Zwischenfälle, wie der kürzliche Tod eines *Sumo*-Eleven, der durch andere jugendliche Ringer seines Hauses grausam schikaniert worden war, machen zudem nicht gerade Werbung, sich für eine derart entbehrungsreiche Karriere zu entscheiden.

Die niederschmetternde Folge: 2008 gibt es keinen Japaner mehr, der den höchsten Rang eines *Yokozuna* (Großer Meister) trägt. Um dahin zu gelangen und zu den Unersterblichen dieser Sportart zu gehören, muss ein Ringer der zweithöchsten Stufe, ein *Ozeki* (Meister), zwei *Sumo*-Turniere nacheinander gewinnen. Ein äußerst schwieriges Unterfangen, denn nur einigen Auserwählten ist es vergönnt, während ihrer gesamten Laufbahn überhaupt ein Turnier als Gesamtsieger zu beenden. Im Moment scheint tatsächlich kein japanischer Aktiver dafür beständig und stark genug zu sein.

Dabei spielt gerade bei der traditionellsten aller japanischen Sportarten nationalistischer Patriotismus eine selbstverständliche Rolle.

1972 gewann der riesige Hawaiianer *Takamiyama* im Juli das *Nagoya-basho* (Turnier in *Nagoya*) und konnte damit als erster Nichtjapaner überhaupt ein Turnier für sich entscheiden. Der damalige US-Präsident Richard Nixon fühlte sich prompt animiert, anlässlich der pompösen Preisverleihung seine Glückwünsche los zu werden. Das waren die ersten englischen Worte, die jemals an einem japanischen *Sumo*-Ring gesprochen wurden. Für viele Japaner jedoch war die Verlesung der Grußbotschaft in der Sprache des ehemaligen Kriegsfeinds ein unerhörter Skandal. Seither werden derartige Glückwünsche, ebenso wie die Laudatio während der Überreichung zahlreicher Pokale und Preise, immer und ausschließlich in japanischer Sprache vorgetragen.

Wenn man diese nationalistische Einstellung berücksichtigt, ist es nicht verwunderlich, dass die Massen nicht mehr wie gewohnt in die großen Hallen strömen. Dabei wollten die konservativen *Toshiyori* (Älteste) lange Zeit überhaupt keine ausländischen Aktiven zulassen, weil diesen das traditionelle Benimmritual angeblich nicht einleuchten würde. Wie groß muss deshalb die augenblickliche Ernüchterung sein. Immer mehr ausländische Ringer, besonders aus ehemaligen kommunistischen Ländern mit niedrigem Einkommensniveau (wie Russland, Georgien und Estland), haben es in relativ kurzer Zeit geschafft, bis in die *Maku-no-uchi*, die erste Klasse, aufzusteigen und hoffnungsvollen japanischen Ringern quasi die Plätze an der Sonne wegzunehmen.

Das wirklich schmerzende Debakel an den der heutigen Situation mutet wie eine verspätete historische Rache an. Im Jahre 1274 versuchte *Kublai Khan*, ein Enkel des gefürchteten, blutrünstigen mongolischen Herrschers *Dschingis Khan*, das japanische Kaiserreich zu erobern, nachdem die stolzen Söhne *Nippons* zuvor eine Unterwerfung strikt abgelehnt hatten. Es gelang seiner Streitmacht auf den Inseln *Kyushu* und *Tsushima* zu landen und den Verteidigern schwere Verluste zuzufügen. Bei Nacht jedoch zogen die Aggressoren sich wieder auf ihre Schiffe zurück. Eine Bequemlichkeit, auf die sie besser hätten verzichten sollen, denn jetzt griffen die zahlreichen japanischen Götter persönlich ein und ließen einen verheerenden Taifun wüten. Dieser *Kamikaze* (göttlicher Wind) kostete zehntausend Mann, rund ein Drittel der Invasoren, das Leben. Sieben Jahre später scheiterte eine weitere, wesentlich größere Flotte noch desaströser. Ein erneuter Sturm zerstörte die meisten Schiffe, wobei angeblich 100.000 Mongolen das Zeitliche segnen mussten. Diese beiden als *Kamikaze* bezeichneten Taifune bestärkten die Japaner in dem beruhigenden Glauben, *Nippons* Inseln werden von den Göttern beschützt.

In den »heiligen Hallen« des *Sumo* scheint der göttliche Sturm aus der Gegenrichtung heranzubrausen, denn heutzutage demonstrieren die Nachfahren von *Kublai Khan* eine erdrückende Überlegenheit.

Asashoryu (Der blaue Morgendrachen) und sein mongolischer Landsmann *Hakuho* (Weißer Riesenvogel) tragen nicht nur als einzige Ringer den Rang eines *Yokuzuna,* sondern machen seit 2 Jahren den unglaubliches Prestige bringenden Sieg in der *Maku-no-uchi*-Klasse unter sich aus. *Asashoryu,* der bereits 21 Titel gewonnen hat, gelang dabei das unglaubliche Kunststück alle 6 Turniere des Jahres 2005 zu gewinnen. Ein bisher einmaliger Rekord.

Pessimisten stöhnen bereits: »Wenn das so weiter geht, kämpfen in einigen Jahren nur noch Mongolen und ein paar andere Ausländer in der ersten Liga unseres Nationalsports!«

Das wäre jedoch der Anfang vom Ende! Bereits jetzt beginnen sich rituell geprägte Disziplin und strikte Verhaltensnormen der Aktiven aufzuweichen, denn ein *Gaijin* verfügt nun einmal nicht über japanische Wurzeln.

Für manche mag dieser übertriebene, sportliche Patriotismus und die umfangreichen, rituellen Benimmvorschriften, die dem Ringer sogar vorzuschreiben scheinen, *wie er sich die Nase zu putzen hat,* befremdlich mittelalterlich erscheinen. So auch einem Schweizer, der Japan eine zeitlang erlebte, erlitt und folgenden bissig-satirischen Ratschlag hervorbrachte, der dem Leser an dieser Stelle nicht vorenthalten werden soll: »*Sollten sie jemals vorhaben, länger in Japan zu bleiben, machen sie bloß keinen einheimischen Sport. Sollten sie es dennoch tun, dann verlieren Sie bitte dabei oft genug. Wenn Sie im Krankenstand sind, dann vermeiden Sie sicherheitshalber auch alle wohltätigen Veranstaltungen. Und wenn Sie ein mongolischer Offizieller bitten sollte, bei einem Fußballmatch mitzumachen, sagen Sie um Gottes willen ›Nein!‹*«

Aus dem westlichen Kulturkreis stammend, amüsiert man sich über diese sarkastische Einschätzung, aus japanischer Sicht dagegen sieht das entschieden anders. Somit bliebe zu guterletzt nur noch die Gretchenfrage: *hätte man* Gaijin*-Ringer nicht doch besser vom exotischen Spektakel des professionellen urjapanischen* Sumo *fernhalten sollen?*

Kurioserweise ist im modernen Japan aber nicht *Sumo* die populärste Sportart, sondern, mit Abstand, ausgerechnet jenes seltsame Spiel, das am Anfang dieses Kapitels die schöpferische Freiheit des Autors beflügelte. Im Stil einer alten Chronik hatte er beschrieben, wie die fremden Seefahrer versucht haben mochten, mit diesem Sport die Reissäcke schleppenden, stampfenden menschlichen Fleischberge einzuschüchtern: *Baseball.*

Fanatiker apostrophieren dieses typisch amerikanische Ballspiel überschwänglich sogar als Japans modernen Nationalsport. Das professionelle Baseball wird in zwei Ligen gespielt: Der *Sentoraru Rigu* (Central-Liga) und *Pashifikku Rigu* (Pacific-Liga). Trotz der Namen, die eine geographische Aufteilung vermuten lassen, spielen in beiden Ligen jeweils 6 Mannschaften bunt durcheinander gewürfelt aus allen Teilen des Landes von April bis September in 140 Spielen einen Meister aus, der in den *Nihon Shirizu* (Japan Series) gegen den Sieger der jeweils anderen Liga um die japanische Meisterschaft antreten darf.

Als Besitzer der 12 Teams, die selbst jede sportlich total uninteressierte Oma im Lande kennt, sorgen bekannte Firmenkonzerne, Zeitungsverlage oder private Eisenbahngesellschaften dafür, dass die Stars mit dem kleinen weißen Ball und der Holzkeule weitaus mehr im Geld schwimmen als noch so berühmte *Sumo*-Ringer. Die Bezeichnungen der Clubs beinhalten vorangestellt den Namen des Besitzers und dahinter eine Charakterisierung, beispielsweise *Hanshin Tigers.* (*Hanshin* ist eine große private Zuggesellschaft in *Osaka*).

Auch die anderen Clubs sind nach dem gleichen Prinzip benannt, was aneinandergereiht für den modernen Nationalsport *Nippons* wahrlich nicht national anmutet: *Dragons, Swallows, Baystars, Giants, Carp, Buffaloes, Ham-Fighters, Eagles.*

Nunmehr schon seit 1936 sind dem japanischen Fan diese Original-Yankee-Beinamen zusammen mit allen anderen amerikanischen Fachausdrücken wohl vertraut. Allerdings meist derartig einjapanisiert, dass selbst gestandene Amerikaner einige Mühe haben dürften, sie wenigstens einigermaßen zu verstehen. Auch für uns Deutsche liegen Missverständnisse deshalb auf der Hand, weil an den englischsprachigen Begriff oft ein japanisches »o« angehängt wird.

Das in dieser Sportart am häufigsten benutzte Wort *out* (aus) klingt dann verblüffend wie *Auto* und mancher der Baseballregeln nicht kundige Biedermann fragt sich verdutzt, wofür es denn jetzt schon wieder eine Autoprämie gibt?!

Im Olympiajahr von Berlin wurde in Japan eine zweigestaffelte Profiliga gegründet, nachdem, offizieller Lesart zufolge, bereits 1872, kurz nach der Öffnung des Landes, ein amerikanischer Professor namens Horace Wilson an der elitären *Tokyo*-Universität Baseball infizierend auf Japan angesetzt haben soll.

In den düsteren Jahren des 2. Weltkrieges empfanden allerdings streng nationale Kreise das feindliche Spiel als bedenkliche Infektionsgefahr. Zwar konnte sich die Regierung nicht zu einem gänzlichen Verbot durchringen, da Baseball als Ablenkungsmittel für das Erhalten der Moral von Truppe und Heimatfront wegen seiner ungeheuren Popularität zu effektiv erschien, aber sie verbannte ausländische Fachausdrücke und Namen.

Inzwischen, nach »erfolgreich verlorenem Krieg« läuft natürlich längst alles wieder wie ursprünglich gehabt. Während der Saison strömen unübersehbare Menschenmassen nicht nur am Wochenende, sondern beinahe täglich in die Stadien. Ebenfalls Tag für Tag werden im Fernsehen mindestens drei Baseballspiele live und in voller Länge angeboten. Keine wie auch immer geartete Institution, die nicht über ein eigenes Baseball-Team verfügt: Universitäten, Schulen, Pflegeheime, Betriebs-, Gemeinde-, Wohnungs-, Hobby- und sonstige mögliche oder unmögliche Gemeinschaften.

An Flüssen oder in Parks, wo Grünflächen als Sportanlagen hergerichtet werden, kann man an Sonntagen kilometerweit lustwandeln und dabei nichts als ein Baseball-Match hinter dem anderen genießen. Jedoch auch auf ganz normalen Wiesen schwingen Laien aller Altersklassen und Geschlechter manchmal nur aus einem Holzstück oder Zweig improvisierte Keulen.

Angestellte mit weißem Hemd und Schlips verbringen ihre Mittagspause mit der gleichen Beschäftigung, Tankwarte üben auf Tankstellen, falls nicht gerade ein Kunde kommt, und selbst Busbahnhöfe im pulsierenden Großstadtgetöse werden hin und wieder als Baseballfelder zweckentfremdet. Betriebsausflüge kulminieren stets in einem mehr oder minder flotten Spielchen.

Mindestens neunzig Prozent aller Jungen würden lautstark protestieren, ohne eine Baseballschirmmütze mit den Insignien ihrer Lieblingsmannschaft auf die Straße gehen zu müssen. Dem durchschnittlichen Europäer, falls nicht gerade Engländer – sie haben Kricket, was noch entschieden langweiliger und wesentlich länger ist – bleibt die überschwängliche Begeisterung für eine Mannschaftssportart, in der kaum etwas passiert und Action Seltenheitswert hat, einigermaßen unverständlich. Aus der Warte eines Laien ereignet sich nämlich abgesehen von kurzen, bewegten Unterbrechungen, die er leicht versäumt, weil er kurz zur Seite geschaut hatte, stundenlang unverändert stets das Gleiche: ein Werfer wirft gekonnt und wechselnde Schläger schlagen mit einer Holzkeule, deren Form einer Weinflasche ähnelt, laufend daneben.

Wie können Japaner so etwas bloß derart leidenschaftlich mögen?

Abgesehen davon, dass die Amerikaner diesem Sport mindestens ebenso versessen nachgehen, transportieren Sportgerät, bombastische Aufmachung und lässiges Imponiergehabe der Spieler die gewohnten Heldenillusionen unzähliger Supermann-Serien auf das Spielfeld. In einem solcher Jugendfilme gewinnen die Helden, eigentlich ganz normale Jungen und Mädchen, zum Erreichen der roboterhaften Supermannstatur, die in jeder Fortsetzung erfolgreich ein neues Hauptmonster des Bösen atomisiert, die dazu notwendige kosmische Energie tatsächlich aus dem gemeinsamen Schwingen von Baseball-Keulen!

Zudem entspricht das aus den USA übernommene Beiprogramm mit Bands, uniformierten Cheerleader-Mädchen und Einpeitschern in vollkommener Weise dem Bedürfnis des Durchschnittsjapaners nach kollektiver Geborgenheit und gemeinsamer Artikulationsmöglichkeit. Von hüben wie drüben intoniert der Vorschreier mit einem Megaphon pausenlos rhythmisch den gleichen Slogan. Dabei spielt es nicht die geringste Rolle, ob unten auf dem Spielfeld etwas passiert oder nicht. Zumindest der Einpeitscher könnte es ohnehin nicht sehen, weil er stets mit dem Rücken zum Geschehen steht. Solchermaßen sind sogar Beifallsäußerungen genau festgelegt, was spontane, möglicherweise unpassende Eigeninitiative und das Gesicht verlieren machende Gefühlsäußerungen überflüssig macht.

Bei aller Popularität des Baseball darf nicht unerwähnt bleiben, dass allmählich der fast überall sonst auf der Welt übermächtige Fußball in der Publikumsgunst Baseball einzuholen droht.

Ein entscheidender Auslöser für diesen Umschwung, den der Autor vor einigen Jahrzehnten noch für undenkbar hielt, war die erfolgreiche Fußball-Weltmeisterschaft 2002, gemeinsam organisiert von den einstigen *Erzfeinden* Korea und Japan. Allerdings gibt es einen markanten Unterschied zum hiesigen Fankult rund um diesen populären Sport: im Gegensatz zu europäischen Gepflogenheiten werden die japanischen Fußballstadien überwiegend von weiblichen Teenagern gefüllt. Ob das am geänderten Geschmack liegt?

Während früher das Idol geheimer Mädchenträume unbedingt das Attribut »rauer, behaarter Supermann« erforderte, hat sich das in Richtung »niedlicher Softie zum Kuscheln« gewandelt. Genau diesen Anspruch aber erfüllen Japans etwas klein geratene Fußballstars mit modisch gefärbter Frisur nahezu vollkommen!

Die unglaubliche Geduld japanischer Männer, notwendige Bewegungsabläufe perfekt einzustudieren und stundenlang mit wachsender Begeisterung in jeder Lebenslage und an jedem Ort zu üben, dürfte nirgendwo auf dem Globus etwas Vergleichbares haben.

In noch stärkerem Maße als beim Baseball, trifft das auf eine exklusivere Sportart zu, die in bei vielen Japaner zu einer wahren Sucht ausgeufert ist: dem *Golfspiel.*

Seriöse, gestandene Herren in dunklem Anzug mit Schlips und Kragen, die mitten auf der Straße, an Bushaltestellen oder in Bahnhöfen beginnen, ohne Schläger und Ball weite Golfabschläge zu imitieren, gehören in Japan zum Alltag. Wenn sie ernsthaft, unbewegten Gesichtes ganz in sich versunken noch und noch einmal den Bewegungsablauf tief konzentriert wiederholen, nötigt das hierzulande keinem Menschen auch nur das flüchtigste Lächeln ab. Dabei verharren solche Jünger des Golfs sekundenlang in der abschließenden erlösenden Körperstreckung und scheinen einem imaginären, in der Ferne entschwindenden Ball verzückt nachzustarren.

Golf in dieser Weise ohne Schläger und Ball zu üben, geht sogar gänzlich kostenlos und gefährdet keine Fensterscheiben.

Jedoch auch die nächste Trainingsstufe ist für jedermann erschwinglich. Dabei muss allerdings schön kräftig über oder besser gegen die kleine weiße Kugel gedroschen werden. Landesweit von Nord nach Süd gibt es kaum einen Stadtteil ohne grüne Maschendrahtkäfige, wo nicht etwa Löwen oder andere wilde Tiere dem Publikum präsentiert werden, sondern Männlein und Weiblein nebeneinander, manchmal in drei Etagen auch übereinander, einträchtig Golfbälle über den von einem derartigen Käfig umgebenen Rasen prügeln und an Markierungen abschätzen, wie viele Meter weit sie das Objekt ihres Ehrgeizes getrieben haben. Solche Golfkäfige existieren in allen Größenordnungen vom Fußballfeldformat bis zum 2½ Meter langen Privatverhau auf dem Dach eines Wohnhauses.

Richtiges Golf im Turnierstil mit 18 Löchern, dem das heiße Sehnen aller vorbereitenden Bemühungen gilt, bietet sich für Japan geradezu zwingend an, weil es ausgerechnet das, was am nötigsten dafür nötig ist, überhaupt nicht hat: sehr viel Land!

Anscheinend stört es den hiesigen Insulaner nicht sonderlich, wenn seine Welt allmählich lediglich nur noch aus Zäunen besteht. Sind sie doch unbedingt erforderlich, um wunderschöne, parkähnliche Golfanlagen vor Unbefugten zu verschließen. Höchstens an Turniertagen, wo Profis um hohe Siegprämien wetteifern, darf der Normalbürger gegen ein gepfeffertes Eintrittsgeld einen verstohlenen Blick in diese Paradiese seiner geheimsten Träume werfen. Bei aller Volkstümlichkeit von Golf in Japan, sind die jährlichen Beiträge für Clubmitglieder wenig volkstümlich!

Trotzdem wurden in den Siebziger Jahren des vorigen Jahrhunderts allein in *Kyoto* zwanzig Genehmigungsanträge für neue Golfplätze bei den zuständigen Behörden zur Bearbeitung eingereicht, obwohl die schönste Stadt des Landes wahrlich schon einige davon hatte. In einem ungewöhnlichen Anflug von sozialem Gewissen lehnten die Verantwortlichen damals nahezu alle ab. Selbst auf die Gefahr hin, sich ins eigene Fleisch zu schneiden und am Ende über eine riesigen Statussymbolwert besitzende Mitgliedschaft weniger zu verfügen. Den wahren Mann von Welt und mit dicker Brieftasche zierten nämlich die begehrten Vereinsnadeln von wenigstens sechs illusteren Golfclubs, wo er im entspannenden Rahmen wichtige Geschäftsfreunde empfing, um erhoffte Abschlüsse spielerisch unter Dach und Fach zu bringen.

Bestimmt werden sportlich versierte Leser schon lange auf die Erwähnung von *Judo* warten, für sie wahrscheinlich *die* japanische Sportart überhaupt. Überraschend genug jedoch hat die edle Kunst der Selbstverteidigung bei weitem nicht diese Ausstrahlung zu volkstümlicher Popularität wie die bis jetzt erwähnten Disziplinen.

So lebte der Autor schon über ein Jahr im Land, ohne auch nur den winzigsten Beitrag im Fernsehprogramm entdecken zu können und auch gängige englischsprachige japanische Zeitungen schwiegen sich beharrlich darüber aus.

Nichtsdestotrotz dürfte Japan alleine, vorsichtig geschätzt, über mehr aktive *Judoka* verfügen als der Rest der Welt zusammen. Hauptsächlich allerdings im Rahmen von Schule, Universität, der Polizei und den Landesverteidigungskräften.

Aufgrund der Quantität, die bei sehr hartem Training zwangsläufig Qualität hervorbringt, und wohl ebenfalls der Tatsache, dass jeder Japaner während seiner Schulzeit irgendwie damit gequält oder beglückt wurde, war jahrelang die Unschlagbarkeit von *Nippons Judoka* auf internationaler Ebene patriotische Selbstverständlichkeit.

Eine allgemein ehrfürchtig akzeptierte Realität, deren Zementierung bei allen diesbezüglich überragenden Fertigkeiten japanischer Kämpfer umso verständlicher wird, falls sich jemand die Mühe macht, die Zusammensetzung internationaler Schiedsgerichte auf wichtigen Turnieren zu studieren. Lautet sie doch meist ungefähr so: Herr *Watanabe* (Japan), Herr *Sato* (nicht Japan, sondern Brasilien), Herr *Tanaka* (nicht Japan, sondern USA), Herr *Ito* (nicht Japan, sondern Korea) etc.

Wer behauptet da zweideutig, Japaner im Ausland blieben auch in der x-ten Generation trotz anderer Nationalität immer noch im tiefsten Inneren überzeugte Japaner?

Mittlerweile haben die anderen Nationen im Weltmaßstab aufgeholt und japanische internationale Titel sind nicht mehr so selbstverständlich wie früher. Erstmalig hatten die Japaner den Schock einer Niederlage im *Judo* schon vor Jahrzehnten erleben müssen. Ausgerechnet bei der Heim-Olympiade in *Tokyo* 1964 gewann der Holländer Anton Geesink in der am höchsten eingeschätzten Offenen Klasse. Quasi in der Höhle des Löwen besiegte er im Finale den stärksten Japaner. Für Minuten herrschte in der Sporthalle entsetztes Schweigen…

Im nationalen Rahmen sind die Universitätsmeisterschaften der absolute Höhepunkt. Für einige Tage dominiert dann wieder unumschränkt der selbstzerstörerische Kampfgeist des *Samurai*. Während des alles entscheidenden Schlusskampfes einer dieser besonders hart umkämpften Mannschaftsmeisterschaften saß der damalige Schwergewichtschampion unrettbar in einem knochenbrecherischen Armhebel seines wie aufgezogen kämpfenden Gegners.

Der Gesamtsieg seines Teams schien futsch zu sein, denn er musste mindestens ein Unentschieden erreichen. Mit fanatischen Drohungen zwangen ihn die *menschenfreundlichen* Mannschaftsgefährten vom Mattenrand aus, um keinen Preis aufzugeben und durchzuhalten, was er auch mit schmerzverzerrtem Gesicht bis zum erlösenden Schlusssignal tat. Der Sieg war gerettet, der Arm allerdings für geraume Zeit nicht mehr zu gebrauchen!

Dieser bereits im Training unmenschlich harte, masochistisch anmutende Wille, für den Erfolg zu leiden, zeichnet japanische Sportler aller Kategorien aus und wird von Menschen, welche die Wurzeln dazu nicht in Japans Geschichte suchen und finden, häufig mit schockierter Fassungslosigkeit quittiert.

Wenn man das zuletzt Erwähnte gebührend berücksichtigt, ist die Erkenntnis nicht weit, dass in *Nippons* Sportwelt nur der Sieg im Marathonlauf die Krönung aller Siege sein kann. Existiert eine andere Disziplin, bei der sich der Mensch so oft selbst überwinden muss wie auf den mörderischen gut 42 Kilometern?

Das gibt dem Autor die Möglichkeit, mit der Würdigung einer besonders sympathischen Sitte japanischer Fans dieses Kapitel über die Körperkultur a la *Nippon* zu beschließen: als Läufer, selbst als Freizeit-Jogger, wird man immer wieder, ganz gleich wo, von Menschen aller Altersgruppen freundlich angespornt. Jedoch nicht etwa wie in Deutschland mit einem oft höhnischen: »Schneller, schneller!«, sondern mit einem »*Gambatte kudasai*!«. Frei übersetzt bedeutet das: »Kämpfe, überwinde dich selbst, bitte!«

Man beachte unbedingt das »bitte«. Nicht einmal hier lässt der echte Japaner die unumgängliche Höflichkeitsform aus.

Über 8 Millionen Götter und ihre 110 Millionen Besucher

Mona Lisa, das berühmteste Gemälde von Leonardo da Vinci, wurde unter Sicherheitsvorkehrungen aus Paris herangeschafft, die den gewiss nicht geringen Aufwand beim Besuch des amerikanischen Präsidenten zu einer belanglosen Routinelappalie degradierte.

Sie lächelte geheimnisvoll und die Japaner kamen in Völkerwanderungsscharen.

Die nackte Maya von Goya lockte dagegen mit antiken, staatlich anerkannten und weniger geheimnisvollen Blößen.

Und die Japaner kamen nicht minder.

(Übrigens wäre die unsterbliche Nackte nicht anerkannt von der japanischen Zensur unzweifelhaft als Pornografie verdammt worden, aber ihr Alter macht wohl über jeden Verdacht erhaben.)

Japaner kommen überhaupt immer, wenn irgendwo etwas los ist. Ganz gleich, ob zu Weltberühmtheitskunstausstellungen, sonntäglichen Nationaldenkmälerbesuchen, bei denen – über die Generationen hinweg - Großmutter, Mutter und Kind gemeinsam hurtig durch die vorgeschriebenen Sehenswürdigkeiten tippeln, zu Volksläufen wie in *Ome* bei *Tokyo*, wo sich ein Lindwurm von 11.000 Teilnehmern durch nicht gerade breite Straßen wälzte, oder zu Expos auf heimischem Boden.

Und der Besuch der berühmten Mona Lisa kann dabei als bezeichnend für derartige Ereignisse angesehen werden, denn immerhin waren dem Kunstbeflissenen beachtliche zwanzig Sekunden Zeit vergönnt, gebannt vor dem mysteriösen Antlitz der schönen Frau zu verharren. Fraglich ist allerdings, ob es in dieser kurzen Spanne überhaupt ausfindig zu machen war, da sinnigerweise der Schutz der Kostbarkeit durch eine stark reflektierende Glasscheibe gewährleistet werden sollte. Zeit, sich auf dieses Problem einzustellen, blieb wenig, denn der Besucher wurde unvermittelt von der pausenlos nachdrängenden, denselben Kunstgenuss suchenden Menge auch schon wieder zum Ausgang geschoben, vom dem es *gegen* den Strom kein Zurück mehr gab.

Nur sehr ellenbogenstarke Zeitgenossen sollen diese Erbauung auf eine unkollektive, selbstsüchtige halbe Minute ungebührlich ausgedehnt haben. Mit schwächerer Sehkraft Behaftete dagegen mussten sich bis zu viermal gegen erhebliches Eintrittsgeld und tagesfüllenden Zeiteinsatz erneut in die Umlaufbahn am Ende einer kilometerlangen Schlange vor dem Museum stürzen, die vom Morgen bis zum Abend nie kürzer wurde. Erst dann gelang es ihnen, die doppelte Reflektion von Brillengläsern und Bildglas durch richtige Kopfhaltung auszugleichen und die berühmteste italienische Französin im Original zu erleben.

Wer dieses Ereignis verpasste, der konnte sich in einschlägigen Kaufhäusern trösten. Eine Schwemme von Reproduktionen der geheimnisvollen Dame aller Größen- und Preisordnungen lockten zum Kauf. Das war bei der nackten Maya genauso wenig anders wie bei einer dritten legendären europäischen Dame im Bunde: Der Venus von Milo. Letztere Skulptur revolutionierte sogar das Schönheitsempfinden mandeläugiger, stupsnasiger Japanerinnen so nachhaltig, dass sich Nasen- und Augenveränderungsoperateuren eine wahre Goldgrube eröffnete.

Um erwartungsvolle Menschen anzulocken, die sich ausnahmsweise nicht während der Anfahrt zum Arbeitsplatz drängen, sondern zum reinen Vergnügen herbei kommen, bedarf es nicht einmal hochkalibriger Kulturausleihen. Denn die Fülle einheimischer Tempel, Schlösser und Parks kombiniert mit Sonn- und Feiertagen schafft den gleichen Effekt spielend.

Wer unter Platzangst leidet, sollte an solchen Tagen die bekannteren von *Kyotos* 1.500 Tempeln und 200 Schreinen tunlichst meiden. Allen voran den häufig fotografierten *Kinkakuji* (Goldpavillon), welcher inmitten eines sehr schönen japanischen Gartens am Ufer eines kleinen Sees liegt. Auf engen, durch Seile von Grünflächen abgegrenzten Wegen wird man unaufhaltsam in Pfeilrichtung durch den offiziellen

Rundgang geschoben und steckt unrettbar in der Menschenmasse fest. An ein vorzeitiges Entweichen oder genussvolles Verweilen ist nicht zu denken.

Ängstlichen Gemüter treibt zudem die Erinnerung an das Jahr 1950 Angstschweiß auf die Stirn. Damals ließ ein neurotischer, durchdrehender Mönchseleve den einstigen Lebensabendsitz des dritten *Shogun Yoshimitsu Ashikaga* aus Hassliebe in ein prasselndes Flammenmeer aufgehen. Eine historische Katastrophe, der durch den Schriftsteller *Yukio Mishima* in seinem Roman »Der Tempelbrand« ein großartiges literarisches Denkmal gesetzt wurde.

Bei einem anderen sogenannten *Muss* für Touristen in *Kyoto* würde jeder Uneingeweihte, den ein Sonntagsbummel zufällig dorthin verschlagen hat, in der schmalen, sehr malerischen Gasse voller Töpferwarengeschäfte höchstwahrscheinlich vermuten, dass hier eine große Sportveranstaltung stattfindet. Solche unübersehbaren, unbeirrt, freudig erregt auf ein Ziel zusteuernden Menschenmassen, über deren Häuptern bunte Fähnlein geschwenkt werden, kennt er zu Hause nur bei wichtigen Fußballspielen.

Am Ende der Straße jedoch, wohin er sich neugierig hat mittreiben lassen, steht zu seiner nicht geringen Überraschung kein monumentales Stadion, sondern der *Kiyomizu* (Klares Wasser-Tempel) und die vermeintlichen Fanwimpel entpuppen sich als unentbehrliches Reiseleiterrequisit. In Japan gibt es keinen Vertreter dieser Berufssparte, der nicht nie erlahmenden Armes ein kleines buntes Fähnlein mit Reiseunternehmensnamen und Busnummer schwenkt, damit bloß keines der anvertrauten Schäflein des Leithammels verlustig geht.

Nichtkenner der Verhältnisse denken schon nach dieser einleitenden Aufzählung: Das reicht aus, mehr Bedürfnis nach Masse kann der Japaner gar nicht haben!

Wäre das tatsächlich wahr, dann hätte dieses Kapitel nicht geschrieben zu werden brauchen - da es aber doch geschrieben wurde, wird dem offensichtlich nicht so sein.

Bei weitem nicht alle Tempel und Schreine können zu den unbedingt abgehakt werden müssenden kulturellen Sehenswürdigkeiten gehören, obwohl sie genauso schön sind und zudem unmodernern anmutend danach Dürstenden das bieten, was sie in Japan eigentlich suchen: die Kultur der Harmonie und Stille.

Leider lebt es sich von der Stille allein sehr schlecht, denn kommen nicht genug Besucher, klimpert es auch nicht ausreichend in der hölzernen Spendenkiste und an einen einträglichen Verkauf von Tempelsouvenirs ist erst recht nicht zu denken. Dabei sind sowohl buddhistische als auch shintoistische Priester und Mönche, falls sie nicht Betteln gehen, notgedrungen äußerst geschäftstüchtig und funktionieren Tempelremisen ungerührt in Verkaufskioske um, was allerdings in Japan meist sehr geschmackvoll und durchaus nicht den Rahmen störend geschieht. Hierzulande fungiert nämlich nicht der Staat als Gerichtsvollzieher für unverschämt hohe Kirchensteuern. Im japanischen Gesetzwesen wurden religiöse Pflichtabgaben rigoros abgeschafft. Verkaufstätigkeit im Namen des Herrn wird deshalb von den Verantwortlichen notgedrungen sehr ernst genommen. Die buddhistische Förderation führte eine zeitlang sogar Steuerseminare für ihre Mitglieder durch, in denen Priestern und Mönchen erläutert wurde, was geht und was nicht möglich ist.

Der Verkauf von *Omamori* (wörtlich: schützen; eine Art Talisman-Amulett aus Stoff) und *Ema* (kleine hölzerne Weihtafel) ist beispielsweise steuerfrei, während der Fiskus bei Räucherwerk und Postkarten kräftig mit kassiert. Beim sonstigen geschäftlichen Nebenerwerb ist die staatliche Teilhaberschaft noch wesentlich drückender. Unter solch geschäftlichen Transaktionen steht das Vermieten von Appartementhäusern und Parkplätzen an erster Stelle.

Zudem trägt die inflationäre Fülle farbenfroher Feste dem Streben nach Einnahmen zur Tempelerhaltung vollends Rechnung. Eine sprudelnde Spendengeldquelle, die begünstigt wird durch das augenscheinliche Bedürfnis der Masse nach Masse und ihrer Traditionsverbundenheit. Der echte Japaner übernimmt sehr schnell Neues, ohne das Alte über Bord zu werfen.

An jedem Tag eines jeden Jahres finden irgendwo immer irgendwelche Feste statt, die ihren Ursprung in *Nippons* Mythologie, Geschichte oder Religion haben.

Seit Urzeiten lieben es die Japaner, lärmvolle oder besinnliche Feste zu feiern, von denen viele noch heute in der gleichen Form wie vor Jahrhunderten zelebriert werden. Deshalb ziehen nicht nur die wenig frequentierten Tempel farbenfrohe *Matsuri* (Feste) auf, sondern erst recht die bekannteren Götterstätten und zusätzlich noch ganze Stadtgemeinden. Fast alle Feste tragen deutlich sichtbar den Charakter dessen, was *Matsuri* ursprünglich einzig und allein beabsichtigten: die Götter zu unterhalten.

Das Verhältnis des Japaners zu seinen Festivitäten ist so unverkrampft und unbefangen, wie ein normaler Europäer es kaum haben könnte. Erfreut er sich doch einfach am lebensvollen Spektakel, ohne gleich jeden Vorgang bis ins letzte Detail zu analysieren und verstandesmäßig erfassen zu müssen. Häufig weiß der freudig erregte Durchschnittsbesucher eines Festes durchaus nicht, warum diese oder jene Handlung so und nicht anders vollzogen wird und was dieses oder jenes Requisit überhaupt bedeutet.

Trotzdem, oder vielleicht auch gerade deshalb, versteht er das Geschehen rein gefühlsmäßig als etwas seit langem Vorhandenes und Dazugehöriges. Sicherlich muss man entweder Asiat sein oder sich wenigstens mit dem *Zen*-Buddhismus beschäftigt haben, um einen solchen Standpunkt einnehmen zu können.

Um seinen Lesern bei einem Japan-Besuch Frustrationen zu ersparen, hat der Autor einige der typischsten Sitten, Gebräuche, Rituale und Requisiten zusammengestellt, denen man bei verschiedenartigsten *Matsuri* immer wieder begegnet. Ein Vorhaben, was bei der Fülle an Material nur ein bescheidener, subjektiver und unvollständiger Auszug sein kann. Noch mühevoller und schwieriger wäre der Vorstoß eines ganz Gründlichen, die vollständige Aufstellung existierender *Shinto*-Götter aufzuspüren und sich zwecks Wissenserweiterung auswendig einzuverleiben, weil bis jetzt noch niemand diese, ein Leben ausfüllende Sisyphusarbeit, in Angriff genommen haben dürfte. In diesem Zusammenhang gibt es tatsächlich den unglaublichen Begriff *Yao-Yoro-zu-no-Kami,* was ins Deutsche übertragen keinen weniger als *»8 Millionen Götter«* bedeutet!

Torii (Torbogen)

Shinto-Schreine sind der Schauplatz eines erheblichen Prozentsatzes aller *Matsuri*, weshalb gerade das *Torii* besonders augenfällig wird. Es ist im ganzen Land in solchem Überschuss vorhanden, dass man schon blind sein muss, um es zu übersehen.

Dieser einfache, offene Torbogen aus rauen Baumstämmen mit zwei Querbalken liegt vor dem Zugang eines jeden Schreines. Wörtlich heißt *Torii* eigentlich Vogelstange und genau daran erinnert seine Form auch. Angeblich soll das Wort aus dem indischen *Torana* abgeleitet worden sein, von dem ebenfalls die meisten europäischen Ausdrücke für das, was ins Innere führt bzw. den Eintritt dazu verwehrt, herstammen – wie beispielsweise *Tür* oder *door*.

Abgesehen von der möglichen Sprachverwandtschaft mit dem indischen Wort liegt der Ursprung japanischer *Torii* tief in mythologischer Historie.

Die höchstverehrte Sonnengöttin *Amaterasu*, Japans Kaiserfamilie führt den erlauchten Stammbaum in direkter Linie auf diese empfindsame Dame zurück, hatte einen äußerst flegelhaften Bruder, welcher auf den Namen Prinz *Susanoo* hörte.

Der ungeschliffene Patron trieb es mit der majestätischen Schwester gar zu toll. Aus purem Schabernack verwüstete er ihren gepflegten Garten, beschmutzte den neuesten Palast, warf eine Pferdehaut über den sonnengöttlichen Webstuhl und benahm sich auch sonst bei jeder Gelegenheit böse, aggressiv und ungebärdig.

Ernsthafte Japanforscher deuten die Bruder-Schwester-Konfrontation als gleichnishafte, vage Erinnerung an Kämpfe zwischen dem neuen Eroberstamm (*Amaterasu*), der fortan *Nippon* beherrschen sollte, und den älteren eingesessenen Volksgruppen, deren Stammgott besagter *Susanoo* war.

Schließlich, der ständigen Rüpeleien müde, reagierte *Amaterasu* für eine in derart exponierter Stellung agierende Göttin recht eigenwillig, indem sie einfach streikte. Unerreichbar verschanzte sich die hohe Dame in der himmlischen Höhle hinter dem himmlischen Tor, was die fatale Folge hatte, dass die ganze Welt in dauernde Nacht gehüllt wurde und böse Geister ungestört im Dunkeln munkeln konnten.

Derweil saßen alle 8 Millionen Götter mit sorgenumwölkten Stirnen auf dem *Yasukawara* (Feld des Friedens) und beratschlagten, wie das Dilemma zu beenden sei. Sie beschlossen, die Schmollende um jeden Preis wieder aus der Höhle herauszulocken. Den Anfang machte *Tokoyo Naganaki-dori* (der fortwährende Tageslichtlangsingvogel), wie der krähende Hahn damals genannt wurde. Er sollte vor dem Eingang der Höhle den Tagesbeginn ankündigen.

Das japanische *Torii* ist lediglich die Nachbildung des Torbogens, auf welchem der mythologische Hahn vor der Höhle thronte und sich vergeblich die Seele zur Kehle heraus krähte.

Nach diesem Fehlschlag zogen die Götter selbst mit Musik und Gesang eine regelrechte Show unter erheblichem Lärmaufwand ab, die in den Darbietungen von *Ama-no-Uzume*, der nicht mehr jungen Himmelstänzerin, gipfelte, welche auf einem umgestülpten Bottich, sich eines Kleidungsstückes nach dem anderen entledigend, einen noch nie gesehenen Tanz vollführte und damit wohl den ersten Striptease der Weltgeschichte kreierte. So umwerfend komisch erschien den 8 Millionen Göttern diese unerwartete Vorführung, dass sie sich vor Lachen die unsterblichen Bäuche hielten. Der Lärm und das hemmungslose Gelächter weckten die Neugierde der Eingeschlossenen. Eine klug berechnende Taktik, die auf eine der weiblichsten aller Tugenden zielte, denn schließlich war selbst die Sonnengöttin nur eine Frau

Schritt für Schritt pirschte sie sich von innen an den verschlossenen Höhleneingang heran und konnte am Ende nicht widerstehen, denselben einen Spalt breit zu öffnen, als draußen die Lachsalven zum Orkan wurden. Das reichte schon aus, um sie an der zweiten weiblichen Tugend endgültig kapitulieren zu lassen: der Eitelkeit.

Die listigen Götter hatten genau vor der Höhle einen großen Spiegel angebracht, in dem sich die zürnende Himmelskönigin jetzt urplötzlich in strahlender Schönheit widerspiegelte.

Während sie sich hingerissen betrachtete (wahrscheinlich hatte sie in der kargen Höhle solcher Wonnen entsagen müssen), nutzte *Tajikaro* (Prinz Mächtige Macht) die günstige Gelegenheit, um den Eingang endgültig aufzustoßen und die kaum noch Widerstrebende respektvoll herauszuziehen. Die Welt wurde wie zuvor von hellstem Sonnenschein beherrscht.

Der japanische Hahn ist nicht nur in dieser Urerzählung, sondern seit Menschengedenken gleich seinen Brüdern bei uns dafür bekannt, den Sonnenaufgang anzukündigen. Angeblich kräht er wie ein perfektes Uhrwerk dreimal am frühen Morgen. Deshalb symbolisieren drei *Torii* vor einem *Shinto*-Schrein sein dreifaches Krähen.

Genauso wie der Hahn das Ende der Nacht und das Kommen des Tages ankündigt, sollen auch die drei *Torii* das Herz des frommen Gläubigen für ein geläutertes Erscheinen vor den Göttern vorbereiten.

Jedes Durchschreiten eines *Torii* beseitigt die Dunkelheit in seinem Herzen, so wie die Dunkelheit in der Morgendämmerung verschwindet.

Kashiwade (In die Hände Klatschen vor dem Gebet)

Nicht nur bei *Shinto*-Festen, sondern überhaupt bei jedem Besuch eines Schreines klatscht der Japaner ursprünglich dreimal – heute im Zeitalter nicht mehr vorhandener Zeit nur noch zweimal – laut in die Hände, bevor er seinen Kopf ehrfurchtsvoll vornüber beugt und zu dem zuständigen Gott betet. Dieses in die Hände klatschen nennt man auf Japanisch *Kashiwade*, was ungefähr »Klatschen mit sauberen Handflächen« bedeutet, aber ebenfalls phonetisch an das Nachahmen des Flügelschlages von einem jungen Hahn (*Kashiwa)* erinnert, wenn er kräht oder die Zeit ankündigt.

Allerdings bewahrt diese ehrenvolle, legendäre Rolle heute leben müssende Hähne ebenso wie ihre Eier legenden weiblichen Artgenossen nicht davor, ihr sehr kurzes Erdendasein in einer Art Gefängnis verbringen zu müssen. Zusammengepfercht in engen Drahtkäfigen, einer hinter dem anderen und ohne die geringste Bewegungsmöglichkeit. Trotzdem künden sie in schönster Pflichterfüllung nach wie vor unverdrossen das Nahen des Tages an.

Shio (Salz)

Salz ist überall eine ungemein nützliche Substanz, die man in unseren Breiten praktisch zweckgebunden zum Würzen nahezu aller Speisen benutzt. Seine unersetzliche Bedeutung geht den meisten Menschen erst auf, wenn es zufällig einmal ausgeht und plötzlich das saftigste Steak nicht mehr munden will. In Japan spielt es in erster Linie eine Rolle bei religiösen Reinigungsritualen, denn speziell in ländlichen Gemeinden ersetzt zu Tisch auch heute noch das Fläschchen mit Sojasoße meist den Salzstreuer.

Der Ursprung dieser rituellen Verwendungsform geht bis auf die mythische Schöpfungsgeschichte der japanischen Inseln zurück, wie umständlich anschaulich im *Nihongi* bzw. *Kojiki* (älteste japanische Chroniken 712 bzw. 720) geschildert.

Einstmals soll das Urgötterpaar *Izanagi* und *Izanami* auf der *Amano-Hashidate* (Himmelsbrücke) gestanden und spielerisch kreativ mit einem juwelenbesetzten Speer in schlammiger Flut gerührt haben. Von dem riesigen phallusförmigen Speer tropfender Schlamm formte wie von selbst eine Insel, die erste *Nippons* überhaupt, vermutlich das heutige *Awaji* in der Inlandsee. So einladend erschien das unberührte Eiland dem Götterpaar, dass es sich flugs auf ihm niederließ, es damit zum Grundpfeiler des künftigen japanischen Inselreiches erkürend.

Ganz geheuer muss den beiden Göttlichkeiten die Sache, die sie da angerührt hatten, aber selbst nicht gewesen sein, so dass sie vorsorglich zuerst einmal erkundend die Insel umschritten. Der Mann links und die Frau rechts herum. Als sie ohne beunruhigende Entdeckungen wieder an einem Punkt zusammentrafen, konnte *Izanami*, typisch weiblich, den Mund nicht halten und brach in einen Entzückungsschrei aus: »Oh wie ergötzlich, ich habe einen schönen Jüngling getroffen!«

Obwohl die Welt aus japanischer Sicht noch gar nicht geschaffen worden war, hatte die vorlaute Göttin nichtsdestotrotz bereits ein unverzeihliches Sakrileg begangen, weil Männer-Chauvinismus sowohl überirdischen als auch irdischen Wesen schon bei der Urzeugung eingeflößt worden sein muss. Prompt maulte der so überschwänglich Begrüßte: »Wie kann eine Frau zuerst sprechen?! Das ist ein unmöglicher Anfang, denn dieses Privileg gebührt allein dem Mann!«

Um die gewollte (von wem eigentlich?) Ordnung der Dinge nicht gleich von Beginn an auf den Kopf zu stellen, schritten beide Göttlichkeiten die Insel nochmals ab und trafen unvermeidlich erneut aufeinander, aber dieses Mal ergriff geziemend *Izanagi* als Erster das Wort mit dem umwerfend originellen Ausruf: »Oh wie ergötzlich, ich habe ein schönes Mädchen getroffen!«

Schon damals sind der sogenannten Krone der Schöpfung eben nur Plagiate eingefallen.

Nach eingehender Inspektion der geschlechtlich bedingten, so ungeheuer wichtigen kleinen körperlichen Unterschiede, war danach der Weg frei für eine wahre Zeugungsorgie. *Izanagi* und *Izanami* begannen unermüdlich wie am Fließband Inseln und Götter zu produzieren. Bei diesem Geschlechtsverkehr der besonderen Art vermischten sie munter rituelle Waschungen als Ausdruck der Fruchtbarkeit mit unterbewusst schon vorhandenem Wissen über den genussvollen menschlichen Paarungsvorgang.

Leider übernahm sich am Ende die rührige Göttin mit der schweren Geburt des Feuergottes, an dem sie sich tödlich verbrannte.

Izanagi, der mittlerweile Geschmack an dieser Art des Zeugens gefunden hatte, wollte zunächst, ähnlich wie der Sänger Orpheus in der griechischen Sage, nicht auf die Gattin verzichten und folgte ihr unerschrocken in die *Yomi* (Unterwelt), um sie von dort ebenfalls wieder loszueisen. Gleich seinem griechischen Schicksalsgefährten scheiterte er auch daran, vergrub sich aber deswegen nicht in unsterbliche Trübsal, sondern erkannte schockiert die Unreinheit der Welt des Todes und entfloh ihr schaudernd, von seiner darob erzürnten Gattin trotz verschiedener Tricks nicht aufzuhalten.

Fürderhin verkörperte, in einer von männlichem Machtstreben beherrschten Welt, *Izanagi* das Prinzip des chinesischen *Yang* und *Izanami* das des *Yin.* Anders ausgedrückt: die männliche Gottheit stand für Licht, Leben und Reinheit, die weibliche dagegen für Dunkel, Tod und Unreinheit.

Alle Reinigungsrituale des Shintoismus basieren auf dieser Erkenntnis. Das Ur-Reinigungsritual vollzog der glücklich weiblicher Verschmutzung Entkommende mit Salzwasser an sich selbst, solchermaßen die purifizierende Rolle des *Shio* begründend.

Aus *Shinto*-Reinigungsritualen hat sich Volksbrauchtum abgeleitet und erhalten. Salz wird allgemein benutzt, um Pech abzuwenden. Vor Restaurants, Geishahäusern und sonstigen traditionellen Hausschwellen werden kleine Salzhäufchen aufgeschüttet, damit nichts Böses die Schwelle überschreiten kann, willkommene Gäste aber magisch angelockt herbeiströmen. Stößt man beim Betreten eines Restaurants zufällig ein solches Salzhäufchen in Richtung des Hauses um, dann bedeutet das ein glückliches Omen.

Ein weiteres Beispiel: Fleischzubereitung gilt in vielen Häusern immer noch als unsauber, deshalb wird der schmollende Feuergott versöhnt, indem man Salz über die Flammen streut.

»Salz, Salz, oh Weib!« schreit auch heutzutage noch der traditionsbewusste Ehemann, wenn er von einer Beerdigung nach Hause kommt, worauf sich die emsige Hausfrau schleunigst bemüht, sein Begehren zu erfüllen und sorgfältig Salz über den Gebieter streut. Dadurch ist er von der Berührung mit Tod und Unreinheit gesäubert, ehe er seine Wohnung betritt.

Das allgemeine Vertrauen in die Fähigkeiten von Salz ist unbegrenzt, weil es sich in der Rolle als Purifizier jahrhundertlang bewährt hat. Manch geplagter Gastgeber soll sogar Salz hinter besonders unangenehmem Besuch auf den Boden werfen, wenn der Störenfried seines häuslichen Friedens sich endlich zur Türe hinaus begibt.

Weniger Aberglaube war einst im alten China im Spiel, sondern eher gesunde weibliche List. Damals nannte ein Herrscher namens *Wu* nicht weniger als dreitausend Ehefrauen stolz sein eigen. Ein Überangebot lockenden weiblichen Fleisches, das auch der Potenteste unter den Potenten nur schwerlich zu bewältigen vermag. Deshalb liegt der Verdacht sehr nahe, dass viele der auf höchster Ebene verheirateten Schönen den majestätischen Göttergatten nie von Angesicht zu Angesicht erlebt haben. Über lustvolle Intimitäten, die normalerweise das Zusammenleben von Weib und Mann erst richtig würzen, gar nicht zu reden. Für kühler Veranlagte vielleicht nicht einmal unangenehm, muss dies für normal empfindende Frauen die wahre Hölle gewesen sein, umso mehr, weil Fremdgehen in so distinguierter Position bei Entdeckung den grausamsten Tod bedeutet hätte.

Eines Tages geschah es, dass der höchste aller Herrscher höchstselbst durch die Stadt paradierte, um sich von seinen Untertanen gebührend bejubeln zu lassen. Der einen Lesart nach hoch zu Ross, der anderen, exotischeren Version nach auf einem von auserlesenen Schafen gezogenen Prunkgefährt. Wie dem auch gewesen sein mag: während er sich gerade huldvoll in der allgemeinen Bewunderung sonnte, stoppten plötzlich die Schafe (oder auch das Pferd) magisch angezogen ausgerechnet vor dem Haus einer seiner dreitausend Angetrauten.

Die listenreiche Evastochter muss die Verhaltensweise von Tieren gründlich studiert haben, weshalb sie, geschickt kalkulierend, Salzhäufchen rings um ihre Behausung gestreut hatte. Mit biologischer Logik kam es, wie es kommen musste. Pferd bzw. Schafe leckten genussvoll verweilend Salz, was völlig ausreichte, damit die Augen des Herrschers notgedrungen auf die wie unabsichtlich mit niedergeschlagenen Augen im Türrahmen postierte unbekannte Ehefrau fielen. Was er erblickte, missfiel ihm durchaus nicht, weil sich weibliche Anmut mit Bescheidenheit und Intelligenz paarte. Ein fragender Blick auf den zuständigen Höfling zu seiner rechten folgte, welcher dezent flüsterte: »Majestät, das ist Nummer 777!«

155

Da außerdem noch die richtige Tageszeit und einer der turnus-mäßigen Wochentage dafür waren, verschwand er schnell hinter der Tür in weitgeöffnete Arme der innerlich Triumphierenden. 2999 enttäuschte Rivalinnen, die wieder einmal leer ausgegangen waren, zähneknirschend zurücklassend.

In einigen Schreinen steht der Salzkult im Mittelpunkt des Geschehens. Die Jünger des Salz schmeckenden *Jizo* bringen im *Kannon*-Tempel von *Tokyo* dem Gott ein Tellerchen Salz als Opfergabe, um sich von allen Sünden zu reinigen.

Eine heilige Statue im *Daiso in* von *Tokyo-Shinjuku* wurde von Gläubigen über und über mit Salz bedeckt, so dass vom ursprünglichen Material nichts mehr zu erkennen ist.

Schließlich wurde auch dem Mann ein Schrein geweiht, der den Japanern *Shio* zugängig gemacht haben soll: *Shiotsutchi-no-Okina.* Dieser legendäre Prinz gewann Salz durch Kochen von Seewasser. Sinnigerweise heißt der seiner Seele geweihte Schrein in der *Miyagi*-Präfektur *Shio Gama,* was wörtlich übersetzt »Salzkessel« bedeutet. Als besonderer Schatz ist hier der Kessel zu bewundern, in welchem er einstmals den Japanern lehrte, Salz zu gewinnen.

Ema (Bildpferd)

1912 starb Kaiser *Meiji*, der Mann, mit dessen Namen Japans Wandel zu einem modernen Staat untrennbar verknüpft ist. Einem seiner fähigsten Generäle fiel angesichts dieses traurigen Anlasses nichts Gescheiteres ein, als ausgerechnet auf den klassischen Treuebeweis jenes *Nippon* zurückzugreifen, das man im Begriff war zu überwinden. Er beging exakt in dem Moment *Harakiri* (zeremonieller Selbstmord) als Salutschüsse dumpf den Auszug des kaiserlichen Gefolges aus dem Palast in *Marunouchi* ankündigten.

Damit war er allerdings in guter Gesellschaft, denn die japanische Geschichte ist voll von rührseligen, bluttriefenden Geschichten freiwilliger oder ein wenig nachgeholfener Selbstentleibungen überdevoter Vasallen. Dabei war höchstoffiziell diese (Un-)Sitte, zumindest im Zusammenhang mit Tod und Beisetzung des verehrten Herrschers, bereits im Jahre 2 vor Christi durch *Suinin,* dem *Tenno* Nr. 11, verboten worden. Womit sich die demagogische Frage aufdrängt, ob denn am Ende gar all die beeindruckenden, auf die Tränendrüse drückenden *Harakiri*-Stories nur der krausen Phantasie irgendwelcher Schreiberlinge entsprungen sein sollten?

Wahrscheinlich dürfte die Wahrheit irgendwo in und während der Samuraizeit mit ihren verklemmten Ehrbegriffen weit über der Mitte gelegen haben.

Fest steht jedoch, dass *Tenno Suinin*, offensichtlich ein konsequenter Charakter, auch beim Tod seiner geschätzten Gattin, Kaiserin *Hihasu,* keinerlei noch so gut gemeinte Selbstopferungen mehr zuließ, sondern dass stattdessen *Haniwa* (Tonfiguren), Menschen oder Pferde darstellend, mit den sterblichen Überresten der Verschiedenen ins Grab gelegt wurden. Ein kühner Entschluss, der ihm aber etwas leichter gefallen sein muss, da die japanischen Inseln damals bei weitem noch nicht so überbevölkert waren wie heute!

Trotzdem war diese Ersatzlösung für seine Zeit noch allzu kühn, sodass den reformfreudigen Kaiser ernsthafte Zweifel zu plagen begannen: ›Sind schlichte, irdene Puppen nicht doch ein bisschen zu schäbig? Am Ende werden die hochverehrten Götter noch sauer auf uns!‹

Deshalb dauerte es gar nicht lange, bis sich diese Sitte in eine pompöse, aber vor allen Dingen kostspielige Angelegenheit verwandelte.

Schon im 2. Jahrhundert nach Christi stiftete man bei solch traurigen Anlässen dem Gott des jeweiligen Schreines ein lebendiges, ausgewachsenes Pferd, in der pragmatischen Annahme, es würde ihm bestimmt unsterbliches Vergnügen bereiten, darauf zu reiten. Diese geweihten Tiere wurden *Shimme* (Gottespferd) genannt.

In *Ise* und *Nikko*, den Nationalheiligtümern des Landes, werden sogar heute noch einige Exemplare gehalten, obwohl, den Zeitumständen entsprechend, die anpassungsfähigen Götter wahrscheinlich an einem schicken *Toyota* oder *Nissan* entschieden mehr Spaß haben würden.

Nicht alle Schreinkomplexe waren und sind aber unbegrenzt groß, was bald eine neue problematische Frage aufwarf: ›Wohin mit all den Shimme, wenn nicht schlachten?!‹

Geopfert wurden diese geweihten Pferde nämlich niemals, dafür war japanisches Denken wohl zu praktisch und schließlich sollten doch die Götter darauf durch irgendwelche Gefilde reiten. Als auch noch Gleichheitsfanatiker immer stärker auf der Bildfläche auftauchten und gegen eine solche *Bestechung* der Götter giftig zu wettern begannen, schlug die Geburtsstunde des *Ema* (Bildpferd).

Anstelle der teuren, platzraubenden Vierbeiner stiftete man künftig kleine Holzvotivtäfelchen mit Pferdezeichnungen zum Aufstellen bzw. Aufhängen in den Tempeln. Sie sollten auf abstrakte Weise dem angesprochenen Gott das gleiche Vergnügen wie die lebendigen Vorgänger aus Fleisch und Blut gewährleisten. Ein harmloser, billiger Spaß, den sich bis auf den heutigen Tag selbst der Arme nicht zu verkneifen braucht, weshalb die *Ema*-Halle fester Bestandteil eines richtigen *Shinto*-Schreines ist.

Ema sind im heutigen Japan sehr beliebt und haben längst den einstigen Rahmen gesprengt. Im Grunde genommen werden sie für jegliches Anliegen ins Feld geführt. Zur Systematisierung hier eine Aufstellung der wichtigsten Motive, da das Bildpferd, wie die Votivtafeln wörtlich heißen (die endgültige Form kristallisierte sich erst über den Umweg von irdenen Pferdestandbildern heraus), manchmal überhaupt nichts mehr mit Pferden zu tun hat:

1) Pferdeabbildungen, wie gehabt, damit der Gott auf ihnen reiten kann.

2) Abbildungen des angerufenen Gottes, denn wen beglückt nicht ein gelungenes Konterfei von sich selbst mehr als alles andere? Noch dazu in Japan, wo das Entzücken an Familienfotos eine Nationalleidenschaft unvorstellbarer Dimensionen ist.

3) Pferdedarstellungen mit einem Gebet versehen. Sie sollen am Eingang des Schreines Wache halten.

4) Ein allgemein bekannter Bote des Gottes, z.B. die Taube für *Hachiman* oder Fuchs für *Inari.*

5) Eine Sache, welche der Gott sehr mag, wobei der Spielraum ungewöhnlich breit ist und vom Schwert für *Fudo* bis zum Rettich für *Daikoku* reicht.

6) Jahrestierzeichen des Gläubigen selbst, wie Ratte, Tiger, Affe oder Schwein.

7) Die bildliche Verzichtserklärung auf etwas, was man besonders schätzt, um den Gott durch das freiwillige Opfer für sich einzunehmen. Vielleicht eine Tasse Tee oder eine Flasche *Sake.*

8) Die bildliche Interpretation dessen, was erwünscht wird. Beispielsweise für einen Ringer der Wunsch nach körperlicher Stärke.

9) Körperteile, die wunderbarerweise von schweren Krankheiten kuriert wurden.

10) Symbole der Rettung oder glücklichen Heimkehr, wie eine Waffe für das Überleben im Krieg oder ein Schiff als Zeichen glücklicher Heimkehr aus dem nicht minder gefährlichen Ausland in die weitgeöffneten Arme der Familie.

Vielen Menschen ist diese umfangreiche Bildsymbolik jedoch immer noch nicht ausreichend genug. Kann man denn wirklich sicher sein, dass der Gott den dezenten Wink durch das Bild tatsächlich versteht?

Um ganz sicher zu gehen, benutzen solche Skeptiker die leere Rückseite des Holztäfelchens zur genauen schriftlichen Fixierung ihrer Wünsche mit Pinsel und schwarzer Tusche. Besonders Schüler und Verliebte fallen in diese Kategorie. Vermutlich wimmelt es deshalb auf den *Ema*-Täfelchen von beschwörenden Stoßseufzern über zu bestehende Examen, Erbittung eines Sieges im Schulsportfest oder Forderungen um Erhörung durch die sich allzu hartnäckig verweigernde Geliebte.

Gerade in solchen *Ema*-Hallen hat es der Autor stets besonders bedauert, sich nicht im verschlungenen Wirrwarr der drei verschiedenen japanischen Schriftzeichen auszukennen, denn die angeborene Neugierde eines Schreiberlings treibt ihn förmlich dazu, indiskret den mehr oder minder kuriosen Inhalt dieser Täfelchen entziffern zu wollen. Der Mangel ist umso schmerzlicher, weil sich japanische Freunde, obwohl im genüsslichen Studieren der verborgenen, aber öffentlich ausgehängten Sehnsüchte anderer Personen ebenfalls nicht sehr zurückhaltend, bei der Bitte um Übersetzung meist in belustigtes Kichern flüchten.

Dabei war der einzige Fall, wo sich ein derartig von mir Bedrängter zur Übersetzung erweichen ließ, allzu vielversprechend. Eine japanische Schöne hatte nämlich ohne Umschweife geschrieben: ›*Fräulein* Sato *aus* Chiba *will unbedingt Herrn* Tanaka, *den Angestellten der Firma* Sony *aus* Yokohama *heiraten und zwar den, der im großen Hauptbüro des dritten Stockes gleich neben dem Chefzimmer sitzt!*‹

Trotzdem sollte nicht vergessen werden, dass *Ema* Gaben für den Gott sind, was von jedem Votivtäfelchenmaler fordert, sein Bestes zu geben. Weit über den Gebrauchsrahmen hinaus, hat sich zudem eine *Ema*-Kunst entwickelt und einige der Pferdeabbildungen sind sogar berühmt geworden.

Leider wurde das Bekannteste aller *Ema* ein Opfer der Bomben im Krieg. Es stand im *Kannon*-Schrein zu *Asakusa* und war ein Werk des Meistervertreters der sogenannten *Kano*-Schule. Schenkt man alten Überlieferungen Glauben, muss diesem Maler ein unglaubliches Stück Superrealismus gelungen sein. Zu dieser Zeit beschwerten sich andauernd Bauern aus der Nachbarschaft über ein Pferd, welches Nacht für Nacht durch ihre Felder randalierte und ziemlich üblen Schaden anrichtete. Bei sorgfältiger Investigation nach einem Übeltäter untersuchte man auch diese große *Ema*-Bildnistafel genauer und entdeckte darauf am Maul des Pferdes Reste von Grünfutter und Schlamm an seinen Hufen.

Nach dieser Entdeckung gab es kaum noch Zweifel, wer der nächtliche Übeltäter gewesen war. Da ein der mächtigen Göttin *Kannon* geweihtes großartiges Kunstwerk nicht wegen ein paar zertretener Felder banausenhaft vernichtet werden konnte, rief man den erfolgreichsten Bildhauer seiner Zeit, *Hidari Jingoro,* um Hilfe an. Er enttäuschte in keiner Weise und verpasste den nächtlichen Störenfried ebenso perfekt realistisch gemalte Zügel.

Seitdem soll es keine Klagen mehr gegeben haben.

In großen Mengen an den Kunden gebracht, haben *Ema* ein nicht unbedeutendes finanzielles Gewicht, weshalb sich auch die Priesterschaft am Geldsegen beteiligen wollte. Man taufte *Ema* in *Ofuda* um, produzierte diese bemalten oder mit Schriftzeichen versehenen Holztäfelchen im Schrein und verkauft sie dort an Gläubige, welche dieselben zu Hause auf dem *Kamidana* (Hausaltar) aufstellen.

Mikoshi (Tragbarer Schrein) *und*
Sanshu no Shinki (Spiegel, Schwert, Juwelen)

Bei vielen Festen nicht wegzudenken ist der *Mikoshi,* ein tragbarer Schrein von unterschiedlicher Größe und Aufmachung. Reichere *Jinja* (Schrein = shintoistische Kultanlage, im Gegensatz zu *Tera, Ji* oder *In* = buddhistische Tempelanlage, im allgemeinen Sprachgebrauch als Tempel übersetzt) haben eine stattliche Kollektion davon, die bei Umzügen durch menschengesäumte Straßen von und zum Schreingelände getragen werden. An den Ecken hervorragende Stangen geben vier bis zu manchmal nicht mehr zu zählenden Personen die Möglichkeit, sich den Prunkkasten, in dem während der Prozession der verehrte Gott wohnt, auf die Schultern zu laden. Meist werden *Mikoshi* von starken, jüngeren Männern getragen, deren Ehrgeiz es ist, den Gott in der Kiste so kräftig wie möglich durchzuschütteln.

Gerade das scheint japanischen Gottheiten besonderes Vergnügen zu bereiten und es demonstriert anschaulich, welchen derb-freundlichen Umgang der Japaner mit seinen 8 Millionen Göttern pflegt, denn auch die das Durchschütteln begleitenden, gellenden »*Wasshoi-Washoi*«-Rufe ähneln mehr einem anfeuernden Hauruck als einer religiösen Huldigung.

Wenigstens sitzt der schüttelfreudige Gott nicht leiblich in der Kiste, sondern ist ebenso wie in dem großen feststehenden *Jinja* durch einen symbolischen Gegenstand dargestellt. Dieses dingliche Objekt soll in abstrakter Form eine Dauerpräsenz des Gottes manifestieren und wird deshalb *Goshintai* (erlauchter Gottesleib genannt). Dies ist nicht mit einer Reliquie oder einem kultischen Fetisch zu verwechseln, da nicht der Gegenstand als solcher heilig ist, dafür aber das göttliche Wesen, dessen Anwesenheit er versinnbildlicht. Es ist also der eigentliche Platz, worin der Gott sich niederlässt.

Unter solchen symbolischen Gegenständen nimmt der Spiegel eine Sonderstellung ein. Er ist *das* Symbol des Shintoismus und gilt nicht nur als Sinnbild für Reinheit und göttlichen Glanz, sondern ebenso für die Sonnengöttin *Amaterasu* als Stammmutter der kaiserlichen Familie.

Sanshu no Shinki nennt man Spiegel, Schwert und gekrümmte Juwelen, welche diese eigenwillige Dame ihrem Enkel *Ningi* als Identifizierungsmerkmale seines großmütterlichen Auftrages mit auf den Weg gab, bevor er sich vom himmlischen Gefilde herab auf *Nippons* Erde schwang.

Sie erinnerte dabei nicht mehr im Geringsten an das ängstliche, trotzige Mädchen, welches sich vor dem ungebärdigen Bruder in die Felshöhle flüchtete. Ihr kerniger Befehl verriet in jeder Silbe majestätische, prophetische Autorität der Stammmutter jener einzigen Kaiserdynastie auf der ganzen Welt, die (zumindest statistisch-theoretisch) niemals vom japanischen Thron verdrängt wurde: »Das Land des üppigen Schilfgefildes und der gedeihenden Reisähren soll von unseren Nachkommen beherrscht werden. Geh und regiere es, mein Enkelsohn! Unser Geschlecht wird wie Himmel und Erde dauern und ewig sein.«

Der schwierige Auftrag wurde nicht ohne großmütterlichen Trost erteilt. Den achteckigen Spiegel emporhebend, keinen anderen als den, der sie einst aus der Felshöhle lockte, fügte *Amaterasu* hinzu: »So oft du in den Spiegel schaust, soll es sein, als ob du mich darin erblickst.«

Ein wahrlich himmlisches Vergnügen, was sehr, sehr lange keinem sterblichen Auge mehr vergönnt gewesen ist. Nämlich genau seitdem eine der Welt entsagende Tochter des *Tenno Suinin* das zunächst im Kaiserpalast aufbewahrte Kleinod aus religiös ethischen Gründen, wie die einen respektvoll interpretieren, oder aus machtpolitischen Erwägungen, wie andere hämisch meinen, im Nationalheiligtum *Ise* in einen Schrein verschließen ließ. Wann das ungefähr gewesen sein mag, ist eine Sache für sich, denn mit logischen Zeitabläufen nahmen es die Japaner in den Anfängen ihrer Geschichte nie sehr genau. Liest man verschiedene Sachbücher, so ist von der Geburt Christi bis zum 6. Jahrhundert alles drin.

Viel interessanter ist ohnehin das einmalige *Wie* der Verpackung. Der achteckige *Yatano*-Bronzespiegel ist von einer Brokathülle umgeben, die niemals wieder entfernt werden darf. Erst wenn sie zu unscheinbar geworden ist, wird eine andere darüber gebreitet. Das Ganze liegt auf einem Holzständer, der wiederum von einem Gold geschmückten Edelholzkasten umgeben ist, der seinerseits von kostbarer Seide verhüllt wird. Sehr hochgestellte Persönlichkeiten bekommen bei sehr besonderen Anlässen einzig und allein die äußere Seide zu Gesicht. Das gewöhnliche Volk darf nur das äußere Südtor passieren, wo von Zeit zu Zeit ein sanft im Wind wehender Vorhang wenigstens den Blick auf die schlicht-harmonischen Holzbauwerke der Innenhöfe freigibt. Jedoch nicht einmal dieser einfache Vorhang darf fotografiert werden.

Ähnlich feierlich wird auch das *Murakumo*-Schwert im *Atsua*-Heiligtum bei *Nagoya* aufbewahrt und nur die gekrümmten Juwelen sollen sich noch im *Marunouchi*-Palast befinden.

Diese drei inoffiziellen göttlichen Reichskleinodien, an deren Anblick sich niemand mit profanen Blicken erfreuen darf, müssten für sattsam bekannte, fanatische Antiquitätenjäger, die dem Teufel ihre Seele verschreiben, mindestens soviel Wert haben wie die legendäre Arche Noah - fände man sie endlich in einer Gletscherspalte des Berges Ararat!

Solche Gedanken allerdings sind so frevelhaft, dass man sie besser nicht laut äußern sollte. Wenn es um das Kaiserhaus und die *Sanshu no Shinki* geht, hört für traditionsbewusste Japaner der Spaß auf!

Shichifukujin (7 Glücksgötter)

Auch heutzutage unwahrscheinlich populär und in zahllosen Festen zelebriert, sind die *Shichifukujin,* deren lustig anzusehende Figuren in keinem anständigen Souvenirgeschäft fehlen. Obwohl sehr verschiedenartigen Ursprungs, scheinen diese fröhlichen, sehr erdverbundenen Gottheiten die Sprache des Volkes am besten zu verstehen, weshalb sie als Art Nothelfer in allen Situationen des täglichen Lebens gelten.

Die seltsame Siebenergemeinschaft muss sich schon vor ungefähr siebenhundert Jahren in einer Zusammensetzung gefunden haben, wie sie nur in einem religiös sehr toleranten Land akzeptiert werden kann. Lässt sich ihre Herkunft doch bunt gemischt auf shintoistische, buddhistische, taoistische und indische Ursprünge zurückführen. Ein Paradoxon, das viel verständlicher wird, wenn man berücksichtigt, dass der Buddhismus, der bekanntlich aus Indien kommt, über tausend Jahre lang eng mit dem einheimischen Shintoismus verknüpft war.

Die cleveren buddhistischen Bonzen hatten sehr schnell den typischsten Charakterzug des Japaners, alles Neue ziemlich unbesehen aufzunehmen ohne dabei allerdings Altes über Bord zu werfen, weise erkannt. Darum schufen sie eine elegante Lösung, beiden Seiten nicht weh zu tun, was offizielle folgendermaßen klang: mit Rücksicht auf delikate einheimische Traditionen dürfen sich buddhistische Gottheiten nicht in ihrem wahren Wesen (*Honchi*)*,* sondern nur in der Verkleidung als *Shinto*-Götter (*Sujaku)* offenbaren. Angeblich wurde sogar jeder *Kami* (im Shintoismus ein höheres Wesen) mit einer buddhistischen Gottheit identisch gesetzt, was allerdings, allzu wörtlich genommen, bei 8 Millionen Göttern eine schwerlich zu lösende Aufgabe gewesen sein müsste. Ganz zu schweigen von der Befürchtung, ob die Anzahl an existierenden buddhistischen Göttern dafür ausgereicht hätte.

Diese Glaubenskooperation funktionierte, abgesehen von einigen menschlich-politisch unvermeidlichen Unterbrechungen aus beiden Richtungen, meist so reibungslos, dass auch im Hier und Jetzt noch Spuren davon zu erkennen sind.

Wie oft schreitet ein analysierwütiger Tourist, verzweifelt im Reiseführer blätternd, nach dem Durchschreiten eines unverkennbar shintoistischen *Torii* in einer Andachtsstätte an lächelnden buddhistischen Götterfiguren vorbei und murmelt frustriert: »Ist das nun ein Schrein oder ein Tempel?«

Die Volkstümlichkeit der *Shichifukujin* (Sieben Glücksgötter) indes scheint durch nichts beeinträchtigt werden zu können. Unbeirrt präsentieren sie sich gemeinsam am Neujahrstag auf dem *Takara Bune* (Schatzschiff) und bringen den Menschen Glück und Reichtum. Speziell auf merkantilem Gebiet und im Vergnügungsgewerbe sind vier von ihnen äußerst populär.

Ohne Anspruch auf Vollständigkeit sollen jetzt ihre Funktionen kurz erläutert werden. Das schließt jedoch beileibe nicht aus, dass sie im Alltag noch in ganz anderen Situationen angerufen werde. Für fanatische Systematiker überscheiden sich dadurch die Kompetenzen hoffnungslos.

Hotei: An ihm müsste eigentlich der römische Diktator Julius Caesar große Freude gehabt haben, wenn man den bekannten Ausspruch als historisch echt einstuft: »Lasst dicke Männer um mich sein!«
Der lachende oder zumindest lächelnde Gott, den ein riesiger Bauch ziert, gilt als die Personifizierung von Zufriedenheit, Unbekümmertheit, Fröhlichkeit und echtem Behagen. Selbst freche *Karoko* (chinesische Kinder), die ständig Schabernack mit dem gutmütigen Gott treiben, stören seine gute Laune nicht im Geringsten. In einem großen Sack, welchen er immer bei sich trägt, sind viele gute Sachen für alle Menschen. Weniger volkstümlich ausgelegt ist sein riesiger Bauch das untrügliche Zeichen von Seelengröße und innerem Reichtum. Charakteristikum für eine Person, welche die wahre Weisheit des Buddhismus erlangt hat.

Gerade diese Seite seines Wesens passt sehr gut zum historischen Ursprung des kugelrunden Gottes. Er soll im China der *Tan*-Dynastie wirklich als bettelarmer Mönch mit dem Namen *Keishi* existiert haben, nur auf Almosen angewiesen und seinen spärlichen Besitz in einem Sack bei sich tragend. Übrigens heißt *Hotei* wörtlich übersetzt auch *Leinensack*. Der durch keinerlei Besitz Belastete starb angeblich im März 917 nach Christus.

Daikoku: Vielleicht der bedeutendste Glücksgott und ganz bestimmt der Vielseitigste, was schon die bloße Aufzählung einiger ihm zugeschriebenen Funktionen eindrucksvoll belegt: Gottheit des Reis, der Ernte und der Fruchtbarkeit, glücklicher Gott des Reichtums, heiliger Patron der Bauern und Verbreiter von Glück und guter Laune.

Die zwei Reisballen, auf denen er sitzt oder steht, sind der wichtigen Stellung von Reis angemessene Symbole für unerschöpflichen Reichtum, welcher zudem noch durch zwei Requisiten belegt wird, die sich jeder glühend wünschen würde, wenn lästige Rechnungen zu bezahlen sind. In der Hand hält er einen sagenhaften Glückshammer, vergleichbar mit Aladins Wunderlampe aus 1001 Nacht. Jeder Schlag damit verschafft begehrte Reichtümer, was schon der japanische Name *Uchide no Kozuchi* (Hammer, der alles durch Schlagen bringt) gut ausdrückt. Zusätzlich trägt *Daikoku* auf dem Rücken *den* Schatzsack der Welt.

Sein Symboltier, oder je nach Bedarf manchmal auch Bote, ist die Ratte, von der behauptet wird, dass sie immer nur dort hingeht, wo etwas zu holen sei. Der reiche Gott übersieht großzügig ihr ständiges Knabbern an einem der beiden Reisballen, weil das seinem unermesslichen Reichtum keinen Abbruch tut.

Vermutlich ist *Daikoku* während der *Heian*-Periode (794-1185) in *Nippon* bekannt geworden. Er dürfte vom Ursprung her eine Mischung aus dem indischen Gott *Mahakala* und einem legendären japanischen Prinzen namens *Okuninushi* sein.

Wie fast alles, was mit dem japanischen Antikommunikationsmitteln Sprache und Schrift zusammenhängt, führt dieser Tatbestand zu doppelsinnigen *Kanji*-Entschlüsselungen. Heißt das Schriftsymbol für *Okuni* doch auf Chinesisch ausgesprochen *Daikoku*.

Man kann als schriftliche Bezeichnung für diesen vielseitigen Gott auch ein ganz anderes *Kanji* verwenden, das die deutsche Übersetzung des indischen Gottesnamen *Mahakala,* »der große Schwarze«, wiedergibt.

Schwarz wurde *Mahakala* dabei nicht vor Ärger, sondern dadurch, dass sein Abbild in Indien vor dem rußenden Küchenfeuer aufgestellt wurde. Eine Gepflogenheit, die auch den *Daikoku* japanischer Prägung auf einem Regal über den Herd einst friedlich einschwärzte.

Wie bereits angedeutet, war der japanisch-shintoistische Anteil an der Abstammung des *Daikoku* die Gestalt des mythologischen Prinzen *Okuninushi,* welchem der berühmte Schrein in *Izumo* geweiht ist, was weitere Widersprüche nach sich zieht.

Man benutzt also zwei völlig verschiedene *Kanji* für ein und denselben Gott, der nichtsdestotrotz dem einen Schriftzeichen zufolge nicht in jedem Fall unbedingt identisch zu sein braucht, weil man im Heiligtum von *Izumo* nicht etwa *Daikoku,* sondern lediglich den edlen Prinzen *Okuninushi* anbetet. Eine Ehrung, die ihm als einen der zahllosen Ahnen des ewigen Kaiserhauses zukam.

Damit aber noch nicht genug an Wirrwarr. Auch die Kleidung der üblichen Darstellung eines *Daikoku* birgt mindestens zwei Ungereimtheiten in sich. Das von ihm getragene *Kariginu*-Kleid ist nicht die geringste Spur indisch. Noch weitaus schockierender ist eine Peinlichkeit, die jeden echten Inder vom nördlichsten Norden bis zum südlichsten Süden pikiert zusammenzucken lässt: *Daikoku* trägt tatsächlich einen richtigen, prallvollen Sack auf seinen göttlichen Schultern und lächelt sogar noch dabei!

In Indien macht so etwas nicht einmal der kleinste Angestellte, geschweige denn ein bedeutender Gott. Wofür gäbe es sonst vom Schicksal dazu bestimmte Lastenträger?

Im prähistorischen Japan dagegen, wo die Tabuisierungen anders verteilt waren, trug Prinz *Okuninushi* den leidigen Sack für seine Brüder bis in die Provinz *Inabi*, als er einst dorthin reiste.

Bliebe letztendlich nur noch die Würdigung der Ratte zu seinen Füßen, denn sie spielte im Leben des gutmütigen Prinzen eine bedeutungsvolle Rolle. Als er erschöpft im Gras schlief, möglicherweise vom Sacktragen geschafft, rettete sie sein Leben durch schrille Warntöne vor einem Verbrennungstod, da einer seiner undankbaren Brüder den ausgedörrten Rasen, auf dem er ruhte, arglistig angesteckt hatte.

So ist es auch nicht weiter verwunderlich, wenn das Fest von *Daikoku* immer am Tierkreiszeichentag der Ratte gefeiert wird.

Ebisu: Nicht minder beliebt als *Daikoku* und auf zahlreichen Festen noch intensiver gefeiert ist *Ebisu*. Ursprünglich galt er als Gott der Fischer und aller ehrlichen Arbeit. Was selbstredend die Frage provoziert, was ehrliche oder unehrliche Arbeit bedeutet?

Ein Problem, das weder von tiefschürfenden Analytikern, noch vom sogenannten gesunden Volksempfinden richtig in den Griff zu bekommen ist. Bei *Ebisu* wird dieses Dilemma besonders deutlich, weil der Gott heutzutage in erster Linie als Schutzpatron der Kaufleute verehrt und zum Jahresbeginn von ihnen mit Geldspenden regelrecht überschüttet wird. Bei aller Wertschätzung dieses im heutigen Kapitalismus besonders wichtigen Berufsstandes, trifft hier, je höher es in der Rangleiter nach oben geht, der vage Begriff *ehrlich* denn noch immer 100prozentig zu?

Fest steht, dass Geschäftsleute am *Ebisu-no* (20. Oktober) aufwendige Partys und Gesellschaften für wichtige Kunden zu geben pflegen. Wie getuschelt wird, da die an diesem einen Tag so fürstlich verwöhnten Gäste während es Restes der zwölf Monate tüchtig übers Ohr gehauen werden!

Der 5. Januar dagegen ist Großzahltag für *Ebisu*-Schreine im ganzen Land, besonders ausgeprägt in der Handelsmetropole *Osaka*. Gerade in Jahren, wo eine Wirtschaftsrezession befürchtet werden muss, erreicht die Höhe gestifteter Geldspenden, sorgfältig ausgezählt und in allen Tageszeitungen veröffentlicht, Rekordhöhen.

Ob *Ebisu* wirklich dadurch zu bestechen ist?

Betrachten wir seine eigentliche Funktion als Gott der Fischer. Er fischt stets mit der Angelrute und nie mit dem Netz, wovon sich die schöne Märchenmoral ableitet, dass man von der reichlich gedeckten Tafel der Natur nie mehr nehmen soll, als man selbst verzehren kann und braucht. Auf heutiges japanisches Fischereiwesen bezogen, welches sich ausgerechnet den bescheidenen *Ebisu* zum

Schutzpatron auserkoren hat, mutet das wie tiefschwarzer Humor an, für den ein Durchschnittsjapaner zu seinem Glück nicht einmal den leisesten Ansatz von Gespür hat.

Das Symboltier von *Ebisu*, eine pralle, runde Meeresbrasse (jap. *Tai*), dagegen scheint dem Fischereigewerbe eher angemessen.

Seine für einen Gott ungewöhnlichste Eigenschaft macht ihn irgendwie menschlich vertrauter. Er ist auf beiden großen Ohren nahezu taub. Angeblich soll deshalb das bereits beschriebene *Kashiwade* (in die Hände Klatschen vor dem Gebet) im *Shinto*-Schrein für ihn erdacht worden sein.

Im götterlosen Monat Oktober, wenn sich alle 8 Millionen Götter zu einem Gipfeltreffen in *Izumo* versammeln, um wichtige Entschlüsse zu fassen, ist er als einziger Gott stets abwesend, weil er die Aufforderungssignale überhört hat und sich die seit Urzeiten feststehende Tatsache eines solchen Gipfels auch im Verlaufe der Jahrhunderte nicht bis zu ihm herumgesprochen haben kann. Das gereicht denjenigen zum Vorteil, die auch im Oktober auf das helfende Gespräch mit einem zuständigen Gott nicht verzichten wollen. So ist er der einzige *Kami*, der während dieses Monats beim Gebet im Schrein angerufen werden darf.

Auf *Ebisu*-Festen wird mit Vorliebe ein spezieller Glücksbringer, der *Kikkyo* verkauft. Dies ist eine Kombination aus Bambuswedel und Rechen mit Talismännern für Glück und Wohlstand während des ganzen Jahres.

Für Nationalisten beglückend ist, dass *Ebisu* in seinem Ursprung durch und durch japanisch ist - ohne den geringsten Fremdeinfluss. Diese reine Freude lässt man sich nicht dadurch vergällen, dass seine Herkunft sehr obskurer, mythologischer Art ist. Er soll das dritte Kind von *Izanagi* und *Izanami*, dem Urgötterpaar, sein, und damit ein Bruder der sonnengöttlichen Ahnenherrin der Kaiserfamilie.

Dem historischen *Ebisu* ist ein Schrein im *Nishinomiya* geweiht, das zwischen den Metropolen *Osaka* und *Kobe* liegt.

Benten: Nur eine einzige Frau hat es verstanden, in den erlauchten Kreis der sieben Glücksgötter einzudringen: Die stets eine *Biwa*-Laute tragende Göttin *Benten*.

Höflichkeitshalber hätte sie eigentlich zuerst vorgestellt werden sollen, was der Autor zu seiner Schande vergaß. Wahrscheinlich hat er insgesamt schon viel zu lange in Japan gelebt. Ein Land, in dem seriöse, gut gekleidete Männer immer noch mit der größten Selbstverständlichkeit an Fahrstühlen oder andern Eingängen Damen mitnichten höflich den Vortritt lassen. Hierzulande würde das galante Motto »Ladies first!« nur erstauntes Kopfschütteln auslösen. Stets in Eile drängt man sie viel mehr mit dem Ellenbogen stoßend zur Seite!

Eine einzige Dame gegen die Übermacht von sechs Herrlichkeiten! Im Lande der aufgehenden Sonne wurde noch nicht einmal auf dem Sektor Fortuna-bringen die Emanzipation des Weibes vollzogen. Soll das Glück denn wirklich und wahrhaftig sechsmal mehr stachelbeerbebeint-männlich als anmutig rund-weiblich sein?

Der Herrschaftsbereich von *Benten* erstreckt sich zudem auf sehr feminine Gebiete. Sie gilt als Patronin der Kunst, Malerei und Musik. Darüber hinaus, vielleicht aus Gründen der Selbstbehauptung gegen die männliche Übermacht, auch als Göttin der Beredsamkeit. Ihr Symboltier erinnert an Eva und das verlorene Paradies, denn es ist eine weiße Schlange.

Neuerdings wird die anmutige Dame sehr als Göttin der Liebe geschätzt. Besser müsste man allerdings sagen, dass sie die Göttin des Flirts ist. Sie liebt nur schnelle, heftige Affären, welche die Bezeichnung leidenschaftliche Liebe auch wirklich verdienen und verabscheut naserümpfend Verhältnisse, die in dauerhafte eheliche Erbsensuppe auszuarten drohen. Innig Händchen haltende Paare, von gemeinsamer Zukunft mit Eigenheim, Garten und zwei Kindern träumend, sollten sich wie die Pest hüten, gemeinschaftlich einen ihrer Tempel aufzusuchen, denn eine baldige Trennung stände dann unvermeidlich im Haus.

Zieht man letztere amouröse Fähigkeiten von *Benten* gebührend in Erwägung, so lässt sich daraus nur eine unmissverständliche Forderung ableiten, die wie ein Lauffeuer das ganze Land von *Hokkaido* bis *Okinawa* durchrasen sollte: in jedes Zimmer der unzähligen Liebesstundenhotels gehört obligatorisch das Standbild der Dame *Benten*!

Über den Ursprung der Göttin ist wenig zu sagen. Bezeichnenderweise hat sie weder japanische Doppelursprungsquellen, noch historische Ableitungspersonen, sondern geht allein auf den indischen Engel *Sarasvati* zurück. Ihre Heiligtümer liegen vorwiegend auf idyllischen Inseln, das Wichtigste auf *Chikubushima* im *Biwa*-See.

Bishamon: Er ist, mit Rüstung und Harnisch ausgestattet, der Krieger unter den ansonsten durchweg friedlichen Glücksgöttern. Zählt er doch zu den vier buddhistischen Himmelswächtern und kämpft in dieser verantwortungsvollen Position laufend und unverdrossen gegen irgendwelche bösartigen Geister und Dämonen. Außerdienstlich allerdings ist der nimmermüde Kämpfer weder *Sake*, noch viel weniger dem weiblichen Geschlecht abhold und wird auf Abbildungen häufig gemeinsam mit der liebreizenden *Benten* präsentiert.

Neben seinem Symboltier, dem Tiger als Sinnbild für Vernichtung und Weisheit gleichermaßen, verfügt er auch noch über den Tausendfüßler als Boten.

Bishamon trägt nicht nur seine Waffe, den Speer, sondern dazu stets eine Spielzeugpagode in der Hand, die religiösen Missionseifer symbolisiert.

In Klartext könnte man das übersetzen: *Die Welt soll mit Speer und Pagode erobert werden!*

Sein Ursprung ist in einem Satz zu erläutern. Er hat sich abgeleitet von dem indischen Gott *Vaisravana,* der als Beschützer des Buddhismus galt.

Fukurokuju: Mit dem charakteristisch länglichen, spiegelglatten Schädel ist er ein zusätzlicher Trost für alle Herren der Schöpfung, die mit zu hoher Stirn versehen sind und sich bisher nur mit dem Ausspruch zu beruhigen wussten: *Wo der Verstand wächst, müssen die Haare weichen!*

Fukurokuju gilt als Sinnbild der Weisheit und des langen Lebens, was auch seine Begleittiere, Schildkröte und Kranich, zum Ausdruck bringen.

Sein Ursprung geht auf einen legendären chinesischen Eremiten zurück, der Ereignisse voraussagen und Wunder vollbringen konnte. Hin und wieder verehrt man ihn auch als Gott des Südpolsterns.

Jurojin: Er könnte mit *Fukurokuju* identisch sein. Vielleicht wurde er nur in den erlauchten Kreis aufgenommen, um die ominöse Glückszahl »7« voll zu machen. Eine ganz bescheidene Frage lässt sich allerdings nicht unterdrücken: ›*Gab es bei 8 Millionen shintoistischen Göttern tatsächlich keine andere Möglichkeit?*‹
Auch er verkörpert das ewige Alter und die damit untrennbar verbundene Weisheit, was auf seinen Darstellungen durch eine Schriftrolle angedeutet wird. Sein Symboltier ist der Hirsch.

Jizo
Noch häufiger als den sieben Glücksgöttern begegnet man der steinernen Statue ihres buddhistischen Kollegen *Jizo*. Er gehört zu jenen fünf *Bosatsu*, welche in Japan mit Vorliebe dargestellt und verehrt werden. Die anderen heißen: *Kannon, Miroku, Monju* und *Fugen.*

Bei der Fülle von Buddhas gerät der Laie in ein unentwirrbares Labyrinth. Deshalb soll zum Verständnis wenigstens erwähnt werden, dass *Bosatsu* edle, selbstlose Überwesen sind. Obwohl bereits befähigt, in das allein erstrebenswerte Nirwana einzugehen und damit dem Perpetuum mobile qualvoller Wiedergeburten zu entkommen, entsagen sie diesem Privileg. Ein Verzicht, um anderen Menschen den schwierigen Pfad zur Erlösung zu ebnen. Allerdings lässt sich der unbestimmte Verdacht nicht ganz ausschließen, dass es am Ende diesen unermüdlichen Seelentröstern im Jammertal unserer sündigen Erde gar nicht so schlecht gefalle – sie bleiben ja schließlich freiwillig.

Mit der Wandlung des Buddhismus zu einer Erlöserreligion wurden seelische Samariterdienste von *Bosatsu* überhaupt erst notwendig. Ursprünglich stand das Nirwana nur wenigen elitär Auserwählten offen, welche durch übermenschliche Askese befähigt waren, sanft in das unbeschreibliche große Nichts hineinzudämmern.

Kritisch betrachtet fürwahr kein Glaubensbekenntnis, was beeindruckende Anhängerscharen hinter dem Ofen hervorzulocken in der Lage war. Wer hat es schon gern, gleich einem Kind mit plattgedrückter Nase neidvoll an der Schaufensterscheibe zu stehen und zuzuschauen, wie nur einige Supermenschen das Paradies erreichen?

Jetzt dagegen ist auch der kleine Mann mit Hilfe der erwähnten *Bosatsu* nicht mehr von vorn herein vom erstrebten Endziel verbannt.

Jizo gilt im Buddhismus als Schutzpatron und Wächter der Kinderseelen, womit seine riesige Beliebtheit im Kinder liebenden Japan hinreichend verständlich wird. Alle Kinderseelen müssen nach ihrem unerwarteten Ableben für das, was sie den Nerven ihrer antiautoritär erziehenden Eltern und noch mehr denen von hinter hellhörigen Wänden leidenden Nachbarn bewusst oder unbewusst angetan haben, bitter bezahlen.

Am *Sai-no-Kawara,* vergleichbar mit dem Styxfluss zur Unterwelt in der griechischen Sage, ist für sie zunächst alptraumhafte Endstation. Die böse Hexe *Sozuka-no-Baba* stellt sich ihnen drohend in den Weg, stiehlt arglistig ihre schützenden Kleider und lässt sie frierend am Ufer zittern. Damit noch nicht genug.

Unter irreführenden Versprechungen werden die verängstigten Kleinen gezwungen, pausenlos Pyramiden aus Stein aufzutürmen. Nur wenn eine solche Pyramide hoch genug ist, könne das Paradies erreicht werden. Das klingt nicht übermäßig grausam, zumal die körperliche Bewegung die nackten Kinder wenigstens aufwärmen müsste. Natürlich hat die Sache einen Haken - weil sonst die Hexe ja auch keine richtige Hexe wäre -, der das harmlose Steinauftürmen in ewigzeitliche Zwangsarbeit umzufunktionieren droht. Assistiert von teuflischen Gehilfen, zerstreut das kinderfeindliche Weib die Steine insgeheim viel schneller, als sie jemals zur geförderten Höhe aufgeschichtet werden könnten.

Glücklicherweise kommt, falls das grausame Spiel zu lange dauert, der Deus ex Machina in Gestalt des freundlichen *Jizo.* Mutig vertreibt er die bösen Teufel, tröstet mitleidsvoll die schluchzenden Kinder und verbirgt sie schließlich in den weiten Ärmeln seines Gewandes.

Auf dieser rührseligen Geschichte basieren zwei Volkssitten. Jeder Kieselstein, welcher in den Schoß einer *Jizo*-Statue gelegt wird, hilft den leidenden Kindern bei der Arbeit und verkürzt die Bußezeit ihrer jungen Seelen. Jedes einer *Jizo*-Statue genähte Kleidungsstück (meist ein rote Kappe und eine Art roter Latz), das ihr angezogen wird, versorgt ein totes Kind mit wärmender Kleidung.

Jizo-Standbilder findet man in Japan auf Schritt und Tritt. Mit besonderer Vorliebe werden sie an belebten Straßen aufgestellt. Das berühmteste ist über tausend Jahre alt. Es steht, wenn man aus *Tokyo* anreist, auf dem Weg nach *Hakone* hinter *Ashinoyu* links von der Straße. Wem die Beschreibung nicht ausreichend genug zu sein scheint, der erkundige sich im zuständigen Touristikinformationsbüro. Falls er Glück hat, spricht dort jemand Englisch, falls er aber noch viel größeres Glück hat, weiß nämlicher Sprachexperte sogar von der Existenz besagter Statue, die aus grauem Basaltstein in einer einzigen kreativen Nacht durch den buddhistischen Heiligen *Kobo Daishi* geschaffen worden sein soll.

Abschließend der Erkennungssteckbrief von *Jizo:* er wird stets in Gestalt eines mild in sich hineinlächelnden Mönches dargestellt, trägt in der rechten Hand den *Shakujo* (Rasselstab zur Vertreibung von Getier) und in der linken ein Juwel, das symbolische Zeichen, dass er bereit ist, aus Mitleid alles herzugeben.

Die Tempelglocke

Alle großen Tempel haben eine Glocke, welche Tag- und Nachtzeit einläutet. Eine Sitte, die auf frühe Anfänge des Buddhismus zurückgeht. Damals rief *Ananda*, der Lieblingsschüler Buddhas, mit Hilfe der Glocke *Bhikkus* und *Upavasathas* zum Gebet. Viel später, im Japan der *Edo*-Periode, war der Glockenton für Mönche das Zeichen, den täglichen Bettelgang abzubrechen und ins Kloster zurückzukehren.

Buddhistische Glocken haben einen ganz anderen Mechanismus als christliche. Kein Schwengel schlägt von innen vibrierend gegen die Metallfläche, sondern durch einen davor hängenden Holzbalken, der gegen den *Shoza* (Schlagpunkt) gerammt wird, bringt man das Monster zum Dröhnen.

Oben an der Kuppe der Glocke sind 108 Metallknöpfe eingelassen, denn früher wurde um Übel jeglicher Art zu verscheuchen die Glocke genau jene 108-mal mit dem Holzbalken malträtiert. Heute geschieht das nur noch manchmal, so beispielsweise in der Neujahrsnacht oder bei besonders festlichen Anlässen.

Für die Zahl 108 gibt es zwei Interpretationen. Einmal repräsentiert sie 12 Monate, 24 Atmosphären und 72 Klimazonen, zum anderen bedeutet sie die 108 weltlichen Bindungen des alten Jahres, genauso wie auch der buddhistische Rosenkranz 108 Glieder hat. Durch das Anschlagen werden Stoß auf Stoß diese 108 Bindungen gelöst. Anders ausgedrückt: alle Sünden sind damit gelöscht.

Wenn allerdings 108 Dinge, die man im Laufe des Jahres verzapfen kann, vom weltlichen Übel sein sollen, wo bleibt da überhaupt noch ein Spaß, den man unbefangen genießen darf?

Trotzdem ist zumindest die gymnastische Übung in der Neujahrsnacht eine schöne alte und noch dazu ungemein beruhigende Volkssitte, denn wer hätte nicht gern für das nächste Jahr ein unbeflecktes Konto?

Buddhistische Glocken sind vornehm einfach und weisen kaum Verzierungen auf. Wenn überhaupt, dann gelegentlich am Kopfteil. Das häufigste Ornamentikmotiv ist dabei der Drachen. Das feuerspeiende Monster gilt auch in Fernost als wachsamer, nimmermüder Wächter gewaltiger Schätze. Außerdem als unbestechlicher Bewahrer des Geheimnisses vollkommener Erkenntnis, die im Grunde genommen, könnte man sie als Sterblicher je erreichen, die wertvollste aller Kostbarkeiten wäre.

Gegensätze ziehen sich an. Das war auch im alten Japan nicht anders, weshalb zwischen dem feurigen Drachen und den feuchten Wasserelementen Regen, Meer und See eine enge Beziehung konstruiert wurde. Ein Hassliebe-Verbindung, welche der Volksglaube vollkommen auf drachenverzierte Glocken übertragen hat. Alter Tradition nach sollen sie viel zuverlässiger als moderne Wettervorhersagen warnend tönen, falls ein Regensturm bevorsteht.

Tragisch-schauervolle Geschichten über tief in Seen versunkene Glocken, deren Klang während bestimmter Zeiten deutlich vernehmbar wird, sind zahllos.

Berühmt ist der dröhnende Klang, welcher dem *Rengendai*-Teich bei *Hanadate* entringt, so dass Eingeweihte schaudernd zusammenzucken. Just an jener Stelle soll einst der *Kofukuji*-Tempel gestanden haben, ehe ein gewaltiges Erdbeben ihn samt Glocke zerstörte.

Noch kurioser, um nicht zu sagen neurotischer, reagieren empfindsame Glocken auf den Fluss *Tone* in *Katori (Shimosa)*. Ihr Transport auf Booten wird zum unberechenbaren Glücksspiel. Deckt man sie nicht richtig mit Strohmatten ab, so wird jede Glocke magisch angezogen und unwiderstehlich aus ureigenem Antrieb ins tiefe, reißende Wasser springen und auf Nimmerwiedersehen verschwinden!

Die Erzählung der Erzählungen handelt vom Drachen, dem Tempel *Dojoji* und seiner Glocke. Sowohl in der Literatur, als auch auf der Bühne begegnet sie uns in den unterschiedlichsten Varianten:

Der keusche, fromme, aber mit nicht unerheblichen körperlichen Reizen ausgestattete Mönch *Anchin* übernachtet während einer Pilgerreise im Haus eines ehrbaren Dörflers in *Kumano*. Unglückseligerweise für *Anchin* und alle an dem folgenden Melodrama Beteiligten, jedoch zum Glück für die unsterbliche Literatur, verfügt jener gastfreundliche Bauer über ein aus der Art geschlagenes, von sexuellen Lüsten besessenes Töchterlein namens *Kiyohime*.

Von den körperlichen Vorzügen des schönen Mönches wird sie sofort in den Bann gezogen und brennt lichterloh, ehe die Sonne am Horizont versinkt. *Kiyohime* ist keine still leidende Träumerin, sondern eine Frau der Tat und voller geschlechtlicher Emanzipation, wodurch sie ihrer Zeit weit enteilt ist und man sich als Kenner der Situation ernsthaft fragen muss, ob die Zeit sie überhaupt je wieder einholen wird?

Kaum, dass die vertrauten Schnarchtöne des elterlichen Paares wie gewohnt das Haus erfüllen, schleicht sie umgehend und ohne zu zaudern in des *Anchin* jungmännliches Schlafgemach, um es zu einem Venustempel umzufunktionieren.

Der weitere Verlauf der Dinge lässt sich nur vermuten, weil ausgerechnet über den psychologisch wichtigsten Teil der Affäre, vielleicht aus Gründen der Moral oder Jugendgefährdung, keinerlei detaillierte Schilderungen vorliegen. Entweder hatte *Anchin* nie einschlägige Literatur über geile, sexlüsterne Mönche in der Hand gehabt und weiß deshalb naiv und unaufgeklärt nicht, was die Nachwelt jetzt zwingend von ihm erwartet, oder er gehört zu den Auserwählten, die ihr Gelübde ernst nehmen. Eventuell ist ihm das Mädchen auch einfach zu mager bzw. zu fett.

Was der Grund auch immer gewesen sein mag, *Anchin* bleibt hart wie Kruppstahl und kühl wie Polareis. Diesen ungeheuerlichen Affront rechtfertigt er nur durch die wiederholte lapidare Beteuerung: »Vor Ende der Pilgerfahrt kann ich unmöglich mein Keuschheitsgelöbnis brechen, sonst würde mich Gott fürchterlich bestrafen!«

An dieser sturen Schutzbehauptung prallen selbst raffinierte Verführungstricks wirkungslos ab. *Anchin* ist wohl naiv und bieder, aber beileibe nicht dumm, denn er hütet sich, das feurige Weibsbild ohne Hoffnung zu lassen und beteuert mit unschuldigem Augenaufschlag, nach ordnungsgemäßem Vollzug der Pilgerfahrt unverzüglich in ihre weitgeöffneten Arme zurückkehren zu wollen. Die schwer Gedemütigte, aus wollüstigen Hoffnungen' Gerissene, zieht sich unbefriedigt in ihr Kämmerlein zurück und beginnt ungeduldig zu warten.

Wäre sie nun ein normales Mädchen, das sich der Rolle entsprechend benimmt, welche ihr die männerorientierte Gesellschaft zugewiesen hat, so würde sie wahrscheinlich bis an ihr selig Ende vergeblich auf den Wortbrüchigen warten. *Kiyohime* aber ist aus gänzlich anderem Holz geschnitzt. Zwar verzehrt sie sich in ungestillter Liebesglut, verbrennt jedoch nicht dadurch. Im Gegenteil: heiße Liebe verwandelt sich zu glühendem Hass, je mehr die Erkenntnis wächst: *der Schuft kommt nie wieder!*

Zerbissene Kissen und zertrümmertes Geschirr bleiben auf Dauer nur schwache Ersatzbefriedigung und Wut und brennendes, inneres Feuer verlangen gebieterisch Ausgang, will sie nicht vor lauter Groll in Stücke gerissen explodieren.

Die Metamorphose zum feuerspeienden Drachen mit Hilfe eines mitleidigen Gottes ist deshalb nur allzu logisch, denn er ist das einzige Lebewesen, welches das, was innerlich in ihm brennt, regelmäßig die Umwelt versengend ausspucken kann. Für das beleidigte Urweib im Drachen allerdings ist gelegentliches Feuerablassen bei weitem nicht genug. Es will nur noch *Rache, Rache, Rache!*

Nach vollzogener Verwandlung erhebt sich das Ungeheuer unverzüglich in die Lüfte und hält schnaubend nach dem Fahnenflüchtigen Ausschau. Der zunächst Ahnungslose, dann aber sehr Vorahnungsvolle ist bald entdeckt, denn per pedes geht es nun einmal sehr gemach voran. Als er den Drachen hoch über sich erspäht, läuft *Anchin* ums nackte Leben und flüchtet atemlos in den Tempel *Dojojin*, wo ihn mitfühlende Geschlechtsgenossen dem Schutze Gottes anvertrauen und unter einer Glocke verbergen. Vergebliche Liebesmühe! Was vermögen Gott, Tempel und Glocke schon gegen die Rachegluten eines verschmähten Weibes auszurichten?!

Die wütende Furie in Drachengestalt windet sich genussvoll um die wie Eis an der Sonne schmelzende Glocke… der Rest von *Anchin* ist nicht mehr zu gebrauchen!

Lange scheuen sich die schockierten Mönche nach dieser Tragödie, eine neue Glocke zu gießen. Doch die dahin fließende Zeit ist der große Vergessenmacher. Viele Jahre später wird zur Einweihung einer neuen Glocke eingeladen. Ganz geheuer ist ihnen die Sache immer noch nicht, weshalb der Abt des Tempels vorsorglich bestimmt: »Während der Glockenweihe betrete keines Weibes Fuß das Tempelinnere!«

Fatalerweise sind Mönche im Allgemeinen, im Gegensatz zum unselig dahin geschmolzenen *Anchin,* nur schwache Männer aus Fleisch und Blut. Als eine an Schönheit alles in den Schatten stellende Tempeltänzerin auf der Bildfläche erscheint, wird sie, jeglicher Vorsicht zum Hohn, trotzdem unter der Bedingung eingelassen, den Weihetanz fachgerecht zu vollführen.

Während des sensationell aufregenden Tanzes allerdings wird den Mönchen immer komischer zumute. Neunmal wechselt das wie aufgezogen um die Glocke wirbelnde Frauenzimmer das Kostüm. Ein noch nie zuvor erlebter Aufwand. Danach verwandelt es sich wieder in jenen Drachen, der weiland das Kloster schon einmal in harte Bedrängnis gebracht hatte. Auch der qualvolle Tod des keuschen *Anchin* war nicht ausreichend genug gewesen, die Rachegluten der unersättlichen *Kiyohime* zu stillen. Jetzt soll es dem ganzen Tempel nebst männlichem Inhalt an den Kragen gehen.

Aber: mit innigen Gebeten und geschicktem Kampf wird der auferstandene Drachen endgültig besiegt und taucht nie wieder auf.

Diese kleine Aufstellung einiger typischer Dinge, die bei vielen *Matsuri* (Feste) eine wiederkehrende Rolle spielen, ließe sich ins Unendliche fortsetzen. Ist aber schon hierbei eine gerechte Auswahl sehr schwierig, so wäre es die Schilderung auch nur stichwortartiger Fakten der wichtigeren Feste Japans noch viel mehr. Aus diesem Grund sollen wenigstens vier typische Beispiele für ein *Matsuri* geschildert werden:

Gion Matsuri

Aus der Gruppe der Gemeindefeste ragt das *Gion Matsuri* heraus. Zählt es doch zu den drei bekanntesten *Matsuri,* der an dieser Art von Veranstaltungen wirklich nicht armen Stadt *Kyoto.* Glanzvoller Höhepunkt ist eine Parade mit historischem Bezug. Ihr genauer Ursprung ist auch heute noch bekannt - das muss nicht immer der Fall sein, oft liegt die Herkunft von *Matsuri* völlig im Dunkel.

Das *Gion Matsuri* geht auf das schicksalsschwangere Jahr 869 zurück, als eine unbekannte Epidemie in der Stadt wütete und täglich hohe Tribute an Menschenleben forderte. Auf dem Höhepunkt der Verzweiflung griff endlich der göttliche Kaiserhof in das Geschehen ein. Vielleicht hatte die ehrenwerte Ahne *Amaterasu* es dem *Tenno* persönlich ins Ohr geflüstert, wie dem Übel beizukommen sei. Jedenfalls schickte er sofort einen Boten zum *Gion*-Schrein mit dem eiligen Befehl: »Man stelle sofort 66 messerförmige Hellebarden, jede eine meiner Provinzen verkörpernd, im Schrein auf!«

Der kaiserliche Befehl wurde selbstredend momentan befolgt und der Erfolg übertraf die kühnsten Erwartungen. Die Seuche verschwand ebenso schnell wie sie gekommen war.

Dankbare Bürger wiederholen seitdem Jahr auf Jahr das Seuchen besiegende Ritual, wobei die Hellebarden symbolisch durch riesige Festwagen dargestellt werden. Man unterscheidet dabei *Hoko* (Wagen auf vier Rädern), die geschoben, und *Yama,* die getragen werden.

Das Fest findet alljährlich vom 2. bis 29 Juli statt, einer Zeit, wo es in *Kyoto* unmenschlich heiß ist. So locken mannigfache Ereignisse wie die Auslosung der Reihenfolge aller Festwagen oder die Wahl eines Festpagen ideal von der drückend feuchten Hitze ab. Allerdings dürfte das Schieben bzw. Tragen der Festwagen unter gleißender Sonne für dazu auserwählte Männer nicht gerade gesundheitsfördernd sein. Eine offizielle Statistik der Hitzschlagopfer während eines jeden *Gion-Matsuri* wird vorsorglich nicht geführt.

Dieses spektakuläre Fest lockt Touristen aus ganz Japan an, so dass zum Höhepunkt des *Gion Matsuri* selbst die versteckteste Pension ausgebucht ist. Trotzdem ist es seinem Inhalt nach lediglich ein Gemeindefest mit lokalem Charakter.

Tanabata Matsuri

Das *Tanabata Matsuri* dagegen gehört zur Gruppe von Festen, die nationenweit im ganzen Land gefeiert werden. Das berühmteste Fest dieses Namens findet in *Sendai* statt, wo Hauptstraßen mit überdimensionalen Zweigen, Papierschlangen und sonstiger Dekoration attraktiv geschmückt werden.

Dem alten Mondkalender nach wurde das ungemein romantische Fest immer in der 7. Nacht des 7. Monats gefeiert. Heute fällt es meist auf den 7. Juli, wird aber in einigen Gemeinden, unterschiedlichen Umrechnungen folgend, erst im August zelebriert.

Das auch *Hoshi Matsuri* (Sternenfest) genannte Ereignis basiert auf einem wundersamen Märchen aus der Zeit der chinesischen *Tang*-Dynastie (618-906), das so recht dem Geschmack der japanischen Volksseele entspricht, welche das wehmütig-melancholische liebt und tief seufzend schätzt.

Zwei Sterne sind die unglücklichen Hauptpersonen, dazu verbannt, jeder auf der anderen Seite des *Ama-no-Gawa* (Himmelsfluss) wohnen zu müssen: *Kengyu* (Atair) oder Kuhhirtenstern und *Shokujo* (Vega) oder Webprinzessinnenstern.

Shokujo, die Tochter eines himmlischen Königs, war zur Freude ihres Erzeugers eine sehr geschickte Weberin. Als sie jedoch eines Tages an einer Staatsrobe für den majestätischen Vater fleißig webte, schweifte ihr Blick zum Fenster hinaus und fiel durch Zufall oder unvermeidliches Schicksal auf den bildhübschen Kuhhirten *Kengyu*. Wie vom Blitzstrahl getroffen, ließ sie die angefangene Arbeit aus der Hand fallen und eilte ins Freie, um das Bild von einem Mann auf Tuchfühlung zu bewundern. Da es auch seinerseits Liebe auf den ersten Blick war, der königliche Vater zudem nichts gegen die unstandesgemäße Hochzeit einer Prinzessin mit einem Kuhhirten einzuwenden hatte und ihnen jovial seinen Segen gab, hätte die Geschichte eigentlich mit einem Dauer-Happyend ausgehen können.

Leider war besagter König aber nicht nur sozial, sondern geradezu unheimlich sozialistisch, um nicht das Reizwort kommunistisch zu benutzen. Gnadenlos wandelte er die Forderung ›*Wer nicht arbeitet, soll auch nicht essen!*‹ um in ›*Wer nicht arbeitet, braucht auch nicht zu lieben!*‹

Hatten Töchterlein und Schwiegersohn doch aus übergroßer Liebe Kühe Kühe und Webstuhl Webstuhl sein lassen, weil sie sich partout nicht aus den Armen losreißen konnten. Aus Strafe für diese mangelnde Arbeitsmoral riss er sie grausam auseinander und verbannte die Liebenden auf entgegengesetzte Seiten des Himmelsflusses.

In einer linden Anwandlung väterlicher Milde wollte er jedoch nicht päpstlicher als der Papst sein und gewährte ihnen großmütig wenigstens *ein* jährliches Rendezvous in der siebenten Nacht des siebenten Monats. Viel leichter gewährt als getan, denn keine auch noch so einfache Brücke überspannte den trennenden Himmelsfluss.

Eine ausnahmsweise nicht diebische, dafür aber sehr gutmütige Elster half dem frustrierten Paar aus der Patsche. Am bewilligten Tag der Vereinigung bildete sie zusammen mit zahlreichen Artgenossen eine einzigartige Brücke aus ausgebreiteten Vogelflügeln, über welche die so lange Getrennten leichtfüßig zueinander eilen konnten, um in einer glücklichen Nacht all' das nachzuholen, was sie während des ganzen Jahres versäumen mussten.

Kaiserin *Koken* (*Nara*-Periode) führte dieses Fest ebenfalls in Japan ein und benannte es nach der Göttin *Tanabata,* die ebenfalls eine Weberin wie die verbannte *Shokujo* ist.

Bambuszweige, an denen Papierstreifen mit Gedichten hängen, Papier in Kimonoform und fünf farbige Fäden, der Prinzessin bzw. dem Hirten gespendet, spielen als Gabe eine besondere Rolle. Für viele Menschen ist diese Liebesgeschichte so authentisch als wäre sie realistischste Realität. Besorgt schauen sie in der bewussten Nacht ein über das andere Mal zum Himmel, weil die Elstern bei Regen keine Brücke bilden können und dadurch das ersehnte Rendezvous bis zum nächsten Jahr ausfallen müsste.

Neujahrsfest

In die dritte Kategorie fallen Feste mit Jahreszeitenbezug, die man ebenfalls in ganz Japan zelebriert. Allen voran das drei Tage während Neujahrsfest, welches sich inoffiziell eigentlich über den ganzen Januar erstreckt. Immer unter dem Motto: *Das erste Mal im neuen Jahr.*

In vielen Familien hat sich noch erstaunlich viel Volksbrauchtum erhalten. Man bezahlt am Jahresende alle Schulden, erledigt offen stehende Geschäfte und säubert das Haus so gründlich wie im ganzen übrigen Jahr nicht, denn das Glück kann nicht in ein unsauberes Heim gelangen.

In der ansonsten sehr ruhig-besinnlichen Neujahrsnacht ist das schon geschilderte 108malige Schlagen der Glocke spektakulärster Höhepunkt. Alle Übel werden dadurch vertrieben, damit der Mensch befähigt sei, ein ganz frisches Leben mit potentiellem Glück beginnen zu können. Wie viel Unsinn man auch immer im zurückliegenden verzapft haben mag, für das neue Jahr zählt dies nach der gymnastischen Pflichtübung nicht mehr. Die wörtliche Übersetzung des japanischen Wortes für Neujahr ›*O-Shogatsu*‹ bringt das sehr treffend zum Ausdruck: »Gerade richtig!«

Genau mit der richtigen Dekoration traditioneller Art ist auch heute noch selbst in hektischen Großstädten nahezu jedes Haus versehen. Die *Kadomatsu,* eine Topfpinie, kunstvoll mit Bambus und Pflaumenblüten arrangiert, soll der gesamten Familie Kraft, Stärke und ein langes Leben bescheren.

Noch häufiger sieht man das *Shimenawa,* ein heiliges Stück Reisstrohseil mit Orangen und Farnblättern. Es geht ebenfalls auf die Legende der schmollenden Urahnin *Amaterasu* zurück. Damals spannte ein Gott das Reisstrohseil vor dem Eingang der Höhle, um zu verhindern, dass die nach draußen gelockte Sonnengöttin nicht wieder hineinschlüpfen könne. Reisstrohseile, welche auch die Grenzen besonders geheiligter Bezirke im Tempel markieren, schützen zuverlässig dagegen, dass nichts Unsauberes ins Haus eindringt.

Ebenso symbolträchtig wie die Hausdekorationen sind auch einige spezielle, schon vor dem Neujahrsfest zubereitete Gerichte, deren obligatorischer Charakter allerdings in vielen Familien doch zu verschwinden scheint.

Von der Kette bedeutsamer »zum ersten Mal-Tage« des ersten Monats im neuen Jahr soll wenigstens der erste erwähnt werden: *Shigoto Hajime* am 4. Januar.

Den Wiederbeginn des grauen Arbeitsalltags nach genussvollen Feiertagen verschönern zahllose weibliche Büroangestellte durch das Tragen kostbarer festlicher Kimonos, wie sie ansonsten auf Hochzeiten oder ähnlich inhaltsschweren Anlässen zur Schau gestellt werden.

Fehlt nur noch ein Fest der vierten Kategorie, ein *Matsuri* der Gläubigen.

Als Musterbeispiel drängt sich das **O-Bon** (Fest der Laternen) förmlich auf. In den meisten Tempeln des Landes wird es vom 13.-15. Juli gefeiert, ein Zeitpunkt der der Festtagsstimmung sehr förderlich ist. Bekommen doch gerade hier Arbeiter, Angestellte und sonstige Gehaltsempfänger bis zum Ministerpräsidenten herauf die sehnsüchtig erwarteten, nicht unerheblichen Bonusse für den Sommer.

Tote sind im Orient nie so unendlich weit von den Lebenden entfernt und lassen sich die gewährte Erlaubnis, einmal im Jahr die Liebenden auf der Erde besuchen dürfen, nicht entgehen.

Scheinbar sind die da oben über diesen Geldregen im Juli genauso freudig erregt wie ihre Nachfahren unten auf Erden. Deshalb haben sie sich ausgerechnet diesen und keinen anderen Termin für ihre alljährliche kurze Rückkehr ausgesucht.

Dabei kam das *O-Bon* schon in einer Epoche nach Japan, in der die meisten Menschen, wenn überhaupt, durch einen Sack Reis entlohnt wurden: mit der Einführung des Buddhismus im Jahr 552. Es wurde nicht nur in Adelskreisen, sondern auch im Volk schnell beliebt und populär – eine Tatsache, die nicht weiter verwunderlich ist, da die Japaner zu den verstorbenen Ahnen stets ein besonders enges Verhältnis hatten. Aus dieser Grundeinstellung heraus ist das *O-Bon* ein durch und durch freudiges Fest, denn was kann beglückender sein, als eine gemütliche Wiedervereinigung mit den verehrten Dahingeschiedenen?

Und dieser Empfang des hohen Besuches bedarf natürlich einer besonders intensiven Vorbereitung, im Rahmen derer es der shintoistisch infizierte Säuberungstick zwingend voraussetzt, dass Haus und Hof äußerst gründlich gereinigt werden.

Japanische Feste erfüllen zudem die wirtschaftspolitisch wichtige Forderung, das verdiente Geld sofort wieder in zirkulierenden Umlauf zu bringen, damit die Chose am Rotieren bleibt. Und darin bildet auch das *O-Bon* keine Ausnahme: auf speziellen Märkten wird der gerade erhaltene Sommerbonus tüchtig strapaziert, denn der obligatorische Friedhofsbesuch bedarf vieler Kleinigkeiten:

Vor keinem Grab fehlen einige liebevoll aufgebaute Zweige der *Koyamaki* (japanische Schirmpinie) und des *Sakaki*-Baumes (Clyrea japonica), dazu *Mochi* (Reiskuchen), Früchte und Weihrauchkerzen aller Größenordnungen, welche bald das Friedhofsgelände mit ihrem intensiven Duft erfüllen und in Nebelschwaden einhüllen.

In der ersten Nacht scheint ganz Japan von tausenden, überdimensionalen Glühwürmchen erleuchtet zu werden, da jedermann beim Friedhofsbesuch eine weiße Laterne in den Händen hält, um den Geistern in der Dunkelheit den richtigen Weg zu weisen. Für Nachzügler, die etwas länger in der anderen Welt festgehalten werden, lässt man vorsichtshalber eine zusätzliche Laterne oder flackernde Kerze auf dem beweihräucherten Grab zurück. In einigen ländlichen Gebieten machen Birkenfackeln die Szenerie taghell.

Im *Ueno*-Park zu *Tokyo* findet in der ersten Nacht des Festes eine Art öffentliche Riesenparty zu Ehren der ihre Angehörigen besuchenden Seelen aller Verstorbenen statt. Girlanden von Papierlaternen weisen den verstorbenen Ahnen den Weg, Wahrsager und Handlinienleser deuten die Zukunft zahlloser Wissbegieriger und Verkaufsstände am See bieten Blumen, Früchte, *Bonsai*-Bäumchen, rote Zierfische und typische japanische Speisen an.

Mag das gemeinsame Treiben auch noch so munter und fröhlich sein, am Ende erscheint es den meisten Leuten zu unpersönlich und man begibt sich nach Hause in den Kreis der Familie, wo die Heimkehrer mit Laternen vor ihren Häuschen bereits stilvoll begrüßt werden. Nach erfolgreicher Heimkehr zündet das Familienoberhaupt ein Feuer an, woran sich alt und jung nieder hocken und mit den Toten so lebhaft plaudern, als ob sie leibhaftig gegenwärtig wären.

Im Inneren des Hauses wurde der *Butsudan* (buddhistischer Hausaltar) hergerichtet. Davor, auf einer Matte stehend und von einem Miniaturblütenbaum umsäumt, die Ahnentafel und spezielle Dekorationen. Ausgesprochen liebevoll wurde eine Essenstafel für die Verstorbenen gedeckt, worauf keine ihrer Lieblingsspeisen, Kartoffeln mit Sesam, Auberginen, Früchte, Kuchen uns sonstige Leckereien, vergessen wurde. Offensichtlich berücksichtigend, dass die hochverehrten Ahnen mehr oder weniger alle Prothesenträger sind und keine Riesenberge mehr vertilgen können, sind die Portionen rücksichtsvoll sehr klein gehalten. Weniger klein dagegen ist ein Festmahl für die eingeladenen Gäste und stets sehr hungrigen Priester oder Mönche, die gekommen sind, um *Sutras* für die auf der Ahnentafel vermerkten Verstorbenen herunterzuleiern.

Was sind schon lächerliche drei Tage? Gar zu schnell sind sie verflogen und der unvermeidliche Abschied naht. Eifrig formen Frauenhände *Dango* (Abschiedsreisbälle) aus klebrigem Reis, beim beschwerlichen Rückweg in die *Meido* (andere Welt) ein wichtiger Marschproviant für die toten Seelen. Überall lodern Abschiedsfeuer und flackern Laternen. Sehr beeindruckend sind Flottillen kleiner Laternenboote, die auf Seen oder Flüssen treiben. Jedes Boot hat eine hölzerne Basis, auf der eine Papierlaterne befestigt ist. Ihr Kerzenschein beleuchtet ein gedrucktes Ideogramm, dessen Schriftzeichen besagen: *Dienst für die unzähligen Seelen in der anderen Welt.* Um eine persönliche Note hinzuzufügen, stehen daneben meist die Namen derjenigen, welcher die Familie, die ein Boot ausgesetzt hat, gedenkt.

Am berühmtesten ist die Papierlaternenbootprozession in *Matsushima*. Nicht minder spektakulär, wenn auch ganz unterschiedlich, präsentiert sich die Stadt *Kyoto* in der Abschiedsnacht, wo das *Daimonji*, ein riesiges Flammenzeichen, hoch oben in den Bergen über der Stadt, weithin sichtbar den *Kanji Dai* (groß) aufleuchten lässt.

Fröhlichster Teil des Festes ist jedoch das *Bon-Odori* (Bon-Tanz). Das Tanzfieber erfasst die japanischen Inseln von Nord bis Süd und von Ost bis West. Auf öffentlichen Plätzen, in Parks oder Schreinen werden improvisierte Holzbühnen errichtet, worauf sich alt und jung unermüdlich unter Verrichtung sich ständig wiederholender Handbewegungen verzückt im Gänsemarsch schreitend bewegen. Die stets gleich klingende Begleitmusik dringt aus Lautsprechern übertragen auch durch die entfernteste Papierwand. Besonders beliebt sind die *Bon-Odori* in den Gemeinden *Sado*, *Kosi* und *Tokushima*.

Sinnigerweise fällt in die *Bon*-Saison auch der *Chugen* (Mittsommer), eine der beiden Geschenkaustauschzeiten des Jahres. Für den Durchschnittsbürger mit kollegialen, familiären und nachbarschaftlichen Beziehungen ist das ein ziemlicher Stress und für Post und Geschenkversandabteilungen der Kaufhäuser Hochbetriebszeit. Jeder schenkt jedem und wird von jedem beschenkt, denn wehe man hat einen auf der langen Liste vergessen!

Für Nichteingeweihte einzig erkennbarer Vorteil der Transaktion: eine mitspielende Familie braucht verschiedene Grundnahrungsmittel, wie beispielsweise Zucker, danach für den Rest des Jahres nicht mehr zu kaufen.

Würden sich allerdings einige der als fest eingeplanten Zuckerzulieferer wider Erwarten doch einmal zu einer anderen Gabe als in den verflossenen Jahren entschließen, so hätte das katastrophale Folgen, denn die Haushaltsplanung käme völlig ins Wanken!

Damit wäre auch das Musterbeispiel für die vierte Kategorie von Festen einigermaßen erschöpfend abgehakt.

Ein kleines Extraschwänzchen ist aber noch anzuhängen. In Japan nehmen Feste eine Sonderstellung ein, die fataler Weise die scheinbar längst abgehakte Kamikazementalität kriegerischer Vergangenheit ins Gedächtnis rufen: die *Kenka Matsuri* (Streitfeste).

Mehr oder weniger geht es dabei immer um das Erkämpfen des ehrenvollen ersten Platzes in einer Prozession für den eigenen riesigen *Mikoshi*, der von einer Unmenge wie Piraten aussehender und lautstark brüllender Männer verschiedener Jahrgänge oder Gemeinden getragen wird.

Logischerweise haben aber alle das gleiche Ziel und die gleiche Absicht. Als Folge davon ist die Zahl der kleinen tragbaren Schreine unübersehbar und alles-verstopfende Menschentrauben der aggressiven Aktiven und Anteil nehmenden Zuschauern muten an wie eine wimmelnde Höllenvision. Der unvermeidliche Zusammenprall, bei dem gegnerische *Mikoshi* mit langen Bambusstangen oder anderen Geräten zum Umstürzen gebracht werden sollen, wird nicht selten zum schmerzhaften Rippenbrecher für wacker kämpfende Träger.

Wegen allzu häufiger Verletzungen wurden Streitfeste in letzter Zeit stark kritisiert und sollen, wie auch immer, risikoloser gemacht werden. Sieht man allerdings beängstigende Fotos solcher *Mikoshi*-Rempeleien oder gerät selbst hinein - hoffentlich mit gebührendem Sicherheitsabstand - vermag auch der größte Optimist nicht die geringste Entschärfung der *Kenka Matsuri* zu erkennen, woraus sich die Schlussweisheit dieses Kapitel formulieren lässt:

Für ein richtig schönes Matsuri *opfert der Japaner nicht nur gern mühsam gesparte Yen, sondern riskiert sogar freudig jauchzend seine heilen Knochen und Glieder!*

Über den Dr. Jekyll & Mr. Hyde Japaner und sonstige Charakterzerpflückungen

In sechs Kapiteln zog bisher Freud und Leid des Durchschnittsjapaners am Leser vorbei, was eigentlich nur die Frage provozieren kann, wie ein menschliches Wesen beschaffen sein muss, um so etwas auf die Dauer lächelnd ertragen zu können. Gibt es aber überhaupt einen Nationalcharakter?

Genau genommen nicht, denn auch der ameisenhafteste Angestellte im dunklen Anzug ist in erster Linie Einzelindividuum, ob er es wahrnehmen will oder nicht. Da sich aber trotzdem Berufene und Unberufene mit einer Definition desselben herumschlagen, will auch der Autor nicht abseits stehen und seine unmaßgebliche Version präsentieren. Im Kapitel *Über Massentransport a la Nippon* lasen wir über *den* Japaner:

In den eigenen vier Wänden, im Büro, im Restaurant und bei fast allen übrigen Anlässen ein höflicher, formbedachter Dr. Jekyll, aber auf Bahnhöfen und an Busstationen ein hässlicher Mr. Hyde, der stoßend, schiebend und hastend um einen Sitzplatz kämpft!

Diese während der Hauptverkehrszeit leidvoll gewonnene Erkenntnis ist bei näherer Untersuchung unvollständig. Selbst wenn auch noch so viele blaue Flecken und abgerissenen Knöpfe zu ihrer Formulierung beigetragen haben mögen.

Zwei sehr konträre, schriftlich festgehaltene Meinungen, die beide sehr typisch sind, erhärten diesen Zweifel stark. Zunächst ein Leserbrief von der Art, wie sie mit besonderer Vorliebe in englischsprachigen Tageszeitungen abgedruckt werden: *Wir sind ein Rentnerehepaar aus Kanada, welches die glückliche Gelegenheit hatte, für vierzehn unvergessliche Tage dieses einmalige Land besuchen zu dürfen. Obwohl nicht ohne Reiseerfahrung, viele schöne Gruppenreisen in alle Welt liegen*

186

bereits hinter uns, mochten wir aus vollem Herzen ein Dankeschön sagen. Einen Dank an all die lieben, freundlichen und höflichen Menschen, denen wir überall begegneten. Derartige Gastfreundschaft fanden wir nirgendwo sonst auf der Welt. Verbunden mit der Schönheit des Landes, seiner Tempel, aber auch dem atemberaubenden technischen Fortschritt seiner Städte, wird uns das in steter Erinnerung bleiben. Nochmals vielen Dank. Wir kommen ganz bestimmt wieder. Sayonara!

Im krassen Gegensatz dazu, die aus dem gleichen Kapitel bereits bekannte Meinung eines amerikanischen Journalisten: *Gerade wenn Japaner für unsere Begriffe so übertrieben freundlich hilfsbereit sind, werde ich das fatale Gefühl nicht los, dass es eigentlich nicht mehr als ein aus nationalistischem Überlegenheitsgefühl geborenes Mitleid ist. Schließlich ist der bedauernswerte* Gaijin *nicht direkt dafür verantwortlich zu machen, dass er kein Sohn* Nippons *ist!*

Das sind recht konträr anmutende Einschätzungen. Ist vielleicht ein kleiner Zeitfaktor verantwortlich dafür? Immerhin weilte das biedere Gruppenpauschalpaar aus Kanada nur ganze 14 Tage im selbstgekürten Traumland, während der verbitterte Journalist schon einige Jährchen gezwungenermaßen ausharren musste. Offenbart sich demnach der Hyde-Japaner in voller Hässlichkeit erst nachdem die Tünche flüchtiger und unverbindlicher Höflichkeit von ihm abgefallen ist?

Offensichtlich funktioniert das jedoch ebenfalls nicht bei Jedermann auf gleiche Art und Weise. Zwei bekannte Schriftsteller, deren Werke viel zum Verständnis Japans beigetragen haben, sind Anschauungsunterricht dafür. Es sind dies der Engländer Lafcadio Hearn (1850-1904) und der Portugiese Wenceslau de Moraes (1854-1924).

Beide liebten das Land, in dem sie große Perioden ihres Lebens verbrachten, zunächst abgöttisch. Eine Liebe, welche sich bei dem Briten nach Ehelichung eines japanischen Weibes in ekstatisches Entzücken steigerte.

Der im gleichen Maße entzückte Portugiese allerdings frönte bis an sein seliges Ende einer innigen Zuneigung zu Japan. Geschlossenen Auges für weniger rosige Realitäten vermochte er am Land seiner Träume auch nicht den geringsten Makel entdecken. Die Gefühle des kühleren Briten dagegen erwiesen sich als Strohfeuer, was noch ungefähr fünf Jahren gänzlich erlosch und von zunehmender Abneigung verdrängt wurde.

Zwei Aussprüche der beiden Antipoden verdeutlichen das anschaulich. Hearn drückte ins Deutsche übertragen ungefähr Folgendes aus: *Eine der unliebenswertesten Charakteristika des Japaners ist das unbeschreibliche Fehlen jeglichen Gefühls von Sympathie, vermutlich nur ein Resultat völligen Mangels an Verständnis.*

Moraes dagegen schwärmt vorbehaltlos: *Es gibt keine interessantere Menschenrasse als sie. Sei es wegen ihrer moralischen Qualitäten, ihrer Gebräuche oder ihres künstlerischen Geistes.*

Von Natur aus mehr zu kritischer Betrachtungsweise neigend, darf der Autor nicht unerwähnt lassen, dass der brave Mr. Hearn erst richtig sauer auf Nippon wurde, nachdem er sich feierlich zum Japaner hatte schlagen lassen. Der *Ritterschlag* des ehrenwerten Herrn Hearn erwies sich nämlich als sehr zwiespältig. Plötzlich war er nicht länger nur Professor, sondern eingebürgerter, waschechter japanischer Professor mit staatlicher Urkunde an der *Tokyo*-Universität. Viel Ehre gewiss, aber leider auch entschieden weniger Geld, denn jetzt wurde er um keinen Deut besser bezahlt als seine neuen Landsleute. Angriffe auf den empfindsamen Geldbeutel haben aber schon vorher und werden noch später große Lieben krachend zerbersten lassen!

Zusammengefasst bestätigen letztere Erörterungen unzweifelhaft den Doppelcharakter des Japaners auch im Empfinden von Langeingesessenen, geben aber nicht den geringsten Hinweis auf das *Warum.*

Womit sollte man beginnen, diese scheinbare Doppelnatur genauer zu erklären?

Vielleicht bei jenem großen Weisen aus dem fernen China, der das Verhalten eines jeden Japaners auch heute noch entscheidend beeinflusst - ob er es nun weiß, gar nicht mehr·wahrnimmt oder den klugen Mann nicht einmal beim Namen kennt. Sein Name lautet: *Konfuzius.*

Der wirklich Weise stapelt immer ein wenig tief. Darin macht auch Konfuzius keine Ausnahme. Seine Tugendlehre, mit der vor mehr als zweitausend Jahren die Welt beglückt wurde, will er nicht hochtrabend als Weltanschauung, sondern ganz bescheiden als einen möglichen Weg, zum Ziel zu kommen, verstanden wissen (Weg = chinesisch *Tao;* japanisch *Do).* Das kann auch nicht anders sein, denn einer durch und durch unwichtigen Kreatur, wie dem Menschen, steht es nicht zu, über den, hinter unsterblichen Kulissen geschaukelten, Verlauf der Dinge seine eigene Meinung zu haben. Daraus lässt sich leicht ableiten, dass der Weise aus dem Reich der Mitte den Menschen durchaus nicht als Krone der Schöpfung betrachtet und eingliedert. Vielmehr steht der im westlichen Denken so hochgejubelte Zweibeiner in der Skala ganz unten.

Allerdings hat diese unwichtige Kreatur eine beängstigende Eigenschaft, die man täglich am eigenen Leib verspüren kann. Sie vermag den reibungslosen Ablauf des Ganzen unangenehm zu stören und durcheinander zu bringen, was unbedingt verhindert werden muss. In diesem Verhindern liegt das einzige Anliegen der konfuzianischen Tugendlehre, die das Gesamtverhalten des Japaners entscheidend beeinflusst hat.

Das peinlichst genaue Befolgen - oder besser Aneignen - von vier Tugenden gibt den fest begrenzten Rahmen ab, in dem sich der *störungsfreie* Mensch bewegen sollte:

1) *Jin* (Menschenliebe)
2) *Gi* (Rechtlichkeit)
3) *Rei* (Formgefühl)
4) *Chu* (Wissen)

Bezeichnenderweise spielen die beiden ersten Tugenden eine untergeordnete Rolle, während *Rei* (das Formgefühl) Dreh- und Angelpunkt der ganzen Lehre ist. Es bedeutet in Klarschrift, dass die Etikette viel wichtiger ist als ein nebulöser, dauernd anders interpretierter Begriff wie Menschenliebe.

Für den reibungslosen Ablauf des Ganzen ist *Rei* ohnehin viel weniger schädlich. Umfasst es doch alles, was für den Umgang zwischen verschiedenen Mitgliedern der tief eingestuften Gattung Mensch wichtig und unerlässlich ist: die Formen der Höflichkeit, der Sitte sowie des gesellschaftlichen und religiösen Zeremoniells. Damit noch nicht genug: *Rei* bestimmt auch die Umgangsregeln des Menschen zum Himmel und zur Natur.

Bisher klingt alles Gesagte durchaus einleuchtend und logisch. Man sage dem tief eingeschätzten, zweibeinigen Lebewesen, was es zu tun habe, um das Ganze nicht zu stören, und es folgt zur Abwechslung diesen Geboten genauso blind wie ansonsten Aufforderungen zum Bösen, womit die Chose glänzend läuft und der Karren nicht im Dreck stecken bleibt.

Unerklärlicherweise wird der Skeptiker Konfuzius dann jedoch unvermittelt gläubig. Offensichtlich muss er in den versteckten Winkeln seines Wesens den Menschen gar nicht so tief eingeschätzt haben, wie er glauben machen will. Genauer analysiert, setzt *Rei* geradezu immense Qualitäten voraus, über die das derartig niedrig eingestufte Monster Mensch im Grunde genommen nicht verfügen könnte. Auf westliches Denken übertragen, ist *Rei* in vollendeter Form so etwas wie Takt und fest fundiertes Gefühl für Haltung. Diesen Gedanken weiterspinnend, schwärmt der sonst so nüchterne Weise sinngemäß:

Vom gehobeneren Niveau an ist dieses Formgefühl durchaus nicht mehr passiv. Aktiv gestaltend soll es den ganzen Menschen durchdringen und helfen, seine innere Form zu klären. Denn erst wenn äußere Sitte und innere Form einander harmonisch ergänzen, ist die höchste Stufe von Rei *erreicht. Steht aber hinter gesellschaftlichen Konventionen kein echtes Formempfinden mehr, dann folgt über seelischen Leerlauf unweigerlich das Zusammenbrechen mühsam aufgebauter Formen.*

Die alles beherrschende Rolle, welche dieses Formgefühl a la Konfuzius im täglichen Denk- und Verhaltensprozess des Japaners spielt, kann schwerlich geleugnet werden.

Gleichgültig, ob im einzelnen Fall nach innen gewachsen und vorschriftsmäßig zur Perfektion gereift oder nicht - in Japan lautet das ungeschriebene Gesetz menschlichen Beisammenseins auf jeder Ebene, immer haargenau das zu tun, was sich schickt. Deshalb fragt niemand, ob seine Verhaltensweise gut oder böse, sondern stattdessen, ob sie falsch oder richtig sei. Doch mit diesem, jeden moralisierenden Christen vor Empörung in die Luft gehen lassenden Tatbestand noch lange nicht genug. *Rei* drang derart infizierend ins Innenleben des Durchschnittsbürgers ein, dass scheinbar sogar die subjektiv ästhetischen Begriffe wie *schön* und *hässlich* häufig zum genormten Formgefühl werden.

Ein deutscher Japanfan machte einige verblüffende Erfahrungen.

Endlich im gelobten Nippon angekommen, ist ihm die große Liebe des echten Japaners zur Natur ebenso selbstverständlich wie die durch nichts belegte Behauptung, jeder von ihnen würde mindestens einmal in seinem Leben den Berg der Berge, den *Fuji-san*, besteigen.

Gleich am Anfang seines Japanaufenthaltes nimmt ihn eine kleine Gruppe einheimischer Geschäftsleute auf einen Autoausflug mit, dessen damaliges Ziel dem Deutschen inzwischen längst wieder entfallen ist. Unvergesslich bleibt ihm jedoch, dass die Gesellschaft unvermittelt in ein wahrhaft atemberaubendes Stück wilder ungebändigter Landschaft gerät.

Der Japanneuling ist hingerissen. Es drängt ihn, seine Begeisterung zu artikulieren und mit den anderen zu teilen, weshalb er sich enthusiastisch an seine Begleiter wenden will. Vergebene Liebesmühe, weil längst keiner der Japaner mehr neben dem verzückt versunkenen *Gaijin* steht. Nicht einer von ihnen hatte auch nur ein klitzekleines Blickchen an das überwältigende Schöpfungswunder verschwendet. Hurtig waren sie inzwischen längst an die Kofferräume ihrer Autos gestürzt, kommen jetzt freudig blitzenden Auges und mit zünftigem Angelzeug in den Händen zurückgeeilt und rufen in holprigem Englisch aufgeregt: »Hier gibt es bestimmt Forellen!«

Die an der geschilderten Episode teilhabenden Bekannten des Deutschen sind längst dem Teenageralter entwachsen, weshalb mit hundertprozentiger Sicherheit die Behauptung aufgestellt werden darf, dass in einem geordneten Stück Natur, ausgerichtet nach den Regeln des *Wabi* und *Yugen* ihr Verhalten wesentlich andächtiger gewesen wäre. Ganz grob beschrieben, umfasst diese Stilrichtung Schöpfungen, bei denen Mensch, Natur und verwendetes Zubehör aus innerer Einstellung des Betrachtenden heraus in einem besonderen Verhältnis stehen. Ein Empfinden, was der Eingeweihte schweigend erfühlen kann. Sei es in meisterhaften Landschaftsgärten, beim Teezeremoniell oder beim Bewundern meisterhafter Keramiken.

Wilde, ungebändigte Natur ohne Regeln dagegen verwirrt nur und lenkt vom Kern der Dinge ab. In Landschaftsgärten japanischen Musters aber ist alles dem bekannten Formempfinden unterworfen und durch abstrahierende Verkleinerung wurde die große, verwirrende Natur viel plastischer und wirklicher herausgestellt, was mit lästerhafter Laienzunge respektlos interpretiert werden könnte: gerade, wenn das Formempfinden doch nicht so tief, wie gefordert, nach innen gerutscht ist, muss es unheimlich beruhigend sein, im Geheimen für sich aufzählen zu können: »Dieser Garten von... ist ein beeindruckendes Meisterwerk, weil erstens... zweitens... drittens...«

Nimmt man als gegeben hin, dass der Mensch überall auf der Erde ein Gewohnheitstier ist, um wie viel mehr muss es dann erst ein von *Rei* tief innen oder flach außen beeinflusster Japaner sein. Der berühmte Schriftsteller und Nobelpreisträger *Kawabata* gibt in seinem Buch »Kyoto« Anschauungsmaterial in Hülle und Fülle dafür. Für den nicht mit japanischem Denken Behafteten wird die Naturbewunderung der Hauptpersonen zur Farce pflichtbewusster Traditionalisten. Man erfreut sich nicht immer und überall an einfachen, vulgären Kirschblüten, sondern lediglich an den ganz besonderen, ringsum berühmten in dem Ort *Murashino*. Herbstlaub, was wirklich überall bunt und schön ist, wird als Muss für Bewahrer altjapanischer Art genau und gewissenhaft nur an den ganz bestimmten Bäumen und zu der einen, bestimmten Zeit gebührend genossen. Solche zeit- oder ortsgebundene Bewunderung ist nicht nur in der hehren Literatur der Fall, sondern genauso im alltäglichen Leben.

Komischerweise spielt für echte Japaner nicht etwa die Sonne, als *Amaterasu* immerhin Stammherrin des ganzen Landes, eine umschwärmte Rolle, dafür aber umso mehr der milde Schein des Mondes. Allerdings hat sogar das bewundernde Schwärmen über den romantisch-melancholischen Begleiter unserer Nächte einen auffälligen Terminbezug.

Irgendjemand hatte vor langer Zeit einmal die inzwischen zum festen Bestandteil innerer Form gewordene These aufgestellt, dass der Vollmond nur im September wirklich schön sei. Davon ist unschwer abzuleiten, dass es im September zahlreiche Mondbetrachtungsfeste geben müsste. Was in der Tat im ganzen Land auch in bekannten Parks und Schreinen unter Beachtung bestimmter Rituale ausgiebig der Fall ist.

An einem Septembervollmondabend ist das traditionelle *Kyoto* vom Mondfieber besessen, obwohl im Augenblick nicht einmal eine Rakete dort oben landet. Der in der schönsten Großstadt Japans weilende Autor beobachte verwundert Büroangestellte und Verkäuferinnen, welche verzückt und intensiv zum Erdtrabanten empor starren, den sie vermutlich in anderen Monaten des Jahres über den Verlauf sonstiger Dinge kaum zur Kenntnis nehmen. Vom allgemeinen Beispiel angesteckt, beginnt auch der Autor kurios in den Himmel zu stieren. Liegt es daran, dass ihm die richtige Einstellung für *Rei* fehlt?

Der unbedingt unvergleichlich sein müssende und von tausenden Augenpaaren verzückt betrachtete Mond hat sich allen Regeln zum Hohn gerade hinter einer dicken Wolke verkrochen!

Was für die Natur gilt, trifft erst recht auf das weibliche Geschlecht zu. Man könnte eine Wette darauf abschließen, dass diesbezüglich befragte Männer zwischen 28 und 50 felsenfest, als wäre es ein unumstößliches Naturgesetz, behaupten würden: »*Eine* Geisha *ist schön!*«

Damit kein Missverständnis entsteht. Es wird nicht etwa gesagt, die oder jene bestimmte *Geisha* sei schön, sondern unbesehen in Bausch und Bogen gebühre, ebenso kritiklos wie den viel besungenen Kirschblüten von *Murashino,* der ganzen Kategorie dieses Prädikat.

Dabei sind heutzutage die meisten der klassischen Madame-Butterfly-Nachfahrinnen in einem Alter, nach dem der wahre Gentleman eine Dame nicht mehr fragt. Zudem wirken sie für nicht von Japan Besessene wie wandelnde Tuschkästen, unter deren grellweißer Tünche die Haut wegen ständiger Atemnot oftmals picklig wurde. Auch ihre Zähne entsprechen durchaus nicht dem klassisch-hellenistischen Schönheitsideal, erinnern dafür aber fatal an Draculas Vampirschwestern. Vom Farbton derselben einmal ganz abgesehen, galten doch ursprünglich blütenweiße Zähne als vulgär und wurden dezent schwarz eingefärbt.

Nun lässt sich über Geschmack glücklicherweise streiten, denn was dem einen halbkugelförmiger, praller Busen, ist dem anderen vollendeter langer Halsansatz und Schulterlinie - worauf bei der Bewertung einer *Geisha* besonders geachtet wird. Jedoch Geschmack hin, Geschmack her: warum soll in Japan ausgerechnet biblisches Alter das Attribut *schön,* statt *weise, clever* oder *gesetzt* herausfordern?

Normalerweise, wenn nicht in der *Geisha*-Perspektive befangen, wohl kaum, denn im nicht vom *Rei* bestimmten Umgang mit Ausländern in Clubs oder auf Partys gibt es für den westlich infiltrierten Japaner keine interessantere Frage als die nach dem Alter. Noch bevor wenigstens der Austausch elementarster Höflichkeitsformen einigermaßen beendet ist, werden wildfremde *Gaijin* nervend damit bombardiert und zu allem Überfluss, nachdem sie sich eine Antwort abgerungen haben, auch noch sofort unverfroren laut eingeschätzt: »*Oh, sie sehen aber viel älter aus!*«

Und endlich bleckt, allem *Rei* zum Trotz, der anfangs heraufbeschworene *Hyde-Japaner* höhnisch kichernd seine Zähne.

Wie kann wirklich stilvolles Formempfinden solche indiskret peinlichen Befragungen nicht nur zulassen, sondern darüber hinaus auch noch einen derart taktlosen Kommentar ungerügt erlauben? Die Antwort darauf ist verblüffend einfach und macht gleichzeitig den Doppelaspekt des japanischen Charakters deutlich verständlich.

Das Rätsel aber bereits an dieser frühen Stelle zu lüften, würde der Vielschichtigkeit der japanischen Gesellschaft kaum angemessen sein. Aus diesem Grunde behalten wir diese erstaunliche Wandlung vom Dr. Jekyll- zum Mr. Hyde-Verhalten im Gedächtnis und ersuchen ein weiteres Mal den großen chinesischen Weisen um Rat.

Konfuzius' vier Tugenden, von denen uns nur *Rei* (Formgefühl) beschäftigt, wären als bloße streberische Spielerei zur Ehrgeizbefriedigung des Einzelindividuums total wertlos, da der Mensch nie isoliert ist. Immer steht er an einem bestimmten Platz, der ihm gebührt und ein entsprechendes Verhalten vorschreibt. Individuelles Streben gilt nur, falls es sich in völliger Harmonie mit der sozialen Ordnung vollziehen lässt. Für rebellierende, edle Helden vom Schlage eines Robin Hood ist in dieser Welt kein Platz. Abgesehen davon, dass eine solche Weltanschauung für die jeweils herrschende Klasse optimal ist, liegt genau hier der Hase im Pfeffer!

Der Mensch muss, um den Ablauf des Ganzen nicht zu behindern, ein genau geregeltes Gruppenwesen sein. Innerhalb seines kleinen Wirkungskreises, den er nicht verlassen kann und will, ist alles und jedes klar festgelegt. Sogar die genaue Art, wie wer zu wem zu sprechen und sich zu verhalten hat.

In der *Tokugawa*-Periode ging das soweit, dass die »gewollte« Klassifizierung ewig über Generationen galt und jede Beschwerde gegen Höhergestellte unbarmherzig mit dem Tod bestraft wurde. Niemand konnte in eine höhere Gruppe hineinschlüpfen, was besonders für den Stand der untersten Gruppe, den *Eta,* sehr unerfreulich gewesen sein muss und selbst heute, wo es offiziell keine Klassenunterschiede mehr gibt, immer noch weitgehend so ist.

Ansonsten scheint dem Japaner bis auf den heutigen Tag lebenslange, fest fundierte Verquickung mit ein und derselben Gemeinschaft durchaus nicht unangenehm zu sein. Er empfindet sie als schützende Hülle wie den Mutterleib.

Und dies zeigt sich auch im Arbeitsleben. Bis in die letzten 20 Jahre des vorigen Jahrhunderts hinein, ist der kurzfristige Job amerikanischer Prägung zum bloßen Geldverdienen, den man ähnlich häufig wie das Hemd wechselt, in *Nippon* wenig gefragt.

Nach wie vor stürzt sich der frisch von der Universität gekommene junge Mann aufgeregt in einen dunklen Anzug, bürstet sich die widerstrebenden Haare gründlich und reiht sich zu einer bestimmten Zeit im Jahr in die Riesenschlange wartender Leidensgenossen vor einem der japanischen Großkonzerne ein, um sich der Bewerbungsprüfung für den lebenslänglichen Arbeitsplatz zu unterziehen. Ist diese entscheidende Hürde genommen, kann normalerweise bis zu seinem formvollendeten, von der Familie gebührend zelebrierten Ableben kaum noch etwas schief gehen, vorausgesetzt er hält sich an die Spielregeln der leisen Töne.

Überbegabung und Genie zählen in dieser fest umrissenen und geordneten Welt genauso wenig wie befehlendes Tyrannentum von Vorgesetzten. Auf der Sprossenleiter nach oben rechnen nur die Dienstjahre, weshalb der Wechsel eines Langgedienten zu einer anderen Firma nahezu unmöglich wird – wäre er dort doch nicht mehr einstufbar. Reiht man ihn seinen tatsächlichen Fähigkeiten entsprechend ein, dann verletzt man unweigerlich treue Alteingesessene. Wird er allerdings seiner Neuzugehörigkeit zum Betrieb gemäß ganz unten eingereiht, so verliert er das Gesicht. Das Schlimmste, was einem echten Japaner passieren kann!

In dieser heilen Welt liegen die Haken und Ösen in dem ständigen Stress, bloß keine Form zu verletzen und niemand weh zu tun. Auf der anderen Seite aber muss man krankhaft aufpassen, dass sich niemand über einen lustig machen könnte. Für den Mitarbeiter in gehobener Position existiert darüber hinaus nur eine wirkliche Katastrophe: plötzlich ins feindliche Ausland versetzt zu werden! Gar nicht zu reden von den Gefahren für Leib und Leben in der barbarischen Fremde, verliert er zu Hause den Anschluss und lässt sich bei einer Rückkehr nur schwer wieder sprossenleitergerecht eingliedern. Das gilt bei den meisten Betroffenen auch im globalisierten 21. Jahrhundert immer noch.

Ganz gleich, ob großes Handelshaus von Weltruf, Staatsministerium, städtische Müllabfuhr oder unbedeutende mittelständische Autowerkstatt: in ihrem Inneren sind alle Mitarbeiter eine eng aufeinander angewiesene Gruppe, deren Beziehungen vom Netz des selbstverständlichen Reglements umwoben sind und die sich jeden Morgen wieder beim Aufmunterungsappell mit Frühgymnastik Ansporn für die Aufgaben des Tages holt.

Bedauerlicherweise ist dem Autor nicht bekannt, womit die Angestellten der Müllabfuhr aufgeputscht werden. Genauso wenig weiß er, was der Chef einer kleinen Autowerkstatt seinen lauschenden Mitarbeitern vor der Morgengymnastik über Lautsprecher mit markigen Sprüchen ins Bewusstsein hämmert.

Bekannt und sogar ins Deutsche übersetzt ist aber der Text des *Matsushita*-Liedes, welches Arbeiter und Angestellte des großen japanischen Elektrokonzerns Tag für Tag auf nüchternem Magen mit bewegter Brust intonieren: »*Für das neue Japan lasst uns Kraft und Geist vereinen und die Produktion uns steigern. Endlos sei der Strom der Güter, die der Sturzbach unseres Fleißes bringt den Völkern dieser Erde!*«

Das Beherrschen des selbstverständlichen *Wie* in einer solcher Endstationsgruppen kommt nicht von allein. Regeln für das praktische Leben, die *Gojo* (Fünf Beziehungen - vermutlich aus den Ideen des Konfuzius auf Japanisch zurechtfrisiert), sorgen für abgewogenes, stilgerechtes, störungsfreies Benehmen in Familie, Universität und Betrieb. Natürlich wurden diese Regeln, falls sie überhaupt noch dem Namen nach ein Begriff sind, nicht wie Grammatik in der Schule gepaukt, vielmehr sind sie über Generationen hinweg durch Belehrungen und Erfahrungen in Elternhaus, Schule, Universität sowie am Arbeitsplatz allmählich unterbewusst in Fleisch und Blut übergegangen.

Das beginnt bei dem äußerst wichtigen Kommunikationsmittel Sprache, denn die gleiche banale Phrase muss je nach Situation und der Person, der sie an den Kopf geschleudert werden soll, völlig unterschiedlich formuliert werden. Eine unhöfliche, unstandesgemäße Formulierung ist ein nicht wieder gut zu machender Stilbruch, eine zu höfliche, überstandesgemäße allerdings nicht minder. Dazu spricht eine Frau anders als ein Mann und unzählige Formspielereien mehr.

Der Formungsprozess beginnt beim Kind. In der traditionellen Familienordnung wird das wechselseitig pflichtenreiche Verhältnis zwischen *Oya* und *Ko* (Eltern und Kind) am höchsten eingestuft. Daneben muss die auf individueller Liebe basierende Beziehung zwischen Mann und Frau zurückstehen. Unberechtigten Gerüchten zufolge soll so eine Beziehungsform in Japan sogar noch nach dem ersten Kind bestehen, obwohl sogar gut 5 Prozent aller Ehen heute noch *Omiai* (durch Vermittlung arrangiert) sind.

Im seit Menschengedenken an Raum knappen Japan wird dem Kind von Anfang an eine natürliche Rangordnung klar gemacht, in der es selbst durch die Geburt eines neuen Babys als *Niichan* (großer Bruder) oder *Neechan* (große Schwester) automatisch eine Stufe höher rückt. Japanische Kinder wachsen unter einem ungeschriebenen Gesetz auf, das sie für ihr ganzes Leben prägt: ›*Mittomonai!*‹ (Das sieht nicht gut aus!)

Verbunden ist es mit einer anderen von Müttern aller sozialen Schichten nicht minder strapazierten Phrase: ›*Haji*‹ (Scham).

Die wörtliche Übersetzung des *Mittomonai* spricht für sich selbst, denn demnach schämt man sich nicht etwa aus moralischen Erwägungen, sondern lediglich dann, wenn man gegen den allgemein als solchen befundenen *guten Geschmack* verstoßen hat. Stets wird dem Kind vorgehalten, bloß aufzupassen, dass andere Leute nicht über sein Benehmen lachen könnten. Diese Angst, sich lächerlich zu machen und dadurch das Gesicht zu verlieren, bleibt jedem Japaner lebenslanger Albtraum. Obwohl innerhalb seiner begrenzten Umgebung alle aus Leibeskräften bemüht sind, ihn gar nicht erst in solch eine fatale Situation kommen zu lassen. Das ist ein ständiger, anstrengender Balanceakt, denn stets gilt es zu verhindern, dass die mühsam errichtete Fassade abbröckelt.

Würde die angedeutete Theorie ohne Einschränkung stimmen, dann müsste das Resultat eigentlich konträr sein. Ordnet man sich demzufolge doch nicht deshalb der zuständigen Gemeinschaft unter, weil es von oben befohlen wird, sondern weil es einfach selbstverständlich ist und sich eben gehört.

Darüber hinaus entziehen sich solche Bindungen und Beziehungen zum Wohle des Ganzen jeglicher klarer Formulierbarkeit, wofür es den altmodischen, heutzutage kaum noch bekannten Ausdruck *Kotoage*

Senu gibt. Jeder Versuch, diesen Ausdruck in genaue erklärende Worte pressen zu wollen, würde bereits vom Kern wegführen.

Für diejenigen, welche auf Ordnung als erste Bürgerpflicht schwören, läuft bis hierher also alles sehr gut. Innerhalb der eigenen Gruppe, auf welcher der möglichen Ebenen auch immer, ist für den durch *Rei* geprägten Japaner alles genausten geordnet.

Was geschieht aber außerhalb davon, beispielsweise im feindseligen Verkehr menschenüberfüllter Großstädte?

Leider meist das glatte Gegenteil von der feinen zurückhaltenden Art. Für das anonyme, beziehungslose Wesen in der überquellenden Bahnmenschenmenge zählen hergebrachte Verhaltensformen und Rücksichtsnahmen nicht mehr. Da man keine festgelegten Beziehungen zu ihm und keinerlei Wissen über seine Rangordnung in der Gesellschaft hat, ist *Rei* nicht nur nicht erforderlich, sondern überhaupt nicht möglich.

Und so löst sich exakt an dieser Stelle, wie vorhergesagt, das Rätsel um die zwiespältige Dr. Jekyll- und Mr. Hyde-Natur, wenn auch nicht gerade in Wohlgefallen, so doch auf ziemlich einfache Art auf:

Der höfliche Doktor für die Gruppe, zu der man eine Beziehung hat, der widerliche Schuft Mr. Hyde dagegen für alles Fremde, Anonyme, Bezugslose.

Hinzu kommt der unglaublich schnelle Sprung *Nippons* aus der Feudalzeit direkt ins Atomzeitalter, durch den *Rei* für viele moderne Lebensformen nicht schnell genug mitwachsen konnte und sich erst nach und nach herauskristallisieren wird.

Näher betrachtet kann diese Lösung aber nicht gänzlich zufrieden stellen. Würde nämlich ein durch überhöfliches *Rei* inspiriertes Benehmen einzig und allein nur für die eigene Gruppe reserviert bleiben, der heftig in den Magen gerammte Ellenbogen dagegen für alles anonym Fremde, so wäre logischerweise ein verheerendes Chaos die Folge, in dem eine Gruppe zähnefletschend der anderen an die Kehle springt!

Nun weiß aber inzwischen selbst der an Japan Desinteressierteste, dass dem wirklich nicht so ist, sondern Japans niedrige Kriminalitätsrate geplagten Kollegen in weniger verwöhnten Ländern Rührungstränen aus den Augen presst. Bei aller Gruppenbindung des Einzelnen oder vielleicht gerade deswegen ist Japan eines der am meisten geordneten, sichersten und reichsten Länder dieser Erde.

Wie geht das an? Wie können die verschiedenen Gruppen, obwohl sich ihre Vertreter im öffentlichen Verkehr gegenseitig derart ignorant und ungerührt malträtieren, so harmonisch erfolgreich zusammenleben, dass sie unter der gemeinsamen patriotisch geliebten Firmenbezeichnung *Japan* nach allerhöchstem industriellem Lorbeer zu greifen vermögen?

Sollte es etwa eine Art Super-*Rei* für den reibungslosen Ablauf der Dinge im Nationenmaßstab geben?

Oder, falls nicht, wenigstens irgendwelche Bindeglieder von Gruppe zu Gruppe, die dezent helfen, beziehungslose Fremdheit zu überbrücken und dadurch ein schickliches, den Formen entsprechendes Verhalten zwischen nicht zur gleichen Gruppe Gehörenden überhaupt erst ermöglichen?

Die Antwort auf die Frage nach Bindegliedern ist tatsächlich positiv. Sind es doch nichts weiter als ein Bogen Papier und ein Stückchen Pappe. Ins Verständliche übersetzt, bedeutet das: Empfehlungsbrief und Visitenkarte.

In keinem anderen Land der Welt spielen sie eine solch bedeutende Rolle wie in Japan. Das einführende Schreiben von irgendjemand, der zu dem, von dem man was will, bereits ein fest umrissenes persönliches Verhältnis hat, wirkt auch heutzutage meistens weitaus stärker als noch so günstige, auf eindrucksvolle Zahlen gestützte, Angebote von Fremden. Gewiss hilft auch anderswo bei den verschiedensten Gelegenheiten mündliche oder schriftliche Fürsprache einer bekannten, einflussreichen Person - in Japan macht sie aber entschieden darüber hinaus die Gelegenheit erst denkbar und realisierbar. Ausländische Verkaufsstrategen, die das ignorieren, fallen stets auf den Rücken, wenn sich, wie durch einen bösen Zauber, alle Tore vor ihnen verschließen und unübertreffliche formulierte Geschäftsbriefe nicht einmal beantwortet werden.

Durch den Empfehlungsbrief übernimmt der Schreibende die Rolle eines Vermittlers und Bürgen zur gleichen Zeit, was für den glücklichen Überbringer einem »Sesam öffne Dich« gleichkommt. Wie durch Magie ist er kein anonymer Fremder mehr, sondern ein neuer guter Freund, weil der Briefschreiber Freund, Bekannter oder gar Verwandter des Empfängers ist. Damit wird eine *Rei*-gerechte Behandlung problemlos, denn in dieser Position ist der Fremde ohne weiteres einzustufen.

Wer das weiß und geschickt ausnutzt, kann immense Vorteile daraus ziehen und ein Vermögen machen. Wenige verbindliche Zeilen von der richtigen Person können Wunder vollbringen.

Der japanische Diplomat *Ichiro Kawasaki*, dessen Buch »Japan ohne Maske« ein Aufsehen erregender Bestseller wurde, schreibt darin:

›Einst hatte ich ein Landhaus in dem Gebirgskurort Karuizawa. *Um meinen Garten vergrößern zu können, wollte ich unbedingt ein sich anschließendes Stück Land dazukaufen. Ich hatte schon früher den Besitzer des besagten Bodens angesprochen, aber er schien nie gewillt zu sein, sich selbst für einen attraktiven Preis von diesem Besitz zu trennen. Dann jedoch fand ich heraus, dass besagter Eigentümer der Schwager eines Kollegen und Freundes von mir war.*

Mit einem Empfehlungsbrief meines Freundes, der eigentlich nicht mehr als ein flüchtiges Geschreibsel auf einer Visitenkarte war, machte ich mich erneut auf den Weg, um den Besitzer aufzusuchen, der mein Angebot jetzt widerstandslos akzeptierte, so dass der Handel doch noch abgeschlossen wurde.

Erwähnenswert ist dabei die Tatsache, dass mein Freund sich nicht einmal die Mühe gemacht hatte, die Art meines Anliegens näher zu erläutern, sondern lediglich seinen Schwager kurz bat, für den Fall, ich sollte bei ihm vorsprechen, das ›Erforderliche zu tun‹, was eine gängige japanische Phrase ist.

Trotzdem war einzig und allein diese kurze Empfehlung der Schlüssel zum unerwarteten Erfolg, da der Landbesitzer sich verpflichtet fühlte, durch den Verkauf das Gesicht seines Schwagers zu wahren.‹

Vermutlich stand der Sinn des bedrängten Landbesitzers eigentlich danach, den hartnäckigen Besucher höflich zur Tür heraus zu komplimentieren. Dann hätte er sich weiterhin in Ruhe und Frieden am ständig wachsenden Wert seines Bodenbesitzes erfreuen können.

Dies verhinderte allerdings die erforderliche Rücksichtnahme auf das Ansehen seines hoch verehrten Schwagers, an dem er empfindlich gesägt hätte. Zum einen wäre ihr eigenes Verhältnis unreparierbar zerstört gewesen und die Verwandten hätten sich nie wieder formgerecht und respektvoll begegnen können, nachdem einem *Freund* das *Erforderliche* glatt abgeschlagen worden war. Weitaus schlimmer jedoch: wie würde der Schwager vor der mit seinem Empfehlungsbrief ausgestatteten Person im Falle einer Ablehnung da stehen?!

Ohne verbindliche oder lässig unverbindliche Referenz gehen sehr oft die selbstverständlichsten Dinge nicht mehr. Wer sich als Ausländer wegen solcher Lappalien aufregt, könnte laufend die Wände hochgehen!

Mindestens ebenso wichtig wie der Empfehlungsbrief ist die Visitenkarte. Ohne sie ist man hierzulande kein vollwertiges Mitglied der menschlichen Gesellschaft.

Meishi (Visitenkarten) sind in Japan in noch stärkerem Maße das erforderliche Bindeglied zwischen verschiedenen *feindlichen* Gruppenmitgliedern. Bei unvermeidlichen Konfrontationen, die ein so enges Land im Überfluss beschert, stehen sie sich zunächst unbehaglich, fremd und abtastend gegenüber.

Ein dumpf lastender Zustand, der sofort nach dem formvollendeten Austausch von Visitenkarten gemildert wird, weil unsichere Spannung sich jetzt in formgeschultes Wohlgefallen auflösen kann. Der unauffällige, kurz informierende Blick auf die *Meishi* beseitigt überzeugend jeglichen Irrtum über Status und Gruppenzugehörigkeit des Gegenübers, so dass sich *Rei*-geprägte Formen seiner Stellung entsprechend voll anwenden lassen.

Unklar bleibt bloß, wie man sich in Japan vor Hochstaplern schützt?

In unseren Breiten tragen viele Männer in Ermangelung von Persönlichkeit gern deutlich sichtbar den Autoschlüssel ihrer Luxuslimousine bei sich, weil sie sich ohne sichtbares Statussymbol klein und hässlich fühlen. Solche Selbstvertrauenstützen hat der echte Japaner nicht nötig, denn er sagt nur mit stolzgeschwellter Brust: »*Ich bin* Sato *von* Mitsubishi!« (der japanische Konzern Nr. 1)

Sollte ein zukünftiger japanischer Astronaut auf einen fremden Planeten geschossen werden und dort auf die kleinen grünen Männlein treffen, so darf als sicher angenommen werden, dass er ohne zu zögern, mit verbindlichem Grinsen und unter tiefer Verbeugung seine

Meishi überreichen und andächtig den Namen seiner Firma murmeln würde. Was tut er bloß, falls es dort oben keine Visitenkarten geben sollte?

Die Rolle von Empfehlungsbrief und Visitenkarte ist unbestritten einmalig. Warum ist aber der visitenkartenabhängige Japaner auch ohne derartigen Austausch zu wildfremden Ausländern mitten auf der *feindlichen* Straße meist trotzdem unglaublich freundlich? Das ist kein Widerspruch, sondern ein anderes Phänomen, welches genauso so wichtig ist wie *Rei*.

Wenn ein hilfloser *Gaijin* im Irrgarten japanischer Metropolen einen echten Japaner nach dem richtigen Weg fragt und dieser bereit ist, zu antworten, vollzieht sich im Zeitraffertempo eine Verbindung zwischen beiden, auf der, genau besehen, die gesamte japanische Gesellschaft basiert: das überaus wichtige Verhältnis zwischen Verantwortlichem und Abhängigem.

Wenn der in Eile Seiende innehält, um verbindlich grinsend Orientierungshilfe zu gewähren, übernimmt er automatisch eine Art Schirmherrschaft. Es gilt den verängstigten Fremden aus der unbekannten, demzufolge gefährlichen Umgebung in die Sicherheit eines Ortes zu geleiten, wo es ihn magisch hinzieht. Offensichtlich muss der *Gaijin* dort jemand kennen, an den er sich anlehnen kann. Damit begibt sich der Fragende für eine kurze Zeitspanne vertrauensvoll unter die Fittiche des neuen Mentors.

Jeder traditionsbewusste Japaner nimmt, falls einmal akzeptiert, diese Verantwortung sehr, sehr ernst.

Der mit einer solchen fatalen Frage Beglückte lässt alles andere stehen und liegen. Selbst auf die Gefahr hin, zu spät ins Büro zu kommen, wechselt er die Richtung und leitet den Fremden persönlich bis an die gesuchte Haustür. Dort angekommen, bleibt er garantiert solange horchend vor dem Eingang stehen, bis er sicher ist, dass sein Schutzbefohlener auch tatsächlich das rettende Ziel erreicht hat.

Einmal hatte der Autor einen Japaner, der seine Verantwortung heilig hielt, nach dem versteckten Pfad zu einer kleinen Bar eines Freundes gefragt. Geschlagene vierzig Minuten schwelgte er schon bei kühlem Bier in Wiedersehensfreude, als sich vorsichtig die Tür des Etablissements öffnete und der schon längst vergessene Führer, welcher ihn mühsam dorthin gebracht hatte und dem der Ort wohl nicht unverdächtig vorkam, den Kopf zur Tür hereinsteckte und verlegen flüsterte: »Ist alles in Ordnung, so dass ich jetzt nach Haus gehen kann?«

Seitdem fragt der Autor in Japan nie mehr nach dem Weg.

Ohne es zu ahnen, hatte er sich mit diesem Schritt des gänzlichen Frageverzichts normaler japanischer Alltagsverhaltensweise angeglichen. Jedem echten Japaner ist nichts so zuwider, wie irgendwann irgendjemanden nach irgendetwas aus irgendwelchen Gründen fragen zu müssen. Bei derartig gedankenloser Handlungsweise könnte das Prestige gleich zweiseitig empfindlich angeknackst werden. Schon der eigene Gesichtsverlust ist schmerzlich, weil man nach einer Sache gefragt hat, die allgemein als selbstverständlich gelten könnte, weitaus peinlicher allerdings ist die Befürchtung, den Angesprochenen in die fatale Lage manövriert zu haben, dass er beschämt eingestehen muss: »Das weiß ich leider auch nicht, entschuldigen Sie bitte vielmals!«

Eine vertrauensvolle Frage aber nicht beantworten zu können, ist jedem Japaner ein unbeschreiblicher Gräuel. Im Zweifelsfalle gibt er deshalb, besonders wenn sein Verantwortungsgefühl nicht besonders tief sitzt, lieber eine falsche Antwort als gar keine.

Erweitert man den engen persönlichen Rahmen zwischen Frager und Antworter und ihr kurzfristiges Verantwortlichsein-Abhängigkeitsverhältnis auf Allgemeinmaßstab, dann hat man in ungefähr das japanische Gesellschaftsgefüge mit einem verwobenen Netz derartiger Beziehungen. Der Einzelne empfindet seine Abhängigkeit nicht etwa als Fessel, sondern kultiviert sie sogar. Ohne sie wäre er wie ein Lahmer ohne Krücken!

Am wichtigsten ist das Abhängigkeitsverhältnis zur Firma. Als Gegenleistung für ergebene Treue fühlt sich die Firma verantwortlich wie ein sorgender Vater, was so weit geht, Ehen für leitende Angestellte durch den Vorgesetzten zu arrangieren und im Betrieb zu zelebrieren. Eine perfekte japanische Lösung, denn solchermaßen braucht der mit einer Lebensgefährtin Beglückte vorher nicht einmal selbst zu fragen, ob sie will oder nicht.

Das besondere Verhältnis Firma/Mitarbeiter produziert zwangsläufig den gesamten Alltag beherrschende Erscheinungsformen.

Workaholism, als englische Verballhornung des Arbeitsalkoholismus, spielt in diesem Zusammenhanf eine entscheidende Rolle. Es soll damit nicht zum Ausdruck gebracht werden, dass in Japan bei der Arbeit getrunken wird, sondern dass der Japaner das notwendigste aller Übel braucht wie eine Lebenskraft spendende Droge.

Gruppenaktivitäten en Masse spielen in diesem Zusammenhang eine große Rolle, da das unverkennbarste Merkmal des besonderen Abhängigkeitsverhältnisses nur eine Überbetonung der Gruppe sein kann. Deshalb begleiten derartige Aktivitäten den Japaner von der Wiege bis zum Sterbebett. Sie werden in Gemeinde, Schule, Universität und Firma unter gesicherter Massenbeteiligung durchexerziert. Selbst das obligatorische gemeinsame Trinken nach der Arbeit ist fester Bestandteil davon. Alle persönlichen Beziehungen werden in dieser wohlgeordneten, so wenig individuellen Welt durch Gruppenbindungen bestimmt und daran gemessen.

Dabei hat ein altes Sprichwort nach wie vor Bestand: ›*Ein Nagel, der herausragt, wird reingeschlagen!*‹

In der Gruppe werden Kooperation, Bescheidenheit und Verständnis für andere mehr bewundert als persönlicher Ehrgeiz, Stärke und individuelle Selbstverwirklichung.

Der Schlüsselwert in diesem gemeinsamen Zusammenleben ist *Wa* (Harmonie). Dieses Prinzip der leisen, sanften Töne war schon im Jahre 604 nach Christi durch den legendären Prinzen *Shotoku* festgelegt wurden. Zu ihren überzeugten Anhänger zählten sogar japanische Ministerpräsidenten.

Ein geradezu klassisches Beispiel dafür ist der inzwischen verstorbene *Zenko Suzuki,* der das hohe Amt von Juli 1980 bis November 1982 ausübte. Bei seinem Amtsantritt hatten viele Menschen, auch die, die bestens mit den Regeln des *Wa* vertraut waren, erhebliche Mühe, ihn überhaupt zu bemerken - derart unmerklich, unaufdringlich, scheinbar niemanden weh tuend war er in die wichtigste Position des Staates geschlüpft.

Auf der jeweiligen Ebene soll die erstrebte Harmonie durch einen feinen Prozess gegenseitigen Verstehens, fast an Instinkt grenzend, erreicht werden. Scharfsinnige Analyse ist dabei nicht gefragt, könnte diese doch in eine *klare Entscheidung* ausarten. Dabei wäre es am

Ende völlig schnuppe, ob diese Entscheidung durch Einmanndiktat oder Mehrheitswahl gewonnen werden sollte.

Ausländern in Japan fehlt mehr oder weniger dieser angeborene, Ärger vermeidende Instinkt, weshalb sie entweder aus der Haut fahren oder innerlich verwünschend denken: ›*Nun sagt doch endlich, was ihr denkt und schleicht nicht wie eine Katze um den heißen Brei herum!*‹

Gerade klare Aussagen sind aber schon von Haus her schwer möglich, da allein die japanische Sprache derartige Stillosigkeiten verwischend und abmildernd verhindert. Nicht umsonst wird sie von Kennern als Ausdrucksweise des Vagen und der Unbestimmtheit charakterisiert. Das sehr häufig benutzte Verb *irrashaimasu* heißt sinnigerweise sowohl *gehen*, als auch *kommen* oder gar *bleiben*.

Knifflige Situationen scheinen bei einem derartigen Tatbestand dreifachen Konträrsinnes unvermeidlich zu werden. Wie verhält sich der heimliche Liebhaber einer verheirateten Ehefrau, wenn er mit dem Hausmädchen telefoniert, um dezent die Lage zu sondieren. Kommt, geht oder bleibt der gesetzlich legalisierte Widersacher nun zum Teufel noch mal?

Als echter Japaner kann er ja auch nicht nachfragen, falls er etwas nicht richtig verstanden hat. Bleibt nur eines: die Hoffnung des irritierten Galans, dass ihn wenigstens das Gefühl nicht im Stich lässt!

Japanisch sprechende Ausländer sind im Alltag natürlich erst recht ständigen Frustrationen ausgesetzt. So klagte einer von ihnen: »Ganz gleich, wie ich beim Friseur den Wunsch, meine Haare auf gewünschte Länge zu trimmen, auch formuliere, ob in einfacher, freundlicher oder ehrenvoller Form - am Ende sind sie stets zu kurz geschnitten!«

Doch solche Widerwärtigkeiten sind harmlos, verglichen mit dem, was sich an Barrieren auftürmt, wendet man sich dem geschriebenen Wort zu. *Hiragana* und *Katakana*, die beiden japanischen Silbenschriften sind noch einigermaßen normal, obgleich es anfangs befremdlich klingen mag, aus einer italienischen Carmela in etwas Ähnliches wie *Calamelu* verwandelt zu werden. Hoffnungslos erscheint dagegen, sich in den hintersinnigen Sinn der *Kanji*, den Symbolschriftzeichen chinesischen Ursprungs, jemals auskennen zu können.

Man mag es als gottgewolltes Schicksal hinnehmen, dass es zu viele von ihnen gibt, denn allen reduzierwütigen Reformen zum Trotz verwenden öffentliche Publikationen immer noch Tausende davon.

Selbst der komplizierende Fakt, jedem *Kanji* zumindest eine chinesische und eine japanische Aussprachevariante zubilligen zu müssen, verursacht kaum Gänsehaut. Ursprünglich hatten beide die gleiche Bedeutung, weil sie aus einer bildlichen Darstellung abgeleitet wurden.

Wesentlich bedenklicher wird die Situation dann schon bei zusammengesetzten Wörtern, deren Schriftbild verschiedene Symbolzeichen enthält. Auch bei Eingeweihten setzt alsbald das große Rätseln ein, welche der beiden Aussprachen für verschiedene Wortteile angewandt werden soll?

Nicht Eingeweihte bleiben bereits bei dieser einfachen Kompliziertheit auf der Strecke.

Ein seriöser Mitarbeiter der seriösesten aller seriösen deutschen Wochenzeitschriften ließ sich in einem großartig recherchierten, hintergründigen Artikel über Japan prompt aufs schlüpfrige Glatteis führen.

Der journalistischen Sorgfaltspflicht innig verbunden, hatte er vor einem 48-Stunden-Aufenthalt in *Tokyo* gründlich seine Schularbeiten gemacht und in Büchern recherchiert. Bei der Abfassung einer vor Insiderwissen strotzenden Reportage kannte er als *Experte* selbstredend die Bedeutung des jedem Personennamen nachgestellten Wörtchens »*san*«. Als höfliche Anredeform verwendet man es an Stelle des bei uns Üblichen Herr, Frau oder Fräulein.

Als der wache Journalist in Japan bei der unumgänglichen Plauderei über den Berg der Berge immer wieder nur vom *Fuji-san* und nicht etwa wie bei uns vom *Fuji-yama* hörte, sagte es in seinen grauen Zellen zuerst ›Klick‹ und später ›Aha‹. Das Produkt dieses geistigen Formungsprozesses durften sich nach seiner Rückkehr die stets bildungsbeflissenen und wissensdurstigen Leser des angesehenen Blattes nickend zu Gemüte führen, denn die geistreich, schmunzelnd, überlegen wissende Übersetzung des japanischsten aller Gipfel wurde in angemessener Höflichkeitsform präsentiert und lautete: »Der hochwohllöbliche *Fuji*-Berg!«

Das klingt zugegebenermaßen ziemlich gut und vor allen Dingen so »eingeweiht dabei gewesen«.

Ein klein wenig stört allerdings, dass diese Übersetzung eine glatte Fehlinterpretation ist. Leider sind Realitäten eben meist wesentlich prosaischer. In diesem Fall sind es die beiden unterschiedlichen Aussprachen des gleichen Begriffes »Berg«. Auf Japanisch *Yama* auf Chinesisch *san*, von denen aus sprachtechnischen Gründen, die hier nicht weiter untersucht werden können, in Japan zusammen mit *Fuji* immer das chinesische Wort *san* benutzt wird.

Solche Pannen passieren natürlich nur Sprachunkundigen oder Anfängern, aber sogar für Kenner kann es sehr kritisch werden. Durch sprachgeschichtliche Tücken bedingt, existieren häufig für ein und denselben *Kanji* nicht weniger als drei chinesische und fünf japanische Aussprachen. Dazu klingen die drei chinesischen Aussprachen aus zungenbrecherischen Gründen in japanischen Mündern ganz anders als im Ursprungsland. Die japanischen Intonierungen dagegen haben gänzlich unterschiedliche Bedeutungen.

Hierbei kann wenigstens noch geduldiges Jonglieren mit den verschiedenen Auslegungen dazu führen, den wahrscheinlich gemeinten Sinn des Geschriebenen herauszufinden. Eine Puzzlearbeit, an der bestimmt auch Sherlock Holmes seine helle Freude gehabt hätte!

Gänzlich hilflos sind dagegen selbst gewiefteste Schriftstrategen in Fällen, wo der aus irgendeinem Grund verwendete *Kanji* so selten benutzt wird, dass er dem Entzifferer entweder nie bekannt war oder längst wieder entfallen ist. Mit augenscheinlicher Vorliebe geschieht das bei Ortsnamen auf Straßenwegweisern in den Regionen am Japanischen Meer »auf der Rückseite *Nippons*«.

Doch kehren wir zu *Wa*, der Harmonie, zurück, zu deren Vollendung die Sprache lediglich Mittel zum Zweck ist, weil sie klare, scharfe Aussagen kaum möglich macht. So wundert es kaum, dass der stilvolle Verlauf von Diskussionen oder geschäftlichen Verhandlungen stets ungefährdet ist.

Entscheidungen werden auf keinem Fall von einer einzelnen Person gefällt, sondern durch sorgfältige Konsultation und sehr behutsame, ausgleichende Komiteearbeit. Das einzig und allein befriedigende Endprodukt alles freundlich lächelnden Abtastens kann nur Übereinstimmung sein, die nicht durch zu stark im Raum hängen gebliebene Einwände getrübt wurde. Sind Einmannentscheidungen äußerst unpopulär, so sind es Mehrheitsentscheidungen mit knappem Ausgang nicht minder und werden selbst im Parlament, falls möglich, tunlichst vermieden. Offene Konfrontationen sind geradezu Gift, deshalb werden Meinungsunterschiede, die es tatsächlich geben soll, nicht hartnäckig zur eigenen Profilierung unterstrichen, sondern dezent vorher geklärt. Die eigene Meinung wird vorsichtig, mehr beiläufig angedeutet, um die Reaktion des Gesprächspartners kennenzulernen. Wie der mit Samtpfötchen Tastende allerdings fähig ist, aus noch vageren Gefühlsäußerungen des dezent Getesteten Rückschlüsse über dessen Standpunkt zu ziehen, bleibt höchste Diplomatiekunst fernöstlicher Prägung. Hier muss eine höhere Ader des Wahrnehmungsvermögens vorliegen, die Japanern angeboren ist.

Wird notgedrungen so etwas wie eine eigene Meinung ausgesprochen, dann ist es mehr ein Hauch davon.

Vieles umschreiben die Gesprächspartner oder deuten es nur ganz vage an. So können sie sofort bei leise zu erahnenden Widerstand geschmeidig zurückweichen. Dadurch wird jeder ernsthafte Konflikt zwischen verschiedenen Ansichten tunlichst vermieden, ehe er überhaupt exakt in Worte gefasst worden ist.

Diese Meetings der Meinungen ohne genaue, scharf umrissene Festlegung gehört zum auf der Welt wohl einmaligen *Haragei,* was kurioserweise als »die Kunst des Bauches« übersetzt werden kann.

Der traditionsbewusste Japaner hat ein angeborenes Misstrauen gegen große Zungenfertigkeit, von der er nicht zu Unrecht glaubt, sie diene häufig lediglich dazu, die eigene Überlegenheit demonstrieren zu wollen. Nicht zuletzt deshalb zieht er den stillen Weg vor, besonders bei seriösen Dingen wie Politik und Wirtschaft.

Auch heute noch sind japanische Diplomaten stark davon geprägt. Im unwissenden Ausland, wo man das Geheimnis des unausgesprochenen Wortes nicht richtig versteht, trug ihnen diese Zurückhaltung das respektlose Gütezeichen »S, S, S« ein: *Smile* (Lächeln), *Sleep* (Schlafen), *Silence* (Stille, Schweigen).

Bestimmt kommt ein Neuling auf Grund des bis jetzt Gelesenen zu der Meinung, auch der Durchschnittsjapaner müsse im Alltag eine Art würdiger, schweigender Indianer sein. Jedoch das ist ein glatter Trugschluss. Abgesehen von allem durch Tugendlehren auferlegten Regelwerk ist die japanische Rasse in ihrer Gesamtheit von jeher ein lärmendes, fröhliches Volk gewesen, dass sich bei vergnüglichen Gelegenheiten alles andere als dezent und leise benimmt.

Im stärksten Maße trifft das bei Funk und Fernsehen sowie damit verquickten Shows zu. Gebrüllte, zungenbrecherische, unaufhörlich heraussprudelnde Töne steigern sich bis an die Grenze zum öffentlichen Ärgernis. Nebenprodukt dieses lauten Weges ist eine frappierende Mikrofonsicherheit jeden Japaners, ob blutjung oder uralt.

Grob verallgemeinernd würden demnach die leiseren Töne wichtigen Dingen, die lauteren dagegen allgemein täglichen, profaneren Dingen vorbehalten bleiben.

Die Entwicklung des stillen Weges vollzog sich gerade in Japan und nicht in einem anderen Land Südostasiens, weil es wegen seiner Insellage lange erfolgreich gegen Fremdeinflüsse abgeschirmt wurde und seine Bevölkerung völlig homogen ist. Doch nicht nur die Homogenität der Rasse ist wichtig für den Weg ohne bombastische Worte, sondern mindestens ebenso das bereits erläuterte Abhängigkeits-Verantwortlichsein-Verhältnis.

Es ruht auf zwei starken Pfeilern, ohne die das gesamte ideologische Gebäude leicht einstürzen könnte: *Chu* und *Giri.*

Zwei wichtige Begriffe, die sich nur sehr schwer in eine fremde Sprache übersetzen lassen, weshalb »Loyalität zum Herrscher« und »Ehrgefühl« sehr unzureichend sind. Sowohl *Chu* als auch *Giri* stammen aus der schier unerschöpflichen Tugendschatzkiste des Konfuzius.

Chu spielte bis zum bitteren Finale des 2. Weltkrieges eine starke, wiedererstandene Rolle. Das Ende der verriegelnden *Tokugawa*-Herrschaft brachte dem Land nicht nur industriellen Fortschritt, sondern bescherte auch eine Renaissance der gottgewollten Bindungen zum Kaiserhaus, die von allzu patriotischen Kreisen mit unheiligem Eifer betrieben wurden. Dies uferte in einem militärisch-politischen Dünkel aus, der durch seine Naivität fast rührend wirkte, wären nicht die Begleiterscheinungen und Folgen äußerst barbarisch gewesen.

Dieser Dünkel war eine gläubige Erweiterung konfuzianischer Lehren auf Nationenmaßstab, was auf das Heftigste einen Bekehrungseifer weckte. Während von verbündeter deutscher Seite aus die Welt am germanischen Wesen gesunden sollte, wollte Japan alle Völker

Asiens an den Segnungen der eigenen, allerbesten aller hierarchischen Ordnungen gnädig teilhaben lassen. Für den nicht auszuschließenden Fall, einigen widerspenstigen Ländern würde die nötige Einsicht und Reife fehlen, diesen selbstlosen Missionseifer richtig zu würdigen, müsste eben ein klein wenig mit Waffengewalt nachgeholfen werde. Wo gehobelt wird, da fallen eben Späne. Als Resultat könne einzig und allein eine Art Superkonfuzianismus jede Nation im großen Gefüge am angemessenen Platz stehen lassen.

Die Position Japans, des Landes der Götter und des göttlichsten Kaisers in dieser vom Geschick gewollten Ordnung, kann man sich unschwer ausmalen. Der fest eingeplante Erfolg beim Unterfangen, die Nationen da hinzustellen, wo sie von Rechtswegen hingehören, war ebenso selbstverständlich wie *Nippons* angestammter Platz gleich unter der Sonne. Knappe lakonische Hinweise in Handbüchern für agierende Militärs veranschaulichen diese gläubig-arrogante Sicherheit: ›*Lies das und der Krieg ist gewonnen!*‹

Entweder waren die Handbücher schlecht, die Generäle unaufmerksame Leser oder die Gegenseite Spielverderber: Japan fiel beim bitteren Ende ebenso unsanft auf den verlängerten Rücken wie Deutschland!

Exakt bei der bedingungslosen Kapitulation wird es psychologisch hochinteressant, denn die Handlungsweise des Japaners wandelt sich nach solchen einschneidenden Anlässen quasi über Nacht. Aus dem Saulus wird ein Paulus. Nicht kriegerische Fähigkeiten zählen länger, sondern friedliche Tugenden werden plötzlich hoch gepriesen.

Sowohl Europäer als auch Amerikaner haben Überzeugungen und Prinzipien. Komischerweise am stärksten, wenn es um Kriege geht. Dabei scheint es nicht die geringste Rolle zu spielen, ob derart ethische Werte freiwillig oder weniger freiwillig durch Massenhypnose in ihr Bewusstsein gelangten.

Deshalb wettern sie fassungslos: »*Wie kann man dem Sieger nur derartig um den Hals fallen? Wo bleibt da der Charakter?*«

Japaner haben nicht derartigen Gesinnungsballast, sie verfügen dafür über *Chu* und *Giri*. Doch weder Loyalität zum Herrscher noch persönliches Ehrgefühl sind lebenslanger Selbstzweck, denn auch sie sorgen hauptsächlich dafür, dass das leicht abhanden kommende Gesicht nicht verloren geht und am Ende gar nicht mehr wiedergefunden wird. *Chu* hat nur Gültigkeit, solange der eigene Gesichtsverlust davon betroffen ist. Will der Kaiser den Kampf, dann kann auch der durch *Chu* Verpflichtete unter keinen Umständen die Waffen strecken. Das klingt zwar sehr mittelalterlich, hatte aber selbst im unseligen 2. Weltkrieg noch vollen Bestand.

1945 änderte sich das mit einem Schlag. Plötzlich lag nämlich nicht mehr der geringste Anlass vor, ein gehorsamer Held zu sein. Kein Geringerer, als der *Tenno* selbst, dem verpflichtet zu sein der ganze Aufwand gegolten hatte, verlas eine groß angelegte Kapitulations- und Friedenserklärung.

Das neue Gesicht der Nation war also jetzt ein Gesicht des Friedens. Wenn aber der Kaiser persönlich eine derart umwälzende Änderung zugab, blieb, durch Loyalität zu ihm verpflichtet, keine andere Wahl, als fortan das neue Antlitz der Nation zu ehren. Folgerichtig schlug Kriegsbegeisterung in Kriegsfeindschaft um.

Da zudem einerseits die Amerikaner gesiegt hatten, also offensichtlich die Besseren waren, andererseits aber der *Tenno* offiziell auf seinen Göttlichkeitsanspruch verzichtete, ging als Ersatzbindung ein Großteil von *Chu* automatisch an die Gewinner über. Genauso, wie sich dieses »an die Brust sinken« voller Natürlichkeit vollzog, vermochte oder vermag der Durchschnittsjapaner ebenso wenig irgendeine Kriegsschuld empfinden. Das ist aus seiner Warte auch absolut logisch, denn niemand hatte im Krieg anders handeln dürfen, als, durch *Chu* verpflichtet, sein Gesicht zu wahren.

Und die ist in Japan historisch bedingt nun einmal viel, viel tiefer angelegt, als der bei uns sattsam strapazierte Ausspruch: »*Ich habe nur meine Pflicht getan!*«

Genau betrachtet hat es sich der Japaner gar nicht so leicht gemacht, wie man eigentlich annehmen muss. Das verhindert sein eigenes Ehrgefühl, das *Giri,* welches in seiner überspitzt anmutenden Form an die aufgeplusterte Empfindlichkeit schlagender, studentischer Verbindungen im Geiste Preußens erinnert.

Nicht zuletzt deshalb ging selbst das Kriegsende nicht immer und überall glatt und reibungslos vonstatten. Das *Giri* einiger besonders Getreuer vermochte es nicht zu überwinden, dass das *Chu* durch die kaiserliche Kapitulationserklärung praktisch in den Bankrott gerutscht war.

Guten alten Traditionen folgend, begannen die Einen Massen-*Harakiri* vor dem Kaiserpalast in *Tokyo* zu zelebrieren, während andere in mannigfachen Dschungeln Südostasiens auf eigene Faust weiterkämpften. Ihnen zu Ohren kommende Meldungen über die Kapitulation *Nippons* taten sie einfach als *Feindpropaganda* ab.

In den Tagen feudalistischer Vergangenheit wurde es erst recht zu einem schwierigen Balanceakt auf schwingendem Seil, beide Tugenden unter einen Hut zu bringen. Biss doch nicht selten *Chu* das *Giri* aufs Heftigste und umgekehrt. Manch wackerer Streiter hielt es im Widerstreit der Gefühle mehr mit dem Herrscher, der andere mehr mit der Ehre. Aber am Ende verloren alle, wenn auch nicht das Gesicht, so doch wortwörtlich den Kopf, was für zweckrealistisch veranlagte Naturen zumindest ebenso schmerzlich gewesen sein dürfte.

Der mächtige Mönchskrieger *Benkei*, dessen Eisen-*Geta* (spezielle japanische Sandalen, normalerweise aus Holz) heute noch ehrfürchtig vor dem *Kiyo-mizu*-Tempel in *Kyoto* bewundert werden können, bezog einst von dem jugendlichen, strahlenden und stärkeren Helden *Yoshitsune Minamoto,* im Zweikampf mächtige Dresche. Das Ergebnis dessen verhielt sich entgegengesetzt zu dem, was man vielleicht annehmen sollte. Der Geschlagene ließ sich von Stund an für seinen Bezwinger in Stücke schlagen und ging mit ihm kompromißlos bis zum Ende durch dick und dünn.

In die gleiche Kerbe hieb ein Provinzialfürst, der ebenfalls *Giri* trotzig über *Chu* hielt, indem er verweigerte, einen Feind des amtierenden *Shogun*, der seine Gastfreundschaft genoss, auszuliefern. Das war bestimmt ein Musterexempel an Ehrenhaftigkeit und ehrte sein Gefühl für *Giri* auf das Höchste. Nichtsdestotrotz dürfte es für ihn zu einem bitteren Ende geführt haben.

In beiden angedeuteten Fällen triumphierte also *Giri* klar über *Chu,* wie fatal die Folgen auch gewesen sein mögen. Jedoch so eindeutig fällt die Entscheidung bei weitem nicht immer aus. Vielmehr werden die agierenden Personen zwischen ihren konträren Gefühlen hin- und hergerissen, um schließlich an diesem unlösbaren Konflikt zu Grunde zu gehen.

Ein anderer Feudalfürst fühlte sich über die Riesenschmach, den Mann seiner Wahl nicht als *Shogun* gekürt zu sehen, derartig in seiner empfindsamen Ehre gekränkt, dass ihm fürderhin weder Speise noch Trank richtig munden wollten. Ununterbrochen irrlichterte ein Gedanke durch sein Bewusstsein: ›*Mein* Giri *verlangt, dass der Shogun um die Ecke gebracht wird!*‹

Um nicht chronisch magenkrank zu werden, schritt er endlich zur Tat. Er richtete auf seinem Schloss für den rechtmäßigen *Shogun* ein glanzvolles Fest aus. Der ahnungslose Ehrengast hatte weiter nichts verbrochen, als dem Mann seiner Wahl vorgezogen zu werden und musste trotzdem bitter bezahlen.

Während der *Shogun* ahnungslos tafelte, waren schon verhängnisvolle Vorbereitungen umsichtig abgeschlossen wurden. Man hatte alle Ausgänge des Schlosses blockiert und die Decke so sinnvoll präpariert, dass sie sich zum gegebenen Zeitpunkt schwer auf die Denkerstirn des Militärherrschers hernieder senken musste. Sicherheitshalber war außerdem auch noch ein ergebener *Samurai* damit beauftragt wurden, den hohen Gast auf dem Höhepunkt eines vorgeführten Kriegstanzes zu erschlagen, bevor die Decke niederprasseln würde. Statt nun die Hände beruhigt in den Schoß zu legen und der Dinge zu harren, die da bestimmt kommen mussten, zerriss sich der Feudalfürst in Zweifeln a la Hamlet: ›*Soll ich oder soll ich nicht? Einerseits und andererseits...*‹

War doch das *andererseits* für ihn, der es mit den vorgeschriebenen Tugenden äußerst ernst nahm, mindestens ebenso wichtig wie die persönliche Ehre, denn der *Shogun* war Arm und Repräsentant des *Tenno* und hatte demzufolge vollsten Anspruch auf *Chu.* Just als die Decke ernstlich zu beben anfing, gewann in seiner schwer ringenden Seele die Loyalität zum Herrscher einen eindrucksvollen Sieg. Den Militärherrscher an die Hand nehmend, führte er ihn persönlich durch einen Geheimgang dem rettenden Licht und somit dem Leben entgegen. Zwar rettete er in letzter Minute den *Shogun*, aber nicht sich selbst, denn sein Weg konnte nur der des *Giri* sein und der ging schnurstracks zurück in das zusammenkrachende Haus und in den Tod!

Doch es wird noch viel verwickelter und komplizierter. Das berühmte *Chushingura*, das Heldenlied der 47 *Ronin*, ist eine unablässige Kettenreaktion zwischen *Chu* und *Giri*, die kaum noch zu überblicken ist.

Einst versäumte es Fürst *Asano* aus Ahnungslosigkeit (oder vielleicht auch, weil er überhaupt nicht wusste, wofür er sich bedanken soll), dem ranghöheren Lord *Kira* gebührend formvollendet seine Dankespflicht zu bezeugen. Aus Rache für diesen Verstoß gegen die Etikette beging Lord *Kira* absichtlich einen viel größeren Affront. Er blamierte den Vergesslichen in aller Öffentlichkeit bei Hof.

Eine Sünde, die nur mit dem Blut des Lästerers reingewaschen werden konnte. Wenn es sich um die Ehre drehte, hörte bei den Japanern der Humor auf. Sollte das *Giri* des Fürsten *Asano* nicht lebenslang Tränen vergießen, dann musste schleunigst gehandelt werden.

Passend wäre wohl gewesen, stilvoll die kostbare Samuraiklinge in das Innenleben des verhassten Beleidigers zu bohren. Leider ließ sich eine solche ehrenwert männliche Tat nicht ohne komplizierte Verwicklungen über die Bühne bringen. Am Hofe des allmächtigen *Shogun* herrschte ein striktes Verbot, Händel jeglicher Art mit der Waffe auszufechten. Als Folge davon, stritt in der Brust des gekränkten Fürsten *Chu* heftig gegen *Giri.*

Und in diesem Fall siegte *Giri* auf der ganzen Linie. Auf höchstes Gebot pfeifend, zog Fürst *Asano* vor allen Augen wutschnaubend das blitzende Schwert aus der Scheide. Das war aber auch schon alles. Er kam nicht einmal, aus welcher Ungeschicklichkeit heraus auch immer, in den Genuss, den hämischen Beleidiger aufzuspießen, was für den weiteren Verlauf der Dinge schwerwiegende Folgen haben sollte. Der zornerfüllte Fürst hatte ohne Zweifel gegen *Chu* verstoßen. Dafür aber gab es als denkbare Sühne nur den Tod!!

Großmütig erlegte ihm der Shogun auf, unverzüglich *Seppuku,* traditionellen Selbstmord, zu zelebrieren. Wie es sich schickte, kam Fürst *Asano* dieser Aufforderung prompt in der korrektesten Form nach, womit er fein aus dem Schneider war - denn zumindest in diesem Leben brauchte er sich nicht mehr mit so verqueren Ehrbegriffen wie *Chu* und *Giri* herumzuschlagen.

Der schwarze Peter aber wurde den 47 treu ergebenen *Samurai* zugejubelt, die in seinem Dienst gestanden hatten und nach der feierlichen Selbsthinrichtung und der damit verbundenen Beschlagnahmung aller Güter ihres Fürsten zu herrenlosen *Ronin* geworden waren.

Den Konflikt des nunmehr schon seligen ehemaligen Herrn mussten sie mit 47 multipliziert übernehmen. Schließlich verlangte 47faches *Giri* auch 47fache Rache, wogegen 47faches *Chu* gebieterisch Einspruch erhob. Als Ausweg aus dem Dilemma blieb deshalb nur der 47fache Tod, den sie sich nach intensiven Beratungen durch die Befriedigung ihres *Giri* zu versüßen gedachten.

Da Jedermann mit einer durch Ehrgefühl inspirierten Rache rechnen musste, griffen sie zu einer List, um die Aufmerksamkeit von sich abzulenken und den Feind einzuschläfern. Eine List voller Pikanterie, denn aus Respekt vor *Giri* traten sie *Giri* laufend auf das Unflätigste mit den eigenen Füßen, indem sie einfach alles verzapften, was das Ehrgefühl eines Samurai bindend verbietet. Sie lungerten in Freudenhäusern herum, jagten ihre Frauen aus dem Haus, malträtierten die Ehre der Familie, lagen stockbetrunken auf der Straße herum, ließen sich ungestraft anspucken und scheuten sich nicht einmal, die eigenen jungfräulichen Schwestern als Konkubinen zu verschachern.

Endlich, als niemand mehr einen Pfifferling für sie gegeben hätte und der Gegner sie gar nicht mehr für voll nahm, stürmten sie in einer Winternacht überraschend den Palast von Lord *Kira*, erschlugen ihn so schnell, dass er dessen kaum gewahr wurde und brachten feierlich das abgetrennte Haupt des Beleidigers an das Grab ihres Herrn.

Das hehre Gebot des *Giri* war überzeugend erfüllt, so dass jetzt nur noch die unvermeidliche Sühne für den schweren Verstoß gegen *Chu* blieb.

Damit war der finale Höhepunkt gesichert. Ein Ereignis, welches künftigen Generationen unerschöpflichen Stoff für Bücher, Filme, *Kabuki*- und Fernsehspiele abgeben sollte. Noch heute vergießen Millionen von Japanern Rührungstränen, insbesondere am 14. Oktober, dem Tag, an dem sich das Drama angeblich im tiefen Schnee abgespielt haben soll. Auf Leinwand und Bildschirm macht sich das in Farbe sehr gut. Auf Befehl des *Shogun* schieden die 47 Helden, in feierliche weiße Kimonos gehüllt, nach vorherigem Rezitieren von selbstverfassten Gedichten, eindrucksvoll durch *Harakiri* aus dem Leben.

Trotz der gewiss beeindruckenden Beispiele wissen wir aber beileibe nicht soviel über das japanische Ehrgefühl, so dass es nicht noch zusätzlich analysiert werden müsste, um den Begriff entweder richtig oder überhaupt nicht mehr zu verstehen.

Sicher scheint bis zu diesem Punkt zu sein, dass *Giri* Treuebeziehungen regelt, allerdings ist Treue nicht unverrückbar gleich Treue!

Kann doch, wenn die Umstände es erfordern, gegenüber Freunden, selbst Herren und erst recht Gläubigern durchaus eine Fünf gerade sein gelassen werden. Nie jedoch, falls ein Blutschwur darin verwickelt ist. Der reicht unkündbar bis in den Tod.

Ein Phänomen feudalistischer Vergangenheit, welches in unserer prosaischen Zeit auf das Liebvollste von japanischen *Yakuza,* so lautet hierzulande die Bezeichnung für in Syndikate zusammengeschlossene Gangster, gepflegt wird. Allerding nicht gerade zur Erbauung der als äußerst tüchtig eingeschätzten japanischen Polizei, denn von außen her ist den *Yakuza* kaum beizukommen, weil sie das traditionelle japanische Gefühl für *Giri* schützt.

Die Popularität einiger großer krimineller Syndikate, wie z.B. der *Yamaguchi-Gumi* ist derartig verbreitet, das renommierte Zeitungen zur Zeit der alljährlichen, mit Spannung erwarteten, Steuererklärungen nicht umhin können, die Umsätze der ehrenwerten Gesellschaft akkurat zu veröffentliche.

Was in Uneingeweihten die zwangsläufige Frage hervorruft: ›*Zahlen die Herren* Yakuza *etwa auch Steuern?*‹

Natürlich wird, zumindest vom Treuegehalt her gesehen, das nationale Kulturerbe des *Giri* nicht ausschließlich von traditionsbewussten Gangstern gepflegt und bewahrt. Auch der darob stolze Angestellte eines der großen Handelshäuser wie *Mitsui* oder *Mitsubishi* empfindet bestimmt keinen Deut weniger lebenslanges *Giri* für das Brötchen gebende Unternehmen. In extremen Situationen begeht er für die geliebte Firma Dinge, die er für sich allein nicht einmal im Traum riskieren würde.

Über einen ungewöhnlich langen Zeitraum bewegte ein Skandal die Gemüter aller Japaner, in dem die Telefongesellschaft für Auslandgespräche *KDD* verwickelt war. Hatten doch tatsächlich ansonsten kreuzbiedere, unbescholtene Mitarbeiter der Firma, ohne den geringsten persönlichen Vorteil davon zu haben, aus dem Ausland zollpflichtige Kostbarkeiten ins Land geschmuggelt, die als Geschenke des Konzerns für einflussreiche Persönlichkeiten und besonders gute Kunden verwendet wurden.

Giri zur Firma war während der Aufenthalte des Autors in Japan immer noch fester Bestandteil des gesellschaftlichen Verhaltens. Allerdings begannen in den Achtziger Jahren des vorigen Jahrhunderts einschneidende Änderungen heraufzudämmern. Bei einer Meinungs-umfrage unter jüngeren Arbeitnehmern sollen bereits damals rund fünfzig Prozent ehemaliger Universitätsabsolventen zugegeben haben, ernsthaft zu erwägen, die Firma oder gar den Beruf zu wechseln. Ge-tan haben es allerdings die meisten von ihnen dann doch nicht.

Das dürfte sich heutzutage zwar entschieden geändert haben, trotzdem spielt *Giri* für den Konzern auch im Zeitalter der Globali-sierung immer noch eine nicht zu unterschätzende Rolle im Land der aufgehenden Sonne.

Neben dem großen, lebenslangen *Giri* gibt es übrigens auch verschie-dene kleinere Spielarten, welche trotzdem viel stärker sind als Ver-gleichbares bei uns. Beispielsweise das *Giri*, welches die Hostess für ihren Nachtclub empfindet. Selbst Hausfrauen stehen fest zu dieser traditionellen Bindung, wenn sie aus unverbrüchlicher Treue bei ih-rem Händler an der Ecke einkaufen, obgleich die Preise doppelt so hoch wie im unpersönlichen Supermarkt sind.

Doch *Giri* umfasst eine vielseitige Empfindungsskala. Es regelt nicht nur die Treue, sondern ist, wie schon mehrfach mit Beispielen belegt, in noch stärkerem Maße von zentraler Bedeutung für das per-sönliche Ehrgefühl.

Nun ist aber gerade genau dieses in Japan ein sehr empfindsames Pflänzchen, das allzu leicht und schnell verletzt ist. Stets lebt der über-mäßig damit Behaftete in der Angst, jemand könnte auf seine Kosten lachen. Für Außenstehende erscheint das oftmals wie sterile Humor-losigkeit und unterhaltsam angebrachte Ironie oder scherzhaftes Flap-sen kommen unter Garantie falsch an, weil sie bierernst genommen werden.

Was die Sache mit der Ehre noch verflixter macht, ist der zusätz-liche Tatbestand, dass zu große Wohltaten oder Gaben in der Wir-kung fast schmerzlicher als grobe Beleidigungen sind, denn sowohl die einen als auch die anderen müssen unbedingt mit gleicher Mün-ze heimgezahlt werden. Der Wert eines Gegengeschenkes darf ums Verrecken nicht einen Yen geringer sein, als der dessen, womit man vorher boshaft beglückt wurde.

Solche Danaer-Präsente sind zudem niemals sofort zu erkennen, weil sie akkurat und kunstvoll verpackt überreicht werden und in keinem Fall geöffnet werden dürfen, bevor der edle Geber das Haus des Beschenkten endlich wieder verlassen hat. Viele ansonsten unbeschwert und glücklich lebende Familien zittern stets aufs Neue heftig die Knie, wenn sie schließlich allein die verhüllende Dekoration entfernen und ihnen die furchtbare Wahrheit bewusst wird: »*Verdammt, ein taubengroßer Diamant! In diesem Jahr gibt es kein Bier mehr zum Abendbrot!*«

Und wieder einmal war hier in der guten alten Zeit vieles einfacher als heute, denn im Mittelpunkt der Ehrenhändel standen weniger heimtückisch-freundliche Geschenke, als handfestere Dinge, wie beispielsweise *Blutrache*. Was für ein Höchstmaß an Formgefühl erforderte doch allein diese für *Giri* so ungemein wichtige Ausradierung von Personen, die ihr verfallen waren!

Jede Blutrache musste ordnungsgemäß im Vorfeld frist- und stilgerecht angemeldet werden, erst dann durfte man sie in allem Anstand vollziehen. Leider ist nicht überliefert, ob die unumgängliche Registrierung in schriftlicher Form zu geschehen hatte und wie viele Durchschläge den Feudalbehörden ausreichend genug erschienen. Sehr wahrscheinlich ist allerdings, dass es nicht schriftlich geschah, weil sonst die dafür Zuständigen in einer Flut unerledigter Aufträge ertrunken wären. Auch der geringfügigste Unsinn reichte aus, sich in seinem *Giri* tödlich beleidigt zu fühlen und es blutig zu rächen.

Nichtsdestotrotz hat *Giri,* wie man vielleicht immer noch vermuten könnte, durchaus nichts mit dem braven, hausbackenen Ehrgefühl mittelalterlicher germanischer Prägung zu tun, dessen ritterliche Helden durch knapp sitzende Helme mit aufklappbarem Visier so in ihrem Blickwinkel eingeengt wurden, dass sie nur noch treudeutsch geradeaus zu gucken vermochten. Alle japanischen Götter und Helden sind nämlich mehr oder weniger stets durch schlaue Hinterlist und scharfsinnigen Betrug zum Ziel gekommen.

Um wie viel verzwickter ist es doch heute mit der Ehre geworden. Gibt es etwa auch nur noch eine einzige einigermaßen zufriedenstellende Möglichkeit, malträtiertes Ehrgefühl gebührend zu rächen? Kann man irgendwo erlösende Blutrache anmelden und dann schön stilvoll zelebrieren?

Einerseits verhindern es lieblos nüchterne Gesetze, andererseits mangelnde Tatkraft des Durchschnittsbürgers, der viel zu sehr durch den auslaugenden Kreislauf »Wohnsitz-Verkehrsmittel-Arbeitsplatz und zurück« abgeschlafft ist. Dabei leidet man auch in der Gegenwart nicht minder unter gekränktem *Giri* als anno dazumal. Doch wer ist schon noch so glücklich, Rache in vollen Zügen auskosten zu können? Der Normalbürger schluckt und unterdrückt, auch wenn sein *Giri* blutige Zähren weint, was zwangsläufig zu Neurosen führen muss und die Rückbesinnung auf ein anderes nationales Kulturerbe, den Selbstmord, zwingend anbietet.

Ursprünglich spielten bei der Motivierung für die hierzulande sehr geschätzte Art, allzu verzwickte Probleme zu lösen, buddhistische Betrachtungsweisen eine erhebliche Rolle. Demnach kann die Rache nach dem Tod leichter vollzogen werden. Ein Gedanke, der einleuchtet, denn Geister haben eben ein ganz anderes Arsenal von Möglichkeiten als an irdische Beschränkungen gebundene Erdenbürger, die sich aus ihren starren Dimensionen nicht zu lösen vermögen. Selbst junge Menschen greifen nicht selten auf diesen letzten Ausweg zurück, wobei der Anlass dafür betroffen stimmend gering sein kann.

So war beispielsweise das Ehrgefühl eines Schuljungen unreparierbar getroffen, als der gestrenge Vater kategorisch befahl, ihm die Haare kurz zu scheren. Für den sich verunstaltet fühlenden Grund genug zum Selbstmord!

Genauso wie dieser Junge den Spott seiner Mitschüler gefürchtet haben mag, ist der Normalbürger ständig in doppelt aufreibender Sorge um den nötigen Respekt, den ihm die Umwelt zu erweisen und umgekehrt er ihr zu entbieten hat. Die menschliche Persönlichkeit spielt dabei eine untergeordnete Rolle, dafür umso mehr die Stellung, welche der Einzelne repräsentiert.

Die Faustregel lautet: *Man achte stets drauf, mindestens genau soviel zu scheinen wie man tatsächlich darstellt. Vermeide jedoch peinlichst, mehr vorzutäuschen, als einem wirklich zusteht.*

Genauso umgekehrt, darf man dem Mitmenschen nur soviel Ehre zukommen lassen wie ihm rangmäßig zusteht, jedoch auf keinen Fall ungebührlich zu viel. Beides wäre vom größten Übel für das *Giri*.

Dieses Rangstufenbewusstsein, welches sich rein optisch sogar im Neigungswinkel und in der Länge der Verbeugung zueinander dokumentiert, geht auf die strenge Sozialordnung der *Tokugawa*-Periode zurück. Zwar hat sich in den letzten Jahren vieles geändert und ändert sich laufend noch mehr, aber die wesentlichen Grundzüge des speziellen, auf Rangordnung basierenden, Ehrgefühls dominieren nach wie vor und machen das Alltagsleben zu einem anstrengenden Balanceakt, sich richtig zu benehmen. Dauerverbeugungen zwischen Gleichrangigen führen bei den chaotischen Verkehrsverhältnissen in japanischen Großstädten leicht zu Auto-Fußgängerstaus in engen Gassen. Rechts und links kann wegen nicht zu verschiebender Häuser niemand vorbei und in der Mitte geht bei Dauerhöflichkeitsgymnastik für kleine Ewigkeiten überhaupt nichts mehr!

Die freudige Überraschung kommt allerdings, wenn wir erfahren dürfen, dass neben den pflichtenreichen Bindungen von *Chu* und *Giri* selbst in Samuraizeiten richtige menschliche Gefühle existiert haben sollen, die unter dem Begriff *Ninjo* zusammengefasst werden.

Erstaunlicherweise müssen sie weit mehr als nur ein Mauerblümchendasein gefristet haben, denn ein Lieblingsthema japanischer Literatur ist, in zahllosen Varianten, der meist sehr folgenreiche Konflikt zwischen *Giri* und *Ninjo*. Bei der Patentlösung der meisten dieser Geschichten hört die Freude jedoch schon wieder auf, weil sie, ebenso wie bei dem Jungen, der lieber lange Haare tragen wollte, im Selbstmord gipfeln.

Die Kunst mehr oder minder niveauvoll aus dem Leben zu scheiden, gehört zu Japan wie *Geisha* und *Fuji-san*, obwohl das Land im heutigen Weltmaßstab, sieht man von Selbstmorden Jugendlicher ab, in dieser traurigen Bilanz nur unter »ferner liefen« rangiert. Entscheidend ist aber nicht die Quantität, sondern viel mehr die immer noch grundsätzlich positive Einstellung des Japaners zum Selbstmord, besonders wenn die Ehre dadurch gerettet werden kann. Auch die vorherrschende Religion dürfte ihr Scherflein dazu beigetragen haben. Während im Christentum das freiwillige, nachgeholfene Verlassen dieses Jammertales als schwere Sünde bewertet wird, erwartet den gläubigen Buddhisten nach unserer Welt des Scheins die Freude des westlichen Paradieses und das Wiedersehen mit den hochverehrten Ahnen.

Der Japaner hat sogar eine hohe Schule des Selbstmordes geschaffen, die in der Feudalzeit mindestens so andächtig wie ein Teezeremoniell verrichtet wurde und bei der es eigentlich nur verwundert, dass sie nicht ebenfalls in besonderen Instituten von Großmeistern gelehrt wurde – vielleicht lediglich aus Verschleißgründen an Menschenmaterial?!

Man nennt diese hohe Kunst *Harakiri* oder *Seppuku*.

Im heutigen Japan ist sie meist nur noch auf der *Kabuki*-Bühne oder im Fernsehen mit tränenreicher Andacht zu genießen, da die Methoden, sich aus dem Leben zu empfehlen, allgemein recht formlos geworden sind.

Stilvoll mutet lediglich noch an, dass sich unglückliche Liebende gemeinsam in den dafür berühmt-berüchtigten Vulkankrater des *Mihara* auf der Insel *Oshima* und des *Aso* in *Kyushu* stürzen. Auch der Todessprung ins grandios schäumende Naturwasserbecken des *Kegon-no-Taki*-Wasserfalls bei *Nikko* lässt sich unter »Nationales Kulturerbe« einordnen. Die meisten heutigen Selbstmorde allerdings muten wie moderne »Konfektionsware« ohne innere Sammlung und Formgefühl an, die zu allem Überfluss nicht selten völlig Unbeteiligte in Lebensgefahr bringen: sich vor den fahrenden Zug werfen, vom Hochhaus springen oder den Gashahn aufdrehen!

Das klassische japanische Selbstmordritual dagegen entwickelte sich aus metzgerhaft rohen Anfängen und ritualisierte nach und nach zur Kunst der Noblen, unbewegt und stilgerecht aus der Welt des Scheins zu entschlüpfen, wenn Ehre oder der zuständige Herr es geboten.

Hara heißt ins Deutsche übersetzt Leib. Diesem Zentralpunkt des menschlichen Körpers wurde ungewöhnlich hohe Bedeutung zugemessen. Er galt als Wohnsitz aller Gefühle und der unsterblichen Seele. Der eigentliche Schnitt mit einem Dolch wurde allerdings nicht in der Höhe des Magens, sondern knapp unter dem Bauchnabel mit ruhiger Hand, ohne minimales Zucken der Gesichtsmuskeln oder Andeutung von Schmerzenslauten von rechts nach links ca. 2 Zoll nach oben gezogen.

In den meisten Fällen hätte diese kunstvolle Bauchsezierung nicht als Todesursache ausgereicht, weil sie nicht sehr tief ging - angeblich sollen Mogler den empfindlichen Unterleib mit der Dolchspitze gerade mal gekitzelt haben. Die Hauptverantwortung für erfolgreiches Gelingen trug ein vorher sorgfältig ausgewählter Assistent. Je höher sein Rang, desto größer die Ehre für den seelisch schon in anderen

Regionen Weilenden. Er stand links hinter den gesammelt am Boden Knienden und mit dem Dolch in sich Herumsäbelnden.

In der Hand hielt er ein besonders scharfes Samuraischwert, das dem Todeskandidaten entweder sehr teuer oder verehrungswürdig war. Solcherart bestückt, beobachtete er konzentriert die erregenden Verrichtungen vor sich, um auf das unmerklichste Zeichen hin, den Höhepunkt der Zeremonie zu zelebrieren: das erlösende Kopfabschlagen mit einem Streich!

Eine weitaus mehr als nur handwerkliche Kunst, die den ganzen Spezialisten erforderte, denn nur Stümpern passierte das fatale Missgeschick, das Haupt grotesk über den Boden rollen zu lassen und womöglich hochwohlgeborene Zuschauer durch herumspritzendes Blut zu beschmutzen. Der wahre Könner vermochte es haargenau abzupassen, dass der vom Körper befreite Kopf danach an einer einzigen Hautsehne schaukelte!

Natürlich ist der Weg bis zu dieser kulturellen Verfeinerung der Selbstentleibung, wobei außerdem noch unzählige Details in Kleidung, Haltung, Gesichtsausdruck und innerer Konzentration liebevoll berücksichtigt werden müssen, sehr lang und dornenreich gewesen. Auch die Japaner kamen durchaus nicht mit angeborenem Wissen über perfektes *Harakiri* zur Welt. Frühe Überlieferungen von Selbstmorden wissen lediglich über Aufhängen oder Verbrennen in den eigens dazu angezündeten vier Wänden zu berichten.

Für den späteren Durchbruch des *Harakiri* sorgte am Beginn der Feudalzeit *Yoshiteru Murakami*, ein pflichtentreuer Krieger des Prinzen *Morinaga*. Allerdings vollzog sich sein Abgang noch nicht in sehr verfeinerter, dafür aber umso wirkungsvollerer Art und Weise, die kolossal dadurch gesteigert wurde, dass er den Akt des Bauchaufschlitzens mit einer spektakulären Selbstverbrennung kombinierte, solcherart eine Brücke zwischen Vergangenheit und Zukunft schlagend.

Durch des *Karmas* (Schicksal) Ungunst war er mit seinem Herrn in einen unentrinnbaren Hinterhalt geraten. Während die feindlichen *Samurai* schon in erdrückender Übermacht den Vorgarten besetzten, saßen sie in ihrem Haus wie die Maus in der Falle. Damals galt dem wahren Vasallen das eigene Leben überhaupt nichts, wenn Ehre und Person seines Feudallords in Gefahr gerieten. *Murakamis* Denken kreiste einzig und allein um eine Fluchtmöglichkeit für den Prinzen, weshalb er unbedingt den Feind ablenken wollte. Unversehens stand er mit einer brennenden Fackel auf dem Strohdach des belagerten Hauses, setzte es umsichtig in Brand und schrie durch die augenblicklich auflodernden Flammen nach unten: »*Ihr Hundesöhne, ich bin der edle Prinz* Morinaga! *Jetzt passt mal schön auf, dann könnt ihr Feiglinge erleben, wie ein echter Krieger stirbt!*«

Eine glatte Lüge, aber auch ohne Überreichen einer Visitenkarte schien niemand Zweifel an seiner Identität zu haben, denn schließlich hatte er sich, wenn auch in etwas rauer und nicht ganz korrekter Form, deutlich vorgestellt.

Ein vorsichtiger Blick über die Schulter bestätigte dem *Feuerteufel*, dass der *richtige* Prinz gerade auf Nimmerwiedersehen über die Gartenmauer verschwand. Jetzt galt es, dem Herrn genügend Vorsprung zu verschaffen und die Gegner mit einer einmaligen Show abzulenken. Sich plastisch von den prasselnden Flammen abhebend, legte er, den Umständen entsprechend, die Oberkleider eine Idee schneller ab, als er es unter Normalbedingungen getan hätte, zückte den Dolch und brachte den künftig von jedem richtig ausgebildeten *Samurai* beherrschten Schnitt knapp unter dem Bauchnabel an.

Jedoch - was für ein Schnitt!

In der ungeschliffenen *Seppuku*-Urform des *Yoshiteru Murakami* konnte von Mogeln wirklich nicht die Rede sein, denn die Eingeweide quollen ihm wie Leberwürste aus dem waidwunden Sitz der Seele! Trotz unerträglicher Schmerzen und höllengleicher Hitze hielt er sich unbewegten Gesichtes kerzengrade, griff geringschätzig in die heraushängenden Innereien, schnitt eine reichliche Handvoll davon ab und warf sie immer noch zielsicher den konsternierten Feinden um die Ohren. Erst nach dieser erleichternden Tat zog er mit letzter Kraft das Schwert aus der Scheide, setzte es im Mund an und ließ sich erlösend in Schwert und brennendes Dach nach vorn fallen.

Ein Auftakt nach Maß, der gewiss zu den schönsten Hoffnungen berechtigte, die in der Folgezeit auch nicht enttäuscht wurden. Die Methoden des *Harakiri* verfeinerten sich schnell auf den bereits geschilderten rituellen Stand und die Anzahl bekannter Leibschlitzereien könnte Bände füllen.

Allem die Krone setzte ein Massen*harakiri* auf, welches dem stark ausgeprägten Gemeinschaftssinn des Japaners geradezu ideal entgegenkam – und kommt. Selbst der zuvor geschilderte Abgang der 47 *Ronin* verblasst dagegen stark.

Am 5. Juli 1333 schieden *Takataki Hojo,* seine Geliebte sowie sage und schreibe 873 seiner Krieger gemeinsam aus dem Leben. Die unvermeidliche Niederlage durch General *Yoshisada Nitta* vor Augen, schlug man sich umschichtig die Köpfe ab. Zu hoffen bleibt, dass die Enthauptung in Reihe am Ende auch aufging, so dass niemand enttäuscht zurückbleiben musste!

Dies war eine Tat, die die Massen derartig stark bewegte, dass nach Bekanntwerden der heroischen Abschiedsvorstellung noch 6000 weitere Menschen aus Loyalität *Harakiri* verübt haben sollen.

All das sind Vorgänge, die bei den meisten Japanern immer noch tiefste Bewunderung auszulösen vermögen, während sie bei nüchternen Begutachtern aus anderen kulturellen Sphären leicht zu der provokativen Frage führen könnten: »*Haben die denn nicht alle Tassen im Schrank, sich so mir nichts dir nichts den Bauch aufzuschlitzen, nur weil ihr Leithammel am Ende ist?!*«

Als einigermaßen einleuchtende Erklärung für derartige Selbstvernichtung kann nur auf die fest verankerten Samuraitugenden der *Kamakura*-Zeit hingewiesen werden, deren hervorstechende Grundpfeiler Disziplin, Härte und Bedürfnislosigkeit waren. Ideale, die auch im *Zen*-Buddhismus zu den Haupttugenden zählen. Eine Religion, die von Indien über China in Japan eingeführt wurde und heutzutage sogar in der westlichen Welt immer mehr Anhänger findet.

Der Autor las eine vorzügliche Formulierung über die Gemeinsamkeit von Samuraitugenden und *Zen*-Buddhismus: ›*Beide strebten danach, die eigene Ich-Bezogenheit stufenweise bis zur völligen Selbstlosigkeit zu bannen und alle Möglichkeiten einer Ablenkung, nicht etwa von außen, sondern von innen her zu eliminieren, bis der Geist »leer« geworden war und damit frei von allen Bindungen an Leben und Tod. Erst dann hatte der Ritter den Stand erreicht, der ihn zur Erfüllung der Treuepflicht befähigte.*‹

Anders ausgedrückt: der wahre Held pfeift auf Familie, Freunde, Besitz und ähnliche ablenkende weltliche Beziehungen. Nur so kann er sich voll und ganz in perfekter Pflichterfüllung verwirklichen. Deshalb ist ihm selbst der Tod auf derart unvergleichliche Art völlig schnuppe. Trotzdem ist der Tod, wie das ausgefeilte Zeremoniell des *Harakiri* oder *Seppuku* anzudeuten scheint, keineswegs eine erstrebenswerte Tugend, sondern lediglich ebenso gleichgültig wie der übrige Rest des Daseins. Ganz so, als ob der Lebenswille des echten Helden nur auf Sparflamme flackern würde.

Aufbegehrende, kraftvolle Helden, welche gegen Konventionen anrennen und damit Erfolg haben, sind in dieser Weltanschauung nicht etwa starke, sondern schwache Charaktere, die sich vor ihrer Pflicht drücken wollen. Um das abgeklärte Stadium jenseits von Gut und Böse zu erreichen, bedarf es in erster Linie Selbstbeherrschung und Härte gegen sich selbst und andere.

Der wahre Feudallord regt sich nicht im Geringsten auf, falls ein schwerhöriger, kurzsichtiger Untertan sein Herankommen hoch zu Ross nicht bemerkt. Ein anderer Grund als dessen Gebrechen ist für diese unerhörte Ignoranz nicht denkbar. Niemand sonst versäumt es dem obligatorischen Ruf Folge zu leisten: »Auf die Knie!«

Genauso wenig werden besagtem Untertanen in Zukunft seine Gebrechen noch weiterhin stören. In Windeseile ruhen sie innerhalb des abgeschlagenen Kopfes vor seinen Füßen und sind aller Erdenschwere ledig. Dem gemessen sein Schwert abwischenden Feudallord samt Begleitern nötigt das weder ein Runzeln der Augenbrauen, noch die kürzeste Unterbrechung des gerade geführten Gespräches oder gar ein lautes, böses Wort ab!

Man schreit nicht, erschrickt nicht und zeigt überhaupt keine überflüssigen Gefühlsäußerungen, falls sie nicht gerade dem allgemeinen Stilempfinden nach unbedingt zu einem Zeremoniell gehören.

Der Zwillingsbruder der Selbstbeherrschung ist äußerste Härte, besonders gegen sich selbst. Eine umstrittene Tugend, an die unwillkürlich gedacht wird, wenn die Sprache zufällig auf das japanische Wesen kommt. Zurückliegende Frontberichterstattung aus dem 2. Weltkrieg, und wohl in noch stärkerem Maße der nicht tot zu kriegende Boom von Filmen und Romanen aus diesem Genre, dürften schuld daran sein.

Im gegenwärtigen Japan fällt es allerdings sehr schwer, in der Menge harmloser, beschlipster Angestellter, denen man vorgestellt wird, nur den leisesten Hauch selbstzerstörerischer Härte und brutaler

Grausamkeit gegen den Feind zu vermuten. Trotzdem rekrutierten sich vor gar nicht so langer Zeit die legendären, todesverachtenden *Kamikaze*-Flieger aus Menschen wie ihnen.

Zwar war der logische Niedergang der sich selbst überlebenden Samuraikaste nicht aufzuhalten, aber speziell ihre Tugend der Härte blieb in den folgenden Epochen ein markantes Gesicht Japans.

Mag sie auch in der Gegenwart zurückgedrängt worden sein, wenigstens auf sportlichem Gebiet steht dieses Erbe der Feudalzeit immer noch in hoher Blüte.

Selbst im Alltagsleben blitzt gelegentlich diese männliche Härte durch: mit einer absolut stoischen Ruhe lassen sich die Herren der Schöpfung auf überfüllten Bahnhöfen Zigarettenlöcher in die Haut brennen, Zehen zertrümmern oder auf sonstige Art und Weise traktieren!

Nicht einmal ein total übermüdeter Busfahrer, der ausgerechnet während der Hauptverkehrszeit in regelmäßigen Abständen am Steuer einnickte und erschrocken wieder auffuhr, vermochte bei den ausgelieferten Insassen Todesangst oder wenigstens protestierende Aufregung zu erwecken. Nur eine formlose Außenseiterin, die bestimmt keine reinrassige Japanerin gewesen sein kann, regte sich mit beschwörenden Appellen auf. Aber das ließ niemanden von der fesselnden Zeitungslektüre aufsehen.

Was waren die Japaner erst für Kerle, wenn es auf dem Schlachtfeld des Ruhmes galt, die Kastanien aus dem Feuer zu holen. Grausamkeiten in japanischen Kriegsgefangenenlagern wurden zur weltweiten Schauermär. Der Gerechtigkeit halber muss vermerkt werden, dass sie mit sich selbst keinen Deut besser verfuhren. Es war tausend mal besser, tot zu sein, als in Gefangenschaft zu geraten, denn ein Kriegsgefangener, der nicht bis zum Letzten gekämpft haben kann, sonst wäre er ja nicht in die Hände des Feindes gefallen, existierte für sein Land nicht mehr. Der zweifelhafte Erfolg solcher tief eingewurzelten Überzeugung lässt sich aus der Statistik von Kriegszügen gut ablesen. Im Burmafeldzug kamen auf einen lebend gefangenen japanischen Soldaten 120 Tote!

Für richtige Soldaten war auch in den Kampfpausen Krieg, denn das Vorbereitungstraining gestaltete sich zur unmenschlichen Belastungsprobe. In den Dreißiger Jahren machte man mit satanischer

Vorliebe fünfzig bis sechzig Kilometer lange Gewaltmärsche bei voller Ausrüstung. Als Charakter stärkende Zusatzerschwernis war Essen und Trinken während der gesamten Tortur strengstens verboten. An einem ungewöhnlich heißen Tag starben dabei fünf Soldaten vor Durst und Erschöpfung. Die Inspektion ihrer Ausrüstung nach der Tragödie ergab, dass alle fünf *volle* Trinkflaschen bei sich trugen!

In der richtungweisenden *Meiji*-Periode (1868- 1912, unter Kaiser *Meiji* öffnete sich das Land dem Westen und Reformen leiteten die industrielle Entwicklung *Nippons* ein) wurde mit kühnem Federstrich der Status der Geburt mit allen Vor- und Nachteilen abgeschafft und vollends durch die Bildung ersetzt. In Zukunft fragte niemand mehr: »Wer war dein Vater?«, sondern: »Welche Universität hast du besucht?«

Das klingt umwerfend demokratisch: alte Standesvorteile zählen nicht mehr und jeder beginnt mit seiner Geburt beim Stand Null. Demzufolge hat jeder die gleiche Chance, auf der Sprossenleiter der von jetzt allein zählenden Bildungshierarchie empor zu klettern. Allein das garantiert einen durch Ehrgeiz getriebenen Schub Japans in eine gebührende Position im Nationenvergleich und dient damit dem großen Ziel, Japan aus der Feudalzeit in die Spitzengruppe der Industrienationen hoch zu katapultieren.

Für den Einzelnen hat die Sache aber einen kleinen Haken, der in der ritualisierten Vorliebe des Japaners für »die spezielle Sache an dem besonderen Platz in der ganz bestimmten Art« liegt.

Von den ersten Anfängen dieser Entwicklung an gab es einige auserlesene Universitäten, die nach japanischer Meinung der Gipfel der Weisheitsaneignung und demzufolge der einzige Schlüssel zu späterem Erfolg sind.

In Japan fragt niemand nach der Abschlussnote eines Examens, sondern nur nach dem Namen der Institution, wo man seine Studienzeit abgerissen hat. Die unnahbarste Schöne wird weich wie Butter an der Sonne, wenn der zuvor vergeblich um ihre Gunst Buhlende beiläufig den Satz fallen lässt: »Ich habe an der *Tokyo*-Universität studiert!«

Spitzenpositionen in der Staatsbürokratie werden dominierend von einstigen Kommilitonen dieser Prestige-Bildungsinstitution besetzt, woran sich bis heute wenig geändert hat, obwohl die Amerikaner nach dem Krieg, als Ersatz für die in Deutschland eifrig verfochtene Entnazifizierung, eine »*Ent Tokyouniversitätskampagne*« durchzogen haben.

Das japanische Bildungsauswahlprinzip ist mittlerweile so ausgereift wie Harzer Käse und kann perfekt durchgespielt einstige Geburtsprivilegien nahezu ersetzen. Wenigstens bei der Geburt beginnt man mit dem Stand Null, was sich aber schon mit dem Kindergarten zu ändern beginnt, so dass die Reihenfolge für eine erfolgreiche Karriere nur so lauten kann: der richtige Kindergarten, die richtige Grundschule, die richtige Oberschule und schließlich die richtige Universität.

Von gelegentlichen Bestechungen und Bevorzugungen abgesehen, führt nur der dornenreiche Weg durch die Hölle der Aufnahmeprüfungen in diesen Erfolgskreisel hinein. Dieses Massenschlachten schwarz uniformierter Schüler sorgt Jahr für Jahr dafür, dass Japan in der Selbstmordrate für Schüler absolute Weltspitze bleibt.

Obligatorisch sind sechs Jahre Elementar- und drei Jahre Junior-Oberschule. Doch um später gute Brötchen in der Wirtschaftshierarchie der Leistungsgesellschaft oder im einflussreichen Beamtenapparat verdienen zu können, muss eine gute Schule und eine führende Universität her. Ehrgeizige Eltern setzen ihre Sprösslinge unter einen derartigen Leistungsdruck, dass schon allein dieser für viele Psychiater eine solide Existenzgrundlage ist.

Und die außerfamiliären Verhältnisse tragen das Ihrige dazu bei, die Nervenanspannung noch weiter zu steigern: um ganze vierhundert freie Plätze der begehrten *Gakuen*-Oberschule in *Tokyo* kämpfen weit über 6.000 Bewerber. Und dies mit allen Mitteln, wozu auch durchaus gehört, gute Freunde, die zu Rivalen geworden sind, mit allen Tricks vom Lernen abzuhalten.

Das Resultat davon ist ein ständiger Lernstress, der in einem etwa derart gestalteten Schulalltag endet: 8-16 Uhr Unterricht. Anschließend bis 17 Uhr Seminar. Hinzu kommen 3 Stunden Hausarbeit täglich und ein- bis zweimal der Besuch einer *Juku* (private Nachhilfeschule), denn nur dort ist es möglich, individuell auf den Einzelnen einzugehen und den Lehrstoff zu vertiefen. *Juku* sind durch den Bildungsdruck ein einträgliches Geschäft und schießen wie Pilze aus der Erde.

Staatliche Prestige-Universitäten wie *Tokyo* oder *Kyoto* und einige Elite- Privatuniversitäten wie *Waseda* oder *Keio,* die ihnen kaum nachstehen, sind in diesem System nur die Spitze der Bildungspyramide.

Oberflächlich betrachtet könnte sogar der Eindruck entstehen, dass im ganzen Land ein überinflationäres Angebot an Universitäten und Schulen herrschen würde. Jedoch der Schein trügt. Zum einen wollen in einem Land, wo unter bestimmter Konstellation selbst Müllfahrer mit akademischer Schulbildung bevorzugt werden, zu viele Jungen und Mädchen studieren, zum anderen aber nach Möglichkeit an einer der nur dreißig Prozent des Gesamtbestandes ausmachenden, staatlichen Universitäten. Das lässt sich nicht nur mit deren elitärer Stellung erklären, sondern hat auch handfeste finanzielle Gründe.

Laut Artikel 89 der japanischen Verfassung müssen Privatuniversitäten ohne finanzielle Staatsspritzen über die Runden kommen, weshalb sie notgedrungen wesentlich teurer als ihre staatlichen Alternativen sind.

Allerdings leistet ihnen die brüderliche staatliche Konkurrenz in der Weise Hilfestellung, da durch eine genial ausgeklügelte Terminierung Aufnahmeprüfungen ein pfiffiger Mehrprofit erwirtschaftet werden kann.

Viele Eltern sind gern bereit, für eine bildungspolitische Rückversicherung ihrer Sprösslinge zunächst einmal tief in die Tasche zu greifen. Besteht der Kandidat als erstes die Aufnahmeprüfung für die weniger attraktive Privatuniversität hat er bereits den Spatz in der Hand, ohne die Taube auf dem Dach gänzlich abschreiben zu müssen. Natürlich will der kleine, schwache Spatz auch anständig aufgepäppelt werden, soll er nicht protestierend zur unerreichbaren Taube entflattern. Um das errungene Anrecht aus der leichteren Aufnahmeprüfung bei Semesterbeginn wirklich auskosten zu können, wird der Herr Vater gleich nach dem Glückwunsch dezent hüstelnd zur Kasse gebeten: *Kifukin,* ein manchmal recht happiges Geldgeschenk an die ehernwerte Universität, alle Gebühren für das erste Semester sowie sonstige Unkosten, gilt es sofort zu berappen.

Solchermaßen abgesichert, kann der hoffnungsvolle Knabe oder das strebsame Töchterlein unverkrampfter an die staatliche Aufnahmeprüfung herangehen und vielleicht deshalb - oder durch des *Karmas* Gunst - auch hier bestehen. In diesem Fall ist jedermann glücklich und zufrieden. Der Prüfling über das Erfolgserlebnis und das zu erwartende Taschengeld, der Vater über den vererbten Genius seines Kindes und die Verwaltung der Privatuniversität über das bereits erhaltene Geld von einem Kommilitonen, der bei Semesterbeginn nicht aufkreuzen wird.

Die Kalkulation vieler privater, durchschnittlich guter Schulen und Universitäten würde ohne diesen Mehrprofit im Verhältnis von einem zu zwei Dritteln weder vorn noch hinten aufgehen.

An einem privaten Bildungsunternehmen bewerben sich 1100 Schüler. Da der Mensch die Götter nicht zu sehr versuchen soll, werden nach Abschluss der Prüfung 750 von ihnen akzeptiert, obwohl die Kapazität für neue Studenten bestenfalls 250 beträgt, sollen nicht Verhältnisse wie im Nahverkehr während der Stoßzeit herrschen. Bei Semesterbeginn steht der Herr Direktor persönlich am Eingang und zählt trotz vorher geschluckter Beruhigungspillen mit laut klopfendem Herzen die munter herbeiströmenden neuen Zöglinge. Bei der endgültigen Zahl von 230 wird sein Herzschlag wieder normal und er seufzt erleichtert: »*Gott sei Dank, der Eiertanz ist auch dieses Mal wieder gut ausgegangen!*«

So atmet also der Herr Direktor genauso erleichtert auf wie all die Aspiranten, die bestimmt nicht nur einmal während der endlos erscheinenden Aufnahmedruckphase sehnsüchtig ihrer ach so glücklichen Kindheit gedacht haben werden.

Japanische Kleinkinder scheinen nämlich grundsätzlich alles zu dürfen. Ganz gleich, ob zu Hause, auf der Straße oder erst recht im Kaufhaus - dem bereits geschilderten Kinderparadies. Aus alten japanischen, durch enges Zusammenleben und ständiges Beisammensein abgeleiteten Erziehungsmethoden, verbunden mit hypermodernen amerikanischen Ideen über die Verwundbarkeit der kindlichen Seele, wurde eine Symbiose des Verwöhnens geschaffen, die jedem überzeugten Antiautoritätsjünger Tränen der Rührung in die Augen treiben dürfte. Es spricht für die außerordentlich gute Erbanlage japanischer Kinder, dass trotzdem die meisten von ihnen durchaus sympathisch und nett anmuten.

Doch dann folgt auf diese ungetrübte Daseinsharmonie, in der man alles machen darf, mit dem Eintritt ins schulische Leben eine Wendung um 180 Grad.

Bisher frei schwingende Kinderseelen werden übergangslos in ein striktes Disziplinkorsett mit Uniformzwang, Morgenappell und härtestem Sportdrill gepresst.

Wenn man an die Theorien des großen Siegmund Freud berücksichtigt, können eigentlich nur Naturen wie Stahl einen solchen Bruch in der Persönlichkeitsformung ohne seelischen Knacks überstehen. Daraus lässt sich unschwer folgern, dass genau an diesem Wendepunkt in der Entwicklung des Kindes die Basis für spätere Neurosen gelegt worden ist. Umso mehr, weil meist zu Hause »bei Muttern« alles weiterläuft wie bisher gehabt. Wer kann aber einen solchen ständigen täglichen Wechsel schon ohne Schaden für sein Gemüt verkraften?!

Die Folge scheint unausweichlich: nach jahrelangem stoischem Gleichgang arbeitet dieses bewährte System nicht mehr nach Wunsch. Die Bestürzung ist zwar riesengroß, kann aber nichts daran ändern, dass die 12-14jährigen dieses zwanghafte Spiel nicht länger mitspielen wollen.

Sollten zersetzende liberale Ideen das Fundament des klassischen Schulbetriebes unmerklich unterhöhlt haben? Oder ist die heranwachsende junge Generation einfach zu groß und stark für ihre kleinen Lehrer geworden?

Die Wachstumsentwicklung darf bei der Beurteilung auf keinen Fall unterschätzt werden: Wissenschaftler haben sich die Köpfe zerbrochen, woran das wohl liegen mag. Einige machen den Höllenlärm der Großstädte für das »in die Höhe schießen« verantwortlich und untermauern diese These durch Tests mit Blumen, die durch ständige Lärmberieselung tatsächlich größer sein sollen.

Einleuchtender allerdings klingt die Behauptung, es müsse an der veränderten Ernährung liegen. Mit Hilfe besonders australischer Importe sind die Japaner stärkere *Fleischfresser* geworden. Vielleicht spendet Fleisch aber nicht nur größeres Wachstum, sondern schwängert auch das Blut mit Aggressivität?

Auffällig ist in diesem Zusammenhang, dass Heilige immer und Pazifisten meistens Vegetarier sind! Falls nähere Untersuchungen dieses Phänomen bestätigen sollten, könnte die unmissverständliche Forderung nur lauten: ›*Weg von den Steaks, zurück zur Pflanzenkost!*‹

Neben der für junge Japanerinnen erfreulichen Perspektive, von Jahr zu Jahr mit längeren, schöneren und geraderen Beinen gesegnet

zu werden, kann also unter Umständen Fleischverzehr mitverantwort-
lich dafür sein, dass die 12-14jährigen immer aufsässiger werden.

Jedoch auch die allmähliche Liberalisierung des Schulbetriebes und
Frustrationen im Elternhaus dürften ein gerüttelt Maß an Schuld ha-
ben. Dazu kommt die frühreife Erkenntnis, dass der bisherige, durch
Arbeitsalkoholismus geprägte Weg ihrer lächerlich klein gebliebenen
Väter auch nicht das Nonplusultra sein kann.

Das Resultat: die einstigen Musterschulen sind unsicher geworden,
weil sich schockierende Fälle häufen, wo vor Kraft strotzende Schüler
verängstigte Lehrer einschüchtern und terrorisieren. In vielen Ländern zwar traurige Tagesordnung, für Japan aber ein schockierender,
absolut ungewohnter Zustand!

Was zeichnet den *Homo Japanicos* sonst noch aus? Sicherlich eine verblüffende Beziehung von Gefühl und Verstand.

Eigentlich könnte man annehmen, dass Wesen, die das japanische
Wirtschaftwunder geschaffen hat, unbedingt kühle, nüchtern rech-
nende, zuverlässige Verstandesmenschen mit Gehirnen wie Super-
computer sein müssten. Gerade davon lässt sich allerdings nicht die
geringste Spur entdecken. Nur den nüchternen Verstand sprechen zu
lassen gilt als kalt und ungemeinschaftlich, weshalb sich die meisten
Japaner tunlichst hüten, zuviel logische Vernunft zu zeigen. Unausge-
sprochen wird ausgerechnet dieses den westlichen Geschäftspartnern
zum Vorwurf gemacht.

Genaue Aussagen und fest abgegrenzte, klare Bedingungen sind
äußerst unpopulär. Der Autor hatte bei Verhandlungen mehr als ein
Mal erhebliche Schwierigkeiten, herauszubekommen, wie viel Hono-
rar ihm für eine Übersetzungsarbeit oder einen ähnlichen Job überhaupt zugedacht war. Allerdings schlug sich das bei der Ablieferung
der bestellten Arbeit nie zu seinen Ungunsten aus. Ausnahmslos bekam er, in einem dezenten Umschlag überreicht, entschieden mehr,
als in den kühnsten Träumen erwartet.

Rechenkünste und nüchterne Zahlenfakten scheinen im täglichen
Umgang des Japaners gänzlich abgebaut worden zu sein oder noch
nie die Köpfe beschwert zu haben. Ausnahmen von der Regel bilden
jedoch pünktlicher Arbeitsbeginn und minutiöse Zugabfahrtszeiten.
Beides hat der Durchschnittsbürger unverwischbar in seinen grauen

Zellen gespeichert, was bei der peinlich genauen Pünktlichkeit japanischer Züge auch unerlässlich ist.

Auf vielen anderen Gebieten dagegen ist man in dieser Hinsicht sehr großzügig. Am verschwenderischsten wohl in der japanischen Frühgeschichte mit Werden und Wachsen des göttlichen Kaiserhauses, wo es auf ein paar Jahrhunderte mehr weniger nicht so genau ankommt - denn was mögen trockene Zahlen schon zu sagen, wenn das patriotische Herz übervoll ist?

Geschehen solche Manipulationen mit vollen Jahrhunderten nur aus vaterländischer Begeisterung oder liebt man es überhaupt, verwendete Zahlen von allzu rechthaberischer Logik zu entkleiden? Den echten Japaner berührt es unangenehm, prahlerisch genaue Zahlenwerte in die Welt zu posaunen, die sich auch nicht dadurch ändern, wenn man sie auswendig weiß.

»Wie weit ist es von Tokyo nach Osaka?«

Wen kann das schon interessieren, wo sowieso jeder mit dem *Hikari* fährt und weiß, dass dieser knapp drei Stunden braucht.

»Wie lang ist Japans längster Fluss?«

Wozu sollte man ausgerechnet das wissen, wenn schon kaum einer seinen Namen kennt, weil ohnehin alle großen Flüsse gleich aussehen und unrettbar verschmutzt sind.

»Wie viel Kilometer ist Japan lang?«

Sie sind Deutscher und sagen, dass ihr Heimatland eine Längenausdehnung von rund 1000 Kilometern hat. Dann wird Japan auf keinen Fall länger sein, denn das wäre ihnen gegenüber unhöflich.

»Wie hoch ist der Berg Fuji?«

Was machen da ein paar hundert Meter mehr oder weniger schon aus. Schön, majestätisch und mit tausenderlei Gefühlsassoziationen verbunden ist er so oder so.

Natürlich spricht niemand, der befragt wird, diese Antworten laut aus. Er denkt sie nur, während er verlegen schweigend lächelt. Jedoch auch gedachte Antworten können sehr aufschlussreich sein. Besonders die nach der Höhe des Berges *Fuji* angenommene Beantwortung ist es im stärksten Maße. Demnach interessieren den Japaner keinerlei statistische Angaben, wenn er an seinen berühmtesten Berg denkt, sondern eine Fülle nicht wörtlich zu formulierender Gefühlsverbindungen.

Doch was heißt hierzulande überhaupt Gefühl?

Eigentlich ist es ein sehr weiter und relativer Begriff, besonders falls es um den Aspekt Liebe geht. Welten liegen zwischen einem feurigen Italiener und einem durch *Rei* geformten Japaner!

Der eine singt unter dem Balkon seiner Julia schmachtende, anbetende Lieder, der andere schaut über den Zeitungsrand hinweg auf seine Angebetete und ruft, sorgsamst eine namentliche oder gar liebevolle Anrede vermeidend: »*Oi* (entspricht ungefähr unseren »he«), *O-cha!*« (Tee!)

Echtes japanisches Gefühl bedarf nicht lauter schwärmerischer Worte, am allerwenigsten auf dem umfassenden Feld der Liebe. Warum etwas plappernd breit walzen, dessen man sich auch ohne Worte sicher ist?

Gefühl hat nicht nur mit Liebe und Eros zu tun, sondern drückt sich im stärksten Maße in Empfindungen aus, die mit dem Bewundern der Natur verbunden sind. Für traditionsbewusste Japaner ist es wie eine mit lockerer Hand hingeworfene Tuschezeichnung. Flüchtig, leicht schwebend, skizzenhaft und nur im Augenblick verhaftet. Solche Gefühlsmomente lassen sich nicht schildern, man muss sie erfühlen und schweigend auf sich einwirken lassen.

Mono-no-Aware ist das unübersetzbare Wort für diesen Stimmungsgehalt und beinhaltet eine Lebensheiterkeit, vermischt mit angenehm den Rücken herunter rieselnder Wehmut über die Vergänglichkeit des Seins. Man erfreut sich an der Farbenpracht des Herbstlaubes und wird dabei diskret des Sterbens in der Natur gewahr. Dieser Stimmungsgehalt des flüchtig vergänglichen Augenblicks in Verbindung mit *Wabi* und *Sabi,* die ihrerseits eine Neigungsehe eingingen, hat sogar das japanische Schönheitsempfinden geprägt, soweit es inzwischen nicht von grellen westlichen Popidealen verdrängt worden ist.

Wabi bedeutete ursprünglich, sich einsam und verlassen fühlen, erfuhr aber nach und nach, möglicherweise die Überbevölkerung und Raumnot der Großstädte vorausahnend, einen Begriffswandel, welcher aus der einstigen Not eine schlichte Erbauung machte. Es wurde schwärmerisch einfach zu ›*Freude an der herben Einsamkeit*‹ umgedeutet. Wenn man Tag für Tag in *Tokyo* leben muss, erscheint diese Definition viel zu schwach und sollte besser lauten: ›*Unbeschreibliche Süße unerreichbarer Einsamkeit!*‹

Sabi dagegen bedeutet: alt sein. Allerdings keinesfalls im abwertenden Sinne von hinfällig und gebrechlich, sondern mehr in der Bedeutung von Reife und Patina ansetzend.

Das aus der Verbindung *Mono-no-Aware* mit dem Ehepaar *Wabi/Sabi* resultierende Schönheitsideal kann als der Erfüllung letzter Schluss deshalb nicht offenkundige, sofort ins Auge springende Schönheit preisen, sondern viel mehr verhüllte, gedämpfte Qualitäten. Demzufolge ist die milde Reife des Alters junger feuriger Anmut vorzuziehen.

In richtiger Stimmung schwelgt der Kenner beim Anblick eines verwitterten, bemoosten Felsens und einer seltsam verkrüppelten Kiefer, die der Laie beide glatt übersehen würde, oder bewundert einen verrosteten Kessel, den unwissende Banausen in den Müll werfen würden.

Haben allzu sehr im mild-matten Ideal des *Wabi-Sabi* schwelgende Schönheitsspezialisten solche Bewertungsrichtlinien unmerklich gar von edel verrosteten Teekesseln auf das weibliche Geschlecht übertragen?

Die schon vorher erwähnte Tatsache, dass die meisten *Geishas* recht erheblich Patina angesetzt haben, fände hiermit eine zusätzliche Erklärung. Japanische Männer scheinen zudem in besonders angeregter Stimmung Etablissements vorzuziehen, in denen umsichtige Hostessen agieren, die durchschnittlich bereits im 5. oder 6. Lebensjahrzehnt stehen.

Dieser das japanisches Gefühl charakterisierende Sinn für das schwebend leichte einerseits und das abgeklärt reife andererseits wird abgerundet durch eine viele großartige Erklärungen überflüssig machende Beladenheit einzelner Worte mit Symbolik und poetischen Assoziationen. Es gilt den richtigen Ausdruck im richtigen Zusammenhang zu benutzen. Das ist wie ein zart angestoßenes Glöckchen, das im traditionsbewussten Japaner Empfindungen zum Schwingen bringt. Nur er allein vermag sie richtig zu erfühlen. Als Außenstehender kann man das allerdings lediglich vermuten, denn zum Ausdruck bringen oder gar zu erklären vermag er das genau so wenig wie den Symbolgehalt wichtiger Worte.

Dies versuchen dafür umso mehr scharfsinnige ausländische Kommentatoren und wagemutige Übersetzer japanischer Literatur. Ein

Unterfangen, welches mache von ihnen an den Rand des Wahnsinns treibt! Inhaltsträchtige Worte wie *Fuji*, Herbstmond oder Kirschblüte vermögen eine ganze Lawine unterschichtiger Erlebniskomplexe ins Rollen zu bringen.

Nur aufgrund dieser Fähigkeit, das Unausgesprochene, zwischen den Zeilen Stehende zu empfinden, konnten Gedichtskurzformen wie *Haiku* oder *Waka* derartig populär und heiß geliebt werden. Beide sind lediglich ein verwischter Hauch und Klang.

Aus ganzen 17 Silben darf sich ein *Haiku* im festgelegten Aufbau zusammensetzen. Eine gekürzte Würze aber, die es in sich hat. Dicke Bücher könnten darüber geschrieben werden, nur um die gefühls- und geschichtsbezogenen Bindungen eines berühmten einzigen 17-Silben-Hauches aufzuzeigen. Gerade diejenigen Experten, die es am besten können müssten, schweigen sich darüber aus, was den auffälligen Mangel an Werken mit philosophisch-theoretischem Charakter über japanische Literatur und Poesie erklärt.

Letztlich ist das stumme Erfassen eines *Haiku* vergleichbar mit *Satori*, dem Erleuchtungserlebnis im *Zen*-Buddhismus. Beides sind nicht erklärbare und in Worte zu fassende, individuelle Erfahrungen, die im Einzelwesen vor sich gehen und es nur ganz allein betreffen. Umso unerklärlicher, weshalb neuerdings, einem Modetrend folgend, über die buddhistische Richtung des *Zen* ein Buch nach dem anderen geschrieben wird.

Im Grunde genommen ist das paradox: man schreibt über etwas, das nicht in Worte zu fassen ist. Menschliche Worte und Erklärungen führen nämlich unweigerlich vom eigentlichen Kern der Wahrheit weg.

Haiku und *Waka* sind immer noch so populär und beliebt, dass ihr Verfassen eine Art von Volkssport ist, der Gedichtsammlungen zu Bestsellerauflagen mit 50.000 oder mehr Exemplaren hochzujubeln vermag. Der jährliche Höhepunkt steigt schon am Jahresanfang, am Kaiserhof in *Tokyo*. Kaiser, Kaiserin, Prinzen, Prinzessinnen nebst erlesenen Gästen sitzen in vertraut steifer Runde zusammen, um sich genussvoll nicht nur kaiserliche Gedichtsblitze in 31silbiger *Waka*-Form, sondern auch die von sechzehn sorgfältig ausgewählten Preisträgern aus alljährlich 30 bis 40.000 Einsendungen zu Gemüte zu fuhren. Menschen aus allen Berufsschichten nehmen an diesem Poetenwettbewerb teil.

Der Japaner reagiert also weitaus gefühlsbetonter im japanischen Sinne, als mit kalt-nüchternem Verstand. Erwartet man davon ausgehend in dieser Gefühlsbezogenheit einen guten Schuss Phantasie im westlichen Sinne, dann wird jede voreilige Hoffnung schnell, gründlich und radikal zerstört. Bei Dingen, die nicht sind und eben deswegen auch nicht sein können, ist speziell der Durchschnittsmann von so unüberbietbarer Phantasielosigkeit, dass wir lieber den Mantel der Nächstenliebe darüber ausbreiten wollen.

Es ist nicht ohne Ironie, dass ausgerechnet seine Phantasielosigkeit einen perfekten Übergang zur sprichwörtlichen Ehrlichkeit des Japaners bietet, denn der vage Verdacht lässt sich nicht verdrängen, dass erstere letztere erheblich begünstigt. Ist der Japaner etwa nur deshalb so grundehrlich, weil ihm das Gegenteil einfach nicht einfällt?

Bei den ersten Aufenthalten des Autors in Japan war es noch ein pures Vergnügen, etwas Wertvolles zu verlieren. Bot diese gemeinhin betrübliche Erfahrung doch selbst für Pessimisten ausreichend Gelegenheit, den verlorenen Glauben an die Menschheit wieder zu finden. Ohne im Geringsten zu zögern, tauchten stets ehrliche Finder auf, die nicht selten sogar jegliche Belohnung standhaft ablehnten.

Zusammen mit der erfreulichen Tatsache, dass Japaner trotz unbestritten vorhandener Fingerfertigkeiten, flinke Finger kaum in fremde Taschen fahren lassen, verleitet das zu einer heiter-sorglosen Nachlässigkeit, welche sich auf Auslandreisen bitter rächen kann. Touristen aus dem Land der aufgehenden Sonne sind bei Ganoven aller Schattierungen von Bangkok bis Neapel immer noch höchst willkommen.

Kugelsichere Käfige, in denen der Kassierer wie ein argwöhnisch äugender Drachen über dem Geld thront, sind auf Japans Inseln unbekannt. Jede Abfertigung vollzieht sich direkt über einen der hinter der offenen Bankschalterbegrenzung sitzenden Sachbearbeiter. Geldbündel werden vom Schreibtisch aus auf einem Plastikteller herübergeschoben oder in Empfang genommen.

1972 konnte der interessierte Beobachter in der Hauptfiliale der *Daiichi-Kangyo*-Bank von *Osaka* einen weißhaarigen, älteren Herrn beobachten. An einem Stock humpelte er zum Schalter, tauschte mit dem Bankangestellten höfliche Verbeugungen aus und begann alsbald langsam und bedächtig, die gesamten Lohngelder seiner Firma in eine abgenutzte Aktentasche zu zählen. Nach Beendigung dieser rituellen Handlung, die stets zu seiner Zufriedenheit ausfiel, verabschiedete er sich freundlich und schritt, mit der inhaltsträchtigen Tasche in der Hand, gemessen auf die Straße hinaus. Jedoch nicht etwa schnurstracks zu einem mit laufendem Motor wartenden Firmenauto oder wenigstens zum nächsten Taxistand, sondern auf den gleich unter der Bank liegenden U-Bahnhof. Von dort fuhr er seelenruhig Monat um Monat, viele Millionen Yen in der Tasche tragend, ohne schützende Begleitung im billigsten, stets maßlos überfülltem Verkehrsmittel unbehelligt ins vertraute Büro.

Gelegenheit macht Diebe! Eine Touristengruppe aus Südamerika war fasziniert vom »Land der offenen Türen« und alle Teilnehmer beschlossen spontan, den gebuchten Urlaub erheblich zu verlängern…

Als nach gut einem Monat die Polizei wenig gastfreundlich den verlängerten Aufenthalt störte, hatte sich eine respektable Bilanz zusammengemausert: mehr als 200 Diebstahldelikte gingen auf das Konto der feurigen Südamerikaner, so dass sie ihren Urlaub viel länger ausdehnen mussten, als ursprünglich geplant!

Dieses Ereignis regte die Öffentlichkeit kaum auf, denn in fremden Ländern mögen eigentümliche Sitten herrschen. Umso mehr schwoll aber 1968 die allgemeine Erregung an. Eine ganze Nation fühlte sich gekränkt und geriet in Harnisch. Noch Jahre später gedachte man im Polizeihauptquartier zähneknirschend dieses schändlichen Datums. Ein Affront, der damals so ungeheuerlich war, dass er den Medien wochenlang Schlagzeilen lieferte und erste Zweifel an der Ehrlichkeit als erster Grundtugend aufkommen ließ. Deshalb soll diese zwar weit zurückliegende, aber einschneidende Episode dem Leser nicht vorenthalten werden.

Was war passiert?

Ein *echter* Japaner und nicht etwa ein komischer *Gaijin,* hatte das Ding der Dinger gedreht und dabei, was am ungeheuerlichsten wirkte, erstaunlich originelle Kriminellenphantasie bewiesen. Am Morgen des 10. Dezember 1968 um 9 Uhr fährt in *Fuchu* bei *Tokyo* ein mit 300 Millionen Yen (damals etwa 1,5 Millionen Euro) bestückter Geldwagen die Straße entlang. Vier rechtschaffene Bankangestellte haben

Bonusgelder für die *Toshiba*-Werke auszuliefern. Plötzlich winkt ein Verkehrspolizist per Dienstmotorrad überzeugend amtlich das kostbare Gefährt rechts heraus und raunt der Besatzung beschwörend zu: »Bitte keine unnötige Aufregung, eben ist das Haus ihres Zweigstellenmanagers in die Luft gejagt worden, und wir haben den begründeten Verdacht, dass auch hinten im Wagen eine Ladung Dynamit liegt. Es kann jeden Augenblick in die Luft fliegen!«

Leichter gesagt als getan, denn wer ist schon so ein Held, sich nicht aufzuregen, wenn ihm die Lunte bereits unter dem Hosenboden glimmt. Die vier erschrockenen Männer vertrauen aber voll und ganz der uniformierten Autorität, hat doch noch niemand jemals gehört, dass die Polizei lügt. Während der brave, unerschrockene Ordnungshüter unter Einsatz seines Lebens sofort das Fahrzeug inspiziert, laufen die Insassen des Wagens, auf sämtliche Bonusgelder dieser Welt pfeifend, wie gehetzt ums nackte Leben und werfen sich völlig außer Atem in einen schützenden Graben.

Inzwischen steigt der vermeintliche Polizist seelenruhig ein, gibt Gas und fährt bedächtig davon…

Bis auf den heutigen Tag hat ihn nicht nur niemand mehr wiedergesehen, es besteht auch nicht die geringste Vermutung, wem als unversteuerte Unterstützung für einen sorgenfreien Lebensabend die größte jemals in Japan gemachte Beute in die Hände gefallen ist!

Eine Riesenschmach, welche der braven tüchtigen Polizei wie ein Kainsmal auf der Stirn brannte. Dabei waren die Anstrengungen gigantisch, um den sich in Luft aufgelöst Habenden der gekränkten Gerechtigkeit zu überliefern. Mit vollen Händen aus dem Füllhorn staatlicher Mittel schöpfend, wurden in großangelegten Fahndungsaktionen 420 Millionen Yen verpulvert. Fast ein Drittel mehr als das untergetauchte Phantom erbeutet hatte. 12000 Fahnder hetzten auf seiner Spur, 80000 Personen wurden zur Sache verhört und im Chefbüro der Sonderabteilung für den Fall der Fälle hing mahnend ein Kalender an der Wand, auf dem ein einzelnes Datum dick angestrichen war: der 10. Dezember 1975, der schmähliche Tag, an dem die Tat verjähren würde.

Der Erfolg blieb gleich Null, aber selbst nach Ablauf der gesetzlichen Frist wollten sich die hartnäckigsten Spürhunde nicht geschlagen geben und gelobten: »*Einmal erwischen wir ihn doch, selbst wenn*

es sechzig Jahre dauern sollte. Zwar kann er nicht mehr bestraft werden,
aber wir wollen für seine gesellschaftliche Ächtung sorgen.«

Schon einige Jahre später, mutet der Schwur reichlich naiv an. Auch in Japan haben sich die Zeiten geändert und werden sich weiter ändern. Es dürfte nicht lange dauern und der legendäre Geldtransporträuber wird bei seinem Wiederauftauchen ebenso gefeiert, wie die berühmten englischen Posträuber. Seine Memoiren könnte er schon jetzt mit Riesenprofit verhökern, falls er den ganzen Zaster schon durchgebracht haben sollte. Vielleicht wird er am Ende jedoch nie wieder aufkreuzen.

Da sich gewöhnliche Menschen aber nicht in Nichts aufzulösen vermögen, bleibt eine weitere Überlegung offen: ›*Könnte es nicht gar einer der 8 Millionen Götter gewesen sein, dem die Kollekten in seinen Tempeln anno 1968 zu dürftig ausgefallen waren?*‹

Das Leben ist ein ständiger Fluss. Mal zum Guten, mal zum Bösen. Der Drang nach dem Unerlaubten wird überdies durch anspornende Beispiele gefördert.

Dies ist leider auch in Japan nicht gänzlich anders, obwohl im Gegensatz zum technischen Fortschritt, moralische Wertvorstellungen nicht sehr schnell wechseln. Trotzdem sind schon um 1980 herum Bankinstitute bei weitem nicht mehr unbedingt Horte der Sicherheit wie zehn Jahre vorher. Zwar sind Käfige, trennende Gitter oder Scheiben immer noch verpönt, aber dafür werden auch hierzulande Banken hin und wieder mit Selbstbedienungsläden verwechselt.

Deshalb stieg im Japan der Gegenwart zwar die Kriminalitätsrate an, Tatsache ist allerdings, dass bestimmte Stadtbezirke in Berlin ein weitaus höheres kriminelles Potential haben, als der gesamte Großraum *Tokyo* mit nahezu 30 Millionen Einwohnern.

Der Hauptanteil der durch Japaner verübten Verbrechen besteht aus Korruption, Bestechung und Wirtschaftskriminalität. Alltagsdelikte wie Körperverletzung, Diebstahl und Ähnliches tendieren immer noch gegen Null. Ein deutscher Freund des Autors, der in *Tokyo* lebt, erwähnte schmunzelnd, dass die Hauptnachrichten des staatlichen Fernsehsenders *NHK* kürzlich tatsächlich als berichtenswertes Ereignis über den Diebstahl einer gewöhnlichen Steinplatte auf einem

Friedhof ausführlich berichteten. Man stelle sich eine solche Meldung in der deutschen »Tagesschau« vor!

Zudem wird die angedeutete Alltagskriminalität in Japan fast zu 100 Prozent von Ausländern verübt. In vielen Gegenden Japans werden teilweise Häuser immer noch nicht abgeschlossen, geschweige denn gar durch Sicherheitsschlösser und Alarmanlagen gesichert. Vom globalen Trend beeinflusst, scheint allerdings immer mehr eine Ausnahme die Regel zu bestätigen. Rohstoffe, besonders Eisen und sonstige Metalle werden so knapp, dass sich eifrige »Sammler« mit »Schrott« eine goldene Nase verdienen können. Dabei wird der Begriff »Schrott recht großzügig interpretiert. Verschwinden doch hin und wieder bei Nacht und Nebel nicht nur eiserne Kanalgullydeckel, sondern auch ganze Telegrafenmasten und selbst kleine Tempelglocken!

Ansonsten fühlt man sich in japanischen Großstädten immer noch viel sicherer als in anderen Metropolen auf der weiten Welt. Selbst eine allein stehende Frau kann mitten in der Nacht in den Vergnügungsbezirken entspannt durch versteckte Straßen schlendern und wird von niemand belästigt oder gar angegriffen.

Ein scheinbarer Widerspruch zur unbestrittenen Aktivität der so genannten japanischen Mafia. Zahlreiche *Kumi* (Banden) rivalisieren auf bestimmten Gebieten miteinander. Der Außenstehende verspürt jedoch kaum etwas von ihren illegalen Aktivitäten, so lange er vermeidet, sich *dienstlich* mit ihnen einzulassen. Selbst eine zwanglos freundliche Einladung zum Essen durch einen Gangsterboss birgt keinerlei Gefahr für spätere negative Auswirkungen.

Der japanische Name für diese ehrenwerte Gesellschaft a la *Nippon* lautet, wie bereits erwähnt, *Yakuza* (die Zahlen acht = *ya,* neun = *ku* und drei = *za* leiten sich vom Chinesischen ab, weil das Kartenspiel *Hana Fuda,* in dem sie eine Rolle spielen, ursprünglich aus China stammt).

Es ist eine sehr traditionell ausgerichtete Organisation, die auf einige hundert Jahre Geschichte zurückblicken kann und sich dem Kaisertum verpflichtet fühlt. Eine bereits einige Jahre zurückliegende Statistik berichtete, dass weit über 80.000 Mitglieder bei der *Yakuza* offiziell registriert sind – ohne damals von der Polizei großartig behelligt zu werden. Kuriositäten blieben bei dieser außergewöhnlichen Stellung der Organisation natürlich nicht aus:

So konnte sich beispielsweise damals eine der *Kumi* auf einer Pressekonferenz in *Osaka* ganz öffentlich für gewissen »Unannehmlichkeiten« während eines Führungskrieges entschuldigen.

Doch die Zeiten änderten sich und bald darauf begannen sich die einst so engen Beziehungen zur Polizei und die allgemeine gesellschaftliche Anerkennung wesentlich zu verschlechtern. Seit 1993 ist in Japan allein die Zugehörigkeit zu einer *Kumi* strafbar, was immer mehr zur Arbeit im Untergrund zwingt.

Trotzdem bilden die *Yakuza* nach wie vor eine sehr einflussreiche Gemeinde innerhalb der japanischen Gesellschaft. Haben sie doch ihren Einflussbereich auf Finanzmärkte und politische Korruption ausgedehnt, ohne »traditionelle Mafia-Erwerbszweige« wie Drogenhandel, Prostitution, Menschenhandel, Glückspiel oder Schutzgelderpressung bei Restaurants und Nachtclubs aus den Augen zu verlieren. Mit dem offiziellen Verbot der *Yakuza* milderte sich auch das herausfordernde Verhalten der Gangstergruppen. Ihre ehemals offiziellen Büros firmieren jetzt unter einem Deckmantel, beispielsweise als Kredit- oder Arbeitskräftevermittlung.

Allmählich verschwimmen die Begriffe, die genutzt werden, um die organisierte Kriminalität zu beschreiben. Offizielle Behörden benutzen den Begriff *Boryokudan* (gewalttätige Gruppe). Dabei gilt bei den *Yakuza* von jeher Gewalt als letzte Lösung. Der weitaus größte Teil der alltäglichen legalen oder illegalen Geschäfte läuft immer noch weitgehend friedlich ab.

Leider zeichnen sich am Horizont gewalttätige Veränderungen ab. Einige junge *Yakuza* scheinen nicht mehr bereit zu sein, sich an traditionelle Normen und Regeln zu halten. Ein Beweis dafür ist der zunehmende Einsatz von Schusswaffen, wobei unbeteiligte Bürger Opfer der Schießereien werden. In früheren Zeiten ein absolutes Tabu.

Das dürfte allerdings nicht nur interne Ursachen haben, sondern an einem weiteren Aspekt der Globalisierung liegen: der verschärften Konkurrenzsituation. Und in diesem Falle kommt sie aus dem Nachbarland China in Form der berüchtigten *Triaden*, von denen es allein in Hongkong rund 55 geben soll. Die größten zählen dabei bis zu 40.000 Mitglieder!

Obwohl ihr Symboltier, der Drache, eigentlich ein Zeichen für Stärke und Weisheit ist, befleißigen sich die chinesischen Banden wesentlich härterer Bandagen als japanische *Berufskollegen*. Schlechte Beispiele aber verderben bekanntlich gute Sitten. Das gilt umso stärker, wenn man sich plötzlich gegen vorher nie vorhandene Widersacher behaupten muss.

In *Kabukicho*, dem Rotlichtviertel von *Tokyo*, werden viele der unzähligen Etablissements von japanischen und chinesischen Banden kontrolliert. Gerade zwischen ihnen haben in den letzten Jahren blutige Abrechnungen zugenommen, da die *Triaden* den einheimischen *Yakuza* zunehmend das Terrain streitig machen. Trauriger Höhepunkt war eine Brandkatastrophe mit 44 Toten, überwiegend Besucher eines Spielsalons und einer Hostessbar, in einem Hochhaus dieses zwielichtigen Stadtteils. Möglicherweise wurde das Feuer von Gangstern einer chinesischen *Triade* gelegt. Bei der japanischen Nachrichtenagentur *Kyodo* meldete sich ein anonymer Anrufer und fragte provokativ an: »Haben die Japaner nun ihre Lektion gelernt?«

Die traurige Wahrheit: es scheint sich allmählich anzubahnen, dass man bald nicht mehr derart unbesorgt durch nächtliche Vergnügungsbezirke wird bummeln können wie bisher. Zumindest im Stadtteil *Kabukicho*.

Doch nicht nur die riesigen japanischen Vergnügungsbezirke dürften bald nicht mehr so sicher sein, auch auf wirtschaftlichen Gebieten begann es bereits vor einiger Zeit heftig im Gebälk zu krachen. Gemeinsam mit den USA war Japan lange Zeit auf nahezu allen ökonomischen Gebieten einsame Spitze. Seit Beginn des 90er Jahre des vorigen Jahrhunderts schien das plötzlich nicht mehr zu gelten. Was zuvor von Geschäftsleuten weltweit bestaunt und ehrfürchtig analysiert wurde, wertete man mit unverkennbarer Schadenfreude als geplatztes »*Seifenblasenwunder*« ab.

Ohne alle Fakten statistisch genau aufzuführen, interessiert im Rahmen dieses Kapitels in erster Linie die nahe liegende bedeutungsschwere Frage: »Inwiefern haben, über die allgemeine globale Krise des kapitalistischen Systems hinaus, einige der bisher geschilderten typischen Wesenszüge *des Japaners* dazu beigetragen, dass die japanische Misere als *hausgemacht* bezeichnet werden könnte?«

An einem spezifischen Entwicklungspunkt der gesellschaftlichen Geschichte scheint vieles bisher Positive zwangsläufig ins glatte Gegenteil umzuschlagen, weil es den so genannten Fortschritt behindert.

Dazu zählen zumindest drei Einflüsse, welche den japanischen Volkscharakter entscheidend geprägt haben:

Das weite Feld der *Haragei* (Kunst des Bauches), ein Prinzip, über das allein man ein dickes Buch schreiben könnte. Ohne das darin enthaltene Bedürfnis nach einem Übermaß an Konsens und Konfliktvermeidung, hätte das Wirtschaftswunder *Nippons* nie auf so spezifische Art erfolgreich sein können wie bisher. Umgekehrt wird aber gerade daraus ein Hindernis, wenn blitzschnelle, präzise Entscheidungen getroffen werden müssen. Kritiker behaupten, dass japanische Führungskräfte aus Wirtschaft und Politik durch ihr übervorsichtiges Abtasten nach Übereinstimmung zu unbeweglich werden, um im notwendigen Tempo reagieren zu können. Darum dauert es einfach zu lange, ehe man die notwendige Richtung bestimmt.

Besonders in ländlichen Gemeinden hat sich *Giri,* das persönliche Ehre-Treue-Gefühl auf zeitgemäße Weise erhalten. Die loyale Verbundenheit, die man einst dem *Daimyo* (Feudalherr) entgegenbrachte, wird voll auf auserwählte, populäre Familien übertragen. Da nach einem ausgeklügelten Wahlsystem die Stimmen der Landbevölkerung bis zu fünfmal soviel zählen wie die der im Durchschnitt wesentlich weniger konservativen Stadtbevölkerung, bedeutet das in der Praxis häufig: politische Positionen und Parlamentssitze sind nahezu erblich geworden, denn der Sohn tritt fast automatisch in die oft viel zu großen Fußstapfen des Vaters. Deshalb verwundert es nicht weiter, dass japanische Politiker im Allgemeinen nicht zu den fähigsten Köpfen des Landes gezählt werden. Dabei sollen sie eigentlich dessen Geschicke leiten.

Eine andere Art von *Giri* dürfte nicht unerheblichen Anteil an der Bankenkrise in diesen kritischen Jahren gehabt haben: die auf den Wurzeln dieser traditionellen Bindung basierende Beziehung zwischen Bankkonzernen und ihren vergötterten Großkunden. Die scheinbar leichtfertige Vergabe immenser Kredite, die man in den Wind schreiben musste, war nicht zuletzt darauf zurückzuführen.

Selbst an *Wa,* dem traditionell geprägten Bedürfnis nach Harmonie, begannen Fortschrittsgläubige zu mäkeln. In einer überstark auf

Gemeinschaftssinn geprägten Gesellschaft bliebe für Individualismus kaum Platz. Falls aber auf der Sprossenleiter nach oben Überbegabung nichts gelten soll, müsse zwangsläufig viel vom Geniepotential, was in jeder Nation schlummert, verkümmern.

Anno 1998 aber sollte der erneute Wechsel eingeleitet und Japan wieder in die Erfolgsspur zurückgebracht werden. Die japanische Regierung verkündete mit Stolz geschwellter Brust das Jahr des *Big Bang*. Mit einer Art Urknall wollte man das einstige spektakuläre Wirtschaftswunder a la *Nippon* quasi restaurieren.

Unvermeidlich mehrten sich deshalb auch Stimmen, die fest ins Unterbewusstsein »eingepflanzte heilige Beziehungskühe« wie *Haragei, Giri* oder *Wa* am liebsten schlachten würden.

Um nur einige Forderungen im Namen des Fortschritts zu nennen: eine starke politische Führergestalt vom Format der ehemaligen britischen Premierministerin Margareth Thatcher muss die Zügel ergreifen!

Das oft durch Korruption bestimmte enge Beziehungsgeflecht zwischen Politik und Wirtschaft, besonders der Einfluss des allmächtigen *Zenekon* (inoffizielle Interessengemeinschaft der Baulöwen) auf Japans Regierung, ist zu zerschlagen!

Das auf Einpauken von Fakten basierende Schulsystem mit seinen verheerenden Aufnahmeprüfungsschlachten und viel zu großen Schulklassen muss reformiert werden!

Ein Forderungskatalog, der sich unendlich fortsetzen ließe. Dabei sollte man sich auch in der Gegenwart tunlichst hüten, das Kind mit dem Bade auszuschütten. Seit jeher galt: der Japaner übernimmt sehr schnell und scheinbar unbedenklich fremdländische Errungenschaften oder Ideen, ohne dabei alte vertraute Lebensprinzipien und eigene Kultur über Bord zu werfen. Ebenso wie er im 6. Jahrhundert die chinesische Kultur in sich aufsog, um nach und nach etwas ganz speziell Japanisches daraus zu machen, so dürfte er zwangsläufig auch die oftmals kurios anmutenden Amerikanismen des modernen Großstadtlebens behutsam umwandeln und einjapanisieren.

Das sollte sich auch in der Gegenwart nicht um 180 Grad ändern. *Nippons* Wirtschaftswunder hat sich bei allen Reformbestrebungen im

Zeitalter des globalisierten Kapitalismus unbedingt seine japanische Seele zu bewahren.

Der japanische Vize-Finanzminister *Eisuke Sakakibara* drückte das in einem Interview volkstümlich aus: »Japan ist die größte Gläubigernation der Welt, wir haben das größte Auslandsvermögen, die üppigsten Devisenreserven und die höchsten Spareinlagen. Und die USA, das Land mit den höchsten Nettoschulden soll das Wohlstand verheißende Vorbild sein?«

Der traditionelle japanische Kalender folgt den Regierungsepochen der Kaiser und beginnt mit jedem neuen *Tenno* bei Null. Demnach hat 2008 das *Heisei*-Jahr 20 begonnen. Nach chinesischem Tierkreiskalender aber auch in Japan das Jahr der Ratte/Maus (im Japanischen unterscheidet man diese Tiere nicht eindeutig). Mäuse sind in der japanischen Mythologie und im Volksglauben Sendboten des Glücksgottes *Daikoku* (Siehe Kapitel: *Über 8 Millionen Götter und ihre 110 Millionen Besucher),* der zugleich Gott des Wohlstands und der Küche ist. Vielleicht sollte man das als ein Omen für kommende gute Zeiten werten.

Nach Neujahr erschien im Wirtschaftsteil der führenden Tageszeitung *Yomiuri* (10 Millionen Auflage) tatsächlich ein Artikel, der einen ernsthaften Bezug zwischen dem Jahr der Ratte und der wirtschaftlichen Entwicklung herstellte. Demnach wäre ein Konjunkturaufschwung zu erwarten. Eine Prognose, die bisher leider noch nicht zutrifft.

Ganz gleich, wie sich das auch kurzfristig entwickeln mag, die abschließende Kardinalfrage am Ende dieser Tiefenzerpflückung *des Japaners* ist sehr schwer zu beantworten: »Haben die Maßnahmen des *Big Bang* Japan wieder wie angestrebt zu einstigen wirtschaftswunderlichen Verhältnissen verholfen?«

Während der verlorenen Dekade nach dem Zusammenbruch der künstlichen Konjunkturblase in den Neunziger Jahren haben viele Firmen – für Japan bis dahin ein unerhörter Tabubruch – auch die Zahl ihrer Mitarbeiter reduziert. Viele erfahrene, aber auf Grund der geleisteten Dienstjahre teure Mitarbeiter wurden entlassen oder zu Frührentnern degradiert. Um konkurrenzfähig zu bleiben wurde nach bewährtem globalem Muster ein großer Teil der Produktion ins Ausland, in erster Linie nach China verlagert. Entscheidungen, die so sehr der Philosophie Nippons zuwider laufen, dass sie bereits negative Wirkungen zeigen. Umso mehr, weil die japanische Wirtschaft sich tatsächlich erholt hat und wieder im Aufschwung zu sein scheint. Viele Unternehmen planen sogar, ausgelagerte Produktionsstätten heim ins Reich nach Japan zurückzuholen.

Das moderne Japan ist ein wohlhabendes, jedoch auch teures Land. Selbst außerhalb der großen Städte findet man eine breite Auswahl von Produkten aus aller Welt. In den Metropolen kann der Kunde aus einem derart großen gastronomischen Angebot wählen, dass sich ausländische Besucher wie in einem riesigen verwirrenden Schlaraffenland fühlen. Trotzdem verfügen die meisten Geschäfte und Restaurants scheinbar über genügend Kundschaft. Oberflächlich betrachtet ließe sich daraus schließen, dass es den meisten Menschen finanziell gut gehen müsse. Leider trügt der Eindruck ein wenig, denn trotz Konjunkturerholung und Rückgang der Arbeitslosenziffern sind immer noch rund 3 Millionen Menschen ohne Arbeit. Für *Nippon* lange Zeit undenkbar, weil vor dem Platzen der Seifenblase jede Position, besonders in Kaufhäusern, mindestens fünfmal stärker besetzt zu sein schien, als eigentlich erforderlich. Hinzu kommen rund 2 Millionen oder noch mehr Menschen, darunter auch viele Hochschulabsolventen, die nur Teilzeitjobs haben und mehr oder weniger frustriert nach einer festen Anstellung suchen.

Um Kosten zu sparen, haben Firmen nämlich die im westlichen Ausland bereits lieb gewonnenen Optionen der *Teilzeitbasis* und *befristeten Anstellung* entdeckt. Zudem hat die Auftragsvergabe an verschiedene Dienstleistungsbetriebe ebenfalls stark zugenommen. Kurzfristig gesehen mag das zwar Vorteile für einige Unternehmen gebracht haben, allerdings schon mittelfristig dürfte dieses für japanische Philosophie völlig untypische Gebaren schwerwiegende Nachteile für die gesellschaftliche Struktur zur Folge haben, was bereits jetzt sichtbar zu werden beginnt.

Gesicherte, bis ans Ende des Berufslebens dauernde Arbeitsverhältnisse und eine einmalig loyale Bindung an eine Firma waren bisher das Rückgrat der japanischen Industriegesellschaft und der Schlüssel für die unfassbaren wirtschaftlichen Erfolge Japans. Dies aber droht zunehmend verloren zu gehen, wenn langjährige Mitarbeiter sich Sorgen um ihren Arbeitsplatz machen müssen. Dadurch verlieren sie aber nicht nur ihre Perspektive auf eine sichere Zukunft, sondern auch das einzigartige, ausführlich gewürdigte *Giri* zur Firma bleibt auf der Strecke. Junge Leute sind ohnehin längst viel skeptischer und weitaus weniger bereit, sich über die normalen Pflichten hinaus mit allen Kräften für die Firma einzusetzen und dafür ihr Privatleben zu opfern.

Auf der anderen Seite wächst die Zahl der Großverdiener und Neureichen (oft Personen, die an der Börse viel abgestaubt haben), denn inzwischen dürfte Japan mehr Millionäre (nicht nur in Yen, sondern auch in Euro umgerechnet) als die Bundesrepublik Deutschland aufzuweisen haben. Bislang zählten 90% der Bevölkerung zur Mittelschicht, aber mit dem zunehmenden Wohlstandsgefälle wird auch die Kluft zwischen Arm und Reich immer größer.

Allerdings sind im Vergleich zu Deutschland die Unterschiede in Lebensstandard und Einkommen längst noch nicht so groß, und die Manager von Großunternehmen beziehen, verglichen mit westlichen Ländern, eher bescheidene Gehälter und sonstige Vergütungen.

Nimmt man alle gelesenen Aspekte zusammen und zieht aus dieser umfassenden Analyse *des Japaners* ein abschließendes Fazit, dann kann es absolut nicht verwundern, dass die allgemeine Stimmung in der immer noch zweitgrößten Industrienation der Welt überwiegend positiv ist.

Laut einer repräsentativen Umfrage in Japans größter Tageszeitung *Yomiuri,* sind 93% der Bevölkerung stolz darauf, Japaner zu sein. Wahrlich eine Traumquote, die Erinnerungen an Ergebnisse »freier Wahlen« in der ehemaligen DDR hervorrufen.

Der Autor allerdings ist der festen Überzeugung, dass, bei allen globalen Verknüpfungen, auf Dauer im Lande der aufgehenden Sonne nur ein Weg erfolgreich sein kann, der positive traditionelle Werte nicht gänzlich über Bord wirft. Das Resultat wäre sonst ähnlich verheerend, als wenn man die exotische japanische Kalligraphie mit ihren drei Schriftarten *Kanji* (aus dem Chinesischen übernommene Bildsymbole), *Katakana* und *Hiragana* (Silbenschriften) zugunsten des lateinischen Alphabets abschaffen würde.

Die japanische Seele und Kultur gingen unwiderruflich verloren!

Über nächtliche Freuden des Arbeitsalkoholikers

Höchst informative Bücher behaupten sehr oft das Gleiche, was Kenner sich augenzwinkernd zuraunen: »*Das Nachtleben in* Tokyo *hält das, was Hongkong oder Rio versprechen!*«

Bedauerlicherweise verfügt der Autor nicht über die erforderliche Menge Kleingeld, um entweder vollen Herzens zustimmen zu können oder geringschätzig abwinken zu müssen. Auch einen Verleger, der bereit wäre, die astronomischen Kosten für gründliche Recherchen zu tragen, welche erforderlich sind, um einen umfassenden, detailgetreuen Nachtführer durch die Hauptstadt *Nippons* herauszubringen, hat er bisher nicht auftreiben können. Wahrscheinlich nur zu seinem Besten, denn wer weiß schon genau, wohin solche wissenschaftlichen Forschungen überhaupt führen würden?

Im Rahmen dieses Buches interessieren ohnehin weniger Tipps für ausgeklügelte Sexspezialitäten, als viel mehr die Art und Weise wie sich japanische Männer nach Feierabend in der Nacht amüsieren.

Zunächst gilt es aber, den Begriff *Nacht* auf Japanisch zurechtzurücken: *In* Nippon *sind die Nächte kurz!*

Das süße Leben *Tokyos,* und noch viel stärker das anderer Großstädte, swingt hauptsächlich von 19-23 Uhr. Danach ist die Luft heraus. Am Wochenende gar, wo es in unseren Breiten den Höhepunkt erreicht, kommt es nahezu gänzlich zum Erliegen, muss man sich doch am nächsten Morgen pünktlich zur festgesetzten Zeit wieder pflichtbewusst im Büro treffen. Außerdem gehören Sonnabend und Sonntag Ehefrau und zwei Kindern, damit letztere nicht etwa fragen könnten: »*Mutti, wer ist denn der komische fremde Mann?*«

Dies lässt bereits stark vermuten, dass die Schlips tragenden Arbeitsbienen, welche während der Hauptverkehrszeiten Straßen, Bahn-

höfe und Züge in schon mehrmals beschriebenen Dimensionen bevölkern, auch in der Nachtszene dominieren. Tatsächlich bestätigt
sich diese Annahme in augenfälliger Weise.

Derartige bacchantische Massen betrunkener Büromenschen
männlichen Geschlechts wie in einer der besagten vier Stunden nach
Feierabend, findet man von Montag bis Freitag todsicher nirgendwo
sonst auf dem Erdball. Eine übereinstimmende Schicksalsgemeinschaft, die je nach dem augenblicklichen Grad der Alkoholisierung
fröhlich lärmt, brüllt, singt, schwankt, ungeniert an jedem denkbaren
und undenkbaren Platz Wasser abschlägt oder, von hilfreichen Kollegen assistiert, eruptiv Mageninhalte ausleert. Mit augenscheinlicher
Vorliebe in überfüllten Zügen, was allerdings höchstens spielverder-
berische *Gaijin* aufregt. Japaner übersehen und überriechen solche
menschlichen Verrichtungen nonchalant, denn Betrunkene haben
Narrenfreiheit.

In diesem Inferno von Nachbüroentspannung gehen ausländische
Touristen völlig unter und fallen optisch überhaupt nicht ins Gewicht. Deshalb wirken führende Vergnügungsdistrikts wie *Ginza* in
Tokyo oder *Umeda* in *Osaka* ausgesprochen anti-international und
durch und durch urjapanisch.

Der Fremde wird von diesen Labyrinthen des Amüsierbetriebes
erdrückt und ist alleine ziemlich aufgeschmissen. Enge, neonüberflutete Gassen, unlesbare Schriftzeichen und soweit das Auge reicht nur
Nachtclubs, Restaurants und ähnliches. Pro Haus im Durchschnitt
dreißig bis fünfzig davon!

›*Bei den sieben Glücksgöttern - wohin vor Anker gehen, wenn die vom
pausenlosen Herumstreifen müden Beine nicht mehr wollen?*‹

Riesenauswahl wird zur mühsamen Qual. So oder so gibt es garantiert ein Desaster. Glückspilze werden zwecks Vermeidung spä-
terer Kommunikationsprobleme lediglich höflich, aber bestimmt am
Eingang abgewiesen. Die anderen dagegen bereuen spätestens beim
Studieren der dezent überreichten Rechnung, nicht ebenfalls vorher
abgewiesen wurden zu sein. In diesem Moment der rauen Wahrheit
geht für so manchen Nipponbesucher ein sorgfältig geplanter Japanaufenthalt vorfristig zu Ende!

Größe, Ausstattung oder Anzahl und Schönheit der zur Unterhaltung aufgebotenen Mädchen sagen nicht das Geringste über die

Höhe der zu erwartenden Preise aus, deren undurchschaubare Aufschlüsselung mindestens in dem Maße kompliziert erscheint, wie die finanzielle Gestaltung und Abwicklung in normalen Restaurants mit Schaufenstern voll ausgeschilderter Gipsattrappen einfach ist.

Auch Einheimische haben in der Welt des gehobenen Amüsierens ernsthafte Orientierungsprobleme und bewegen sich deshalb vorwiegend im vertrauten Rahmen ihnen bekannter Clubs.

Ein gut betuchter Fabrikant aus *Osaka* verbringt, seiner Position gemäß, seit Jahren nicht einmal aus Versehen einen Wochentagsabend im vertrauten Familienkreis. Trotzdem mutet er durchaus nicht wie ein weit herumgekommener Nachtstratege an und kennt kaum mehr als sechs Nachtclubs, die alle im teuersten Vergnügungsbezirk *Umeda* liegen. Schon das Verirren in dem nahe gelegenen, viel billigeren Amüsierdistrikt *Juso* gleicht einer kleinen Sensation, eine kurze japanische Nacht in der Nachbarstadt *Kobe*, wohin ihn zwei Ausländer mitschleifen, gar einer Exkursion ins feindliche Ausland.

Dieses Festkleben an vertrauten Stühlen hat für den Japaner nicht unbedingt finanzielle Ursachen, denn bargeldlose Stammgäste werde auf dem Weg monatlicher oder vierteljährlicher Gesamtabrechnung genauso unbarmherzig wie Zufallsbesucher geschröpft. In erster Linie will man sich ungezwungen gehen lassen. Der japanische Mann darf hier am Abend wieder Knabe sein, wie einst im Paradies seiner vorschulischen Kindertage. Albern, maßlos kichernd und von zahlreichem Mutterersatz in Form äußerst aufmerksamer Hostessen verwöhnt. Sie sorgen umsichtig dafür, dass sein Glas nie leer wird, die unvermeidliche Zigarette immer glimmt und er zum Finale den richtigen Weg nach Haus findet. In laut durcheinander plappernder Schar begleiten sie den teuren Gast bis auf die Straße, schmettern mit tiefer Verbeugung ein »Dankeschön« nach dem anderen und rufen schließlich im Chor mit künstlich hoher Stimme hinterher: »*Mach's gut, pass auf Dich auf und komm sicher nach Haus!*«

Menschlich ist das sehr verständlich, für *Arbeitsalkoholiker* mit knapp drei Tagen Urlaub pro Jahr, die ständig aufpassen müssen, nicht gegen Konventionen oder Benimmformen zu verstoßen. Im vertrauten Club kann man endlich symbolisch oder, je nach Stimmung, auch tatsächlich Schlips und Kragen lockern, den Hosenbund öffnen, die Schuhe ausziehen und jeden Unsinn reden oder verzapfen.

Dieses »über die Stränge schlagen« unter Kollegen, als Ausgleich zum an *Rei* gebundenen täglichen Arbeitsprozess, ist vollauf nachfühlbar. Verblüffend dagegen ist der Umstand, dass ein feucht-fröhlicher Umtrunk zur rechten Zeit, am rechten Ort mit dem rechten Mann auch heute noch oftmals wesentlich wichtiger ist, als bombastisch klingende, schriftlich festgelegte, vertragliche Vereinbarungen, wenn bedeutende Geschäfte unter Dach und Fach gebracht werden sollen. In unserer viel zu stinknüchternen Zeit wahrlich ein sympathischer Zug!

Kein Wunder deshalb, dass der lange Zeit unerschöpflich dünkende Spesenfond japanischer Großfirmen für viele Männer der Schlüssel zum Genuss paradiesischer Freuden wurde, die ihnen auf eigene Kosten wohl für alle Ewigkeit verschlossen geblieben wären. Für Geschäftspartner oder einflussreiche Personen mannigfacher Art ist in Japan ein Vergnügen nie zu teuer gewesen.

Aus diesen beiden Motiven, dem Entspannen nach der Arbeit unter Kollegen und dem Bewirten wichtiger Personen, ergibt sich die zwingende soziale Notwendigkeit tausender und abertausender butterflyhafter Hostessen. Im männerorientierten Japan konnte und kann eine clevere Nachtclubhostess mehr verdienen als ein Flugkapitän.

Leider hängen düstere Wolken über dem Idyll unbeschwerten Amüsierens auf Spesenkonten. Indirekt oder direkt sind an solchen Stürmen im Wasserglas immer die sogenannten besten Freunde Nachkriegsjapans, die Amerikaner, beteiligt.

Zuerst versuchten Puritaner aus dem Land der unbegrenzten Freiheit, den Japanern die Freude am Alkohol zu vergällen. Gottlob ohne den geringsten Erfolg. Dann ging es dem Sex, der Prostitution und der unbefangenen Nacktheit im Namen der Zivilisation an den Kragen. Und dann gar, unter Beschwören des viel strapazierten Begriffes *Demokratie*, allzu freigiebigen Einladungen und männlichem Auslebens auf Firmenkosten, sowie kleinen Geschenken, die nun einmal die Freundschaft erhalten.

Immer wieder fiel in diesem Zusammenhang das hässliche Wort *Bestechung* und ein Skandal jagte den anderen. Für das wohl geordnete Angebot luxuriöser Hostessenclubs war das der Beginn desaströser Massenpleiten, denn ohne verschwenderische Spesenkontos der Großfirma geht dort sehr wenig.

Den Zeichen der Zeit gehorchend, begannen allmählich einst stinkteure Läden bereits auf Student und billig zu machen. Beispielsweise konnten sich mehr und mehr sparbewusste Männer für einen bescheidenen Eintritt von Kellnerinnen »unten ohne« bedienen lassen.

Zum Glück aber vergnügte sich der Hauptstrom weiterhin in der guten, alten, teuren Art mit neckischen Albernheiten.

In *Kyoto* zog geraume Zeit lang ein unscheinbar aussehender Gast Abend für Abend seine Privatshow ab, die im Wesentlichen darin bestand, mit einer Wasserpistole durch die Gegend zu spritzen und Luftballons vermittels einer brennenden Zigarette zum Platzen zu bringen, worüber er sich stets aufs Neue schier zu Tode lachen wollte. Auch sehr wohlwollende, neutrale Beobachter hätten ihn bestenfalls als harmlosen, aber kompletten Trottel einschätzen können. Der *Trottel* aber war kein geringerer als der mit vielen Funktionen und Titeln behaftete Enkel des Besitzers eines der drei größten Handelsimperien in Japan, also ein Wirtschaftsmanager aus der höchsten Etage!

Ein anderer wohlhabender Gast in dem gleichen Luxusclub war derartigem Possenspiel abhold, dafür liebte er gehobenere Konversation, besonders falls dabei das Schulenglisch aufpoliert werden konnte. Entzückt entdeckte er eine neu eingestellte deutsche Hostess, ließ sie sofort an seinen Tisch rufen und begann ein ungemein tiefschürfendes Gespräch auf Englisch, während ständig ein mildes Schwejk-Lächeln seine Züge verklärte: »Oh, sehr erfreut, sie zu sehen. Übrigens, aus welchem Land kommen Sie?«

»Aus Deutschland.«

»Ja wirklich, aus Deutschland? Wie wunderbar! Übrigens, lieben Sie Gesellschaftstänze?«

»Ja, ich tanze sehr gern.«

»Oh ja, wirklich? Ich liebe leidenschaftlich Tango. Tanzen Sie auch Tango?«

»Ja, selbstverständlich.«

»Wirklich? Wie wundervoll!«

Er nahm einen gedankenvollen Zug aus seinem Glas, lächelte sofort wieder wie gehabt und fragte mit ungebrochener Begeisterung: »Übrigens aus welchem Land kommen Sie…«

Als das sinnige Gespräch schließlich in die fünfte Fortsetzungsrunde gelangte, floh die unglückliche Hostess einem Nervenzusammenbruch nahe zum Manager: »Um Gottes willen, setz mich an einen anderen Tisch und lenk den Kerl mit japanischen Mädchen ab!«

Nach knapp dreißig Minuten fiel durch Zufall das Auge des freundlichen Gastes wieder auf die Deutsche. Begeistert ließ er sie sofort an seinen Tisch holen, lächelte beglückt, schöpfte tief Atem und begann: »Oh, sehr erfreut, Sie zu sehen. Übrigens aus welchem Land kommen Sie???«

Bereits in den frühen Siebziger Jahren allerdings lag die Krone jeglichen Hochgenusses im schmelzenden Wohllaut der eigenen Stimme, und das Zauberwort für eine ganze Nation hieß *Karaoke* (wörtlich = leeres Orchester).

Erfunden wurde diese moderne Foltermethode für musikalische Ohren 1971 von *Daisuke Inoue*, welcher die ersten elf selbst konstruierten *Karaoke*-Geräte an Bars in der Hafenstadt *Kobe* vermietete. Leider war der Biedermann wenig geschäftstüchtig und ließ sich das Konzept für die Geräte und Playbackbänder, die von Unternehmen der Unterhaltungsindustrie bald en masse produziert wurden, nicht patentieren. Deshalb verdiente er praktisch nichts mit seiner heute weltbekannten Erfindung. Vermutlich war *Inoue-san* genauso ahnungslos wie der Autor, der bei seiner ersten Konfrontation mit der volkstümlichsten japanischen Unterhaltung noch spöttisch gelästert hatte:

»Während bei uns gemeinhin Menschen ›ohne‹ Stimme dieselbe singenderweise fast ausschließlich im Bad benutzen, da die Akustik dort so schmeichelnd ist, drängt es japanische Schicksalsgefährten mit magischer Gewalt zur öffentlichen Exhibition vor die Mikrofone. Niemand in Japan, einschließlich Kleinkindern und Babys, hat auch nur die geringste Scheu, sich in aller Öffentlichkeit über Mikrofon und Lautsprecher zu präsentieren. Zum Quadrat gesteigert wird der Genuss, den Klang der eigenen Stimme derartig verstärkt widerhallen zu hören, durch Karaoke. *Das ist raffiniert zusammen geschnittene Begleitmusik von Spitzenkapellen als Playback für den Normalbürger, der glaubt, sich in der Öffentlichkeit präsentieren zu müssen. Würde man solche Darbietungen auf deutsche Verhältnisse und klassische Musik übertragen, entspräche das ungefähr: ›Meier singt unter Karajan mit den Berliner Philharmonikern!‹*

Für ansonsten stocknormale Zeitgenossen wird das Karaoke-*Fieber zur Besessenheit, so dass sie sich zu Hause gewissenhaft auf ihren abend-*

lichen Auftritt vorbereiten und jeden Nachtclubbesuch als verlorene Zeit betrachten, falls irrtümlicherweise vergessen wurde, sie ans Mikrofon zu bitten.

Ob Club, Restaurant oder Snack-Bar - ohne pompöse Mikrofon-Lautsprecher-Karaoke-Anlage ist das Unternehmen nicht konkurrenzfähig. Das Gesangsfieber hat bei weitem den Rahmen feierabendlicher Nachtclubunterhaltung gesprengt. Würde Quantität unweigerlich Qualität erzeugen, müssten schon bald in Japan die Carusos und Pavarottis dutzendfach herumlaufen. Kein Fernsehtag vergeht ohne zahllose, Ohren zerfetzende Singwettbewerbe für Großmutter, Großvater, Mutter, Vater, Kind und Enkelkind. Manchmal laufen auf drei bis vier Kanälen zur gleichen Zeit derartige Shows in vollbesetzten Sälen und Hallen. Ob Tokyo oder letztes Nest auf der Rückseite Japans, ohne Karaoke macht ein Hotel, Ryokan oder selbst Minshuku (japanische Pension) einfach keinen Spaß. Die meisten Gruppen buchen offensichtlich nur deshalb, um am Abend in trauter Runde lauthals singen zu können. Autobusse und neuerdings sogar Sonderzüge, die bereits sechs Wochen vorher ausgebucht sind und helfen sollen, die Staatseisenbahn aus den roten Zahlen zu bringen, bieten ›leere Orchester‹, die zur Begleitung der sangeswütigen Exhibitionisten munter aufspielen.

Nicht einmal die Friedhöfe bleiben von der grassierenden Seuche verschont. Allerdings sind japanische Geister von Verstorbenen wohl auch viel geselliger als anderswo. Zur Zeit der Kirschblüte geriet der Autor mitten in eine der zahlreichen feucht-fröhlich, unter blühenden Bäumen feiernden Gruppen. Reihum sang man zu den Klängen überlaut aufgedrehter Karaoke-Begleitung aus batteriebetriebenen Geräten zweideutige Lieder, und die ehrenwerten Ahnen nickten freundlich von den Gräbern herüber, den Takt dazu klatschend!«

Irren ist menschlich! Nach Deutschland zurückgekehrt, erntete der Autor nur noch anfangs Lachsalven, wenn er in seinen Vorträgen japanische Gesangsexhibitionisten parodierte. Heutzutage gilt auch bei uns *Karaoke* nicht nur als beliebter Renner für jung und alt, sondern gebärt geschmackliche Entgleisungen für ein Millionen-Fernsehpublikum, wie unerträgliche Shows auf fast allen Kanälen beweisen. In *Nippon* ist die Popularität von *Karaoke* immer noch der eines Mutterlandes würdig.

Unzweifelhaft dürften aber zweideutige Lieder, wie sie unter Kirschblüten gesungen werden, von Sex und ähnlichen sinnlichen Freuden handeln, was die berechtigte Frage aufwirft: *›Wie steht es damit im Nachtleben a la Nippon, wenn selbst die ehrenwerten Ahnen offensichtlich Spaß an schweinischen Gesängen bezeugen?‹*

Natürlich wird in Japans sündigen Meilen nicht nur harmlos herumgealbert, denn dafür wurde sowohl in Quantität als auch in Qualität zu viel weibliche Anmut rekrutiert. Kann man schriftlichen Überlieferungen Glauben schenken, hat der Japaner stets kurioses Interesse für des Fleisches Lüste empfunden und ursprünglich sogar eine viel unverklemmt natürlichere Einstellung zu Sex und Nacktheit gehabt, als der durch mittelalterliche Kircheneinflüsse beschnittene *Gaijin* aus dem Westen.

Im Namen von Moral und Zivilisation wurde von Beginn an bei der Konfrontation beider Kulturen mit unheiligem Eifer an dieser Unbefangenheit herumgefummelt. Gemeinsame unschuldige Wässerungsbelustigungen von Männlein und Weiblein im *Sento* (Öffentliches Bad) wurden zunächst durch eine Schnur, welche sich im Laufe der Entwicklung zu einer stattlichen Wand auswuchs, züchtig separiert.

Gehobene und billige Spielarten der Prostitution gerieten legal in Acht und Bann. Inoffiziell wich man auf *Toruko* (Türkische Bäder) aus. Das bot braven Polizisten aller Jahrgänge die erfüllende Gelegenheit zu äußerst beliebten Sonderrazzien, um die Steuergelder derjenigen zu strapazieren, die bei dem sündigen, unerlaubten Treiben erwischt wurden.

Pikante Randnote: Da die türkische Botschaft in Japan wegen einer derartigen Diskriminierung der türkischen Republik scharf protestierte, wurden *Toruko* landesweit in *Sopurando* (abgeleitet von Englisch soapland = Seifenland) umbenannt.

Pornographie und Obszönität sagte man den erbarmungslosen Kampf an. Bis es allerdings dazu kam, tat sich der japanische Gesetzgeber besonders schwer. In inhaltsreichen Sitzungen hinter verschlossenen Türen wurde lange Zeit vergeblich herumgerätselt: *›Was mögen die puritanischen Amis nur damit gemeint haben?‹*

Ein kluger Kopf fand schließlich das Ei des Kolumbus: *›Unzüchtig und ergo illegal ist ausgerechnet das, was rassenmäßig bedingt beim*

Durchschnittsjapaner ohnehin nicht besonders üppig wuchert, nämlich das Schamhaar!‹

Ein geniale Festlegung, nach der man sich fortan hundertprozentig ausrichtete. In schummerigen japanischen Sexkinos oder in der Flut gleichinhaltlicher Magazine, kann der Kenner von harmlosen Fesselungen und Auspeitschungen bis zu raffinierten sadomasochistischen Erbauungen alles genießen, was sein Herz begehrt - aber auf das winzigste unmoralische Härchen, welches nicht auf oder am Kopf sprießt, hat er tunlichst zu verzichten.

Schwierigkeiten machen deshalb ausländische Produkte. Bei feststehenden Fotos mag das noch korrigierbar sein, in schnellbeweglichen filmischen Orgien dagegen ist die Ausmerzung des Obszönen nicht unproblematisch. Diesbezüglicher Höhepunkt war in der japanischen Version des weltberühmten Kubrick-Films »Uhrwerk Orange« ein Geschlechtsverkehr im Zeitraffertempo, bei dem der milchige Nebel über den bewussten haarigen Stellen der beiden Akteure erhebliche Mühe zu haben schien, den hektischen Bewegungen zu folgen!

Alles in allem können eifrige Puritaner auch auf diesem so wichtigen Gebiet mit dem Erreichten durchaus zufrieden sein, selbst wenn die pikante Frage, wo die behaarte Scham anfängt und wo sie aufhört, immer noch nicht einwandfrei geklärt werden konnte.

Auch grundsätzliche Zweifel bleiben bestehen: gilt der strikte Zensuraufwand nun tatsächlich dem sittenwidrigen Haarwuchs oder nicht doch dem, was sich dahinter versteckt? Der Besuch einer offiziell erlaubten japanischen Striptease-Show in *Kyoto* schafft hierüber grundsätzliche Klarheit. Die grellbunte Rummelplatzatmosphäre der Außenseite wird im Inneren des dämmerigen Saales um Modenschau- und Anatomieaspekte erweitert. Ein von der Bühne herunter führender Laufsteg mündet in ein mitten im Saal stehendes Podium, dem Hauptort späteren Geschehens. Es trägt dem Modeschauaspekt Rechnung. Für das zweite Charakteristikum dagegen ist das ausnahmslos männliche Publikum verantwortlich. Dicht bei dicht umlagert man das erwähnte Podium und folgt den Darbietungen mit dem konzentrierten Interesse von Medizinstudenten bei einer Leichensezierung.

Es beginnt hinter der Bühne mit einer preisende Ansage durch den Chef des Hauses höchstpersönlich, welcher sich alsbald als älteres Männchen in Shorts entpuppt, das während der Show mehrmals melancholisch über den Laufsteg auf das Podium schlurft, um dort bedeutungsvoll einen schon recht abgenutzten *Futon* (japanisches Bett in Form einer zusammenlegbaren Matratze) auszubreiten oder wieder zusammenzupacken.

Der Tonfall seiner mikrofonischen Offenbarungen erinnert dabei auffällig an das schreiende Anpreisen von *Sushi* und *Tsukemono* in Kaufhäusern. Ablauf und Aufbau jeder einzelnen Darbietung durch nicht sehr jugendfrische Akteurinnen, woran entweder das *Mono-no-Aware/Sabi-Wabi*-Schönheitsideal oder bloßer Nachwuchsmangel Schuld sein mögen, sind im Prinzip völlig gleich: zunächst das tänzerisch-musikalische Vorspiel in Kostümen oder *Kimonos* auf der Bühne. Danach Stampfen, Schreiten oder Tänzeln über den Laufsteg, wobei eine Hülle nach der anderen fällt. Ein Akt, der, endlich auf dem dicht umlagerten Podium angekommen, auf Eva ohne Feigenblatt vervollständigt wird. Solchermaßen endlich in perfekter Dienstkleidung, folgt der mit atemloser Spannung erwartete zweiteilige Höhepunkt.

Als erstes liebevoll einstudierte Sketche von ein oder zwei Frauen, bei denen sich empfindsamere Naturen ernstlich zu sorgen beginnen: ›*Wie hält sie das bloß mehrere Male am Tage durch?*‹

Als zweites die für jede Künstlerin obligatorische Pflichttiefenentblößung, die sie aber natürlich moralisch absolut einwandfrei und legal vollzieht. Anfängliche Zweifler werden in diesem Moment der Wahrheit tief beschämt: Jedes anstößige Schamhaar wurde vorher sorgfältig entfernt!

Unvergesslich bleibt dem Besucher auch die unterstreichende Handbewegung in Art einer höflichen Verkäuferin, die ihre Ware anbietet, verbunden mit dem einladenden Ausruf: »*Hai dozo!*« (Ja, bitteschön!) – welcher je nach Bildungsstand der Akteurin durch weitere Höflichkeitsformulierungen gesteigert wird.

Das Publikum verliert aber dabei selbst in den heißesten Momenten nie die Haltung gespannten akademischen Interesses, was durch intensives Halsrecken in Richtung Geschehen noch mehr betont wird. Handgreiflich werden sie trotzdem mitnichten. Ein besonders eifriger Betrachter, dessen rundes Haupt die erwähnte Toleranzgrenze noch zu durchstoßen scheint, erklärt seinem ausländischen Freund: »Nein anfassen darf man nicht, das hat der Chef nämlich am Anfang per Mikrofon verkündet!«

Theorie muss im Leben stets durch Praxis ergänzt werden. An Spielwiesen dafür fehlt es in japanischen Städten wahrlich nicht. Ganze Stadtteile voll verspielter Liebeshotels in der Nähe großer Vergnügungsdistrikte bieten 24-Stunden-Service. Eine neckische Fassadenwelt mit Türmchen, Verzierungen und Prunkbalkons, wo das altenglische Schloss gleich neben dem italienischen Palast a la Venezia oder einem spanischen Herrensitz steht. Innen wird jeder erdenkliche Anregungskomfort geboten, der in Luxusherbergen dieser Gattung Ausmaße annehmen kann, dass mancher Liebeshungrige über dem Studium vorhandener Geräte und anregender Ausstattung glatt vergessen soll, weshalb er eigentlich dorthin gegangen ist.

Willkommen geheißen wird jedermann, ob er nun nur eine schwache Stunde oder die liebe lange Nacht verweilen will:

Chef mit Sekretärin, Zufallspaare, Prostituierte und Freier - oder sehr oft auch richtig verheiratete Ehepaare, die endlich einmal der beengten heimischen Kaninchenhütte und den zwei von der Großmutter behüteten Kindern entfliehen konnten.

Sowohl in Nobel- als auch ökonomischeren Liebeshotels ist ein großer Baderaum mit durchsichtigen Milchglasscheiben neben einem Bett das wichtigste Zubehör. Ohne Baden »vorher« geht in Japan überhaupt nichts, »hinterher« hat man meistens keine Zeit mehr. Neulinge im Land der aufgehenden Sonne verdarben aus Unwissenheit schon die besten Gelegenheiten und zerstörten zarte Aufforderungen zur Liebe bereits im Keim, wenn die japanische Schöne bei zweisamem, gemütlichem Tee plötzlich verschämt hauchte: »Willst du jetzt baden?« und sie verständnislos antworteten: »Nein danke, ich habe in dieser Woche schon.«

Mit der erforderlichen Gespielin, ganz gleich wie und wo aufgerissen, landet der Japaner unweigerlich in einem diskreten Stundenhotel, doch was tut ein Alleinstehender, der ein wenig Entspannung braucht?

In acht von zehn Fällen zieht es ihn ins ehemalige *Toruko,* jetzt *Sopurando*, weil in *Nippon*, dem Land unzähliger vulkanischer Quellen und herum gebauter Kurbäder, jeder Spaß mit einem sehr heißen Bad beginnt. Hochoffizielle Reiseführer und Informationsbroschüren erklären den kleinen Unterschied, der streng genommen illegal ist, was aber außer der Polizei bei gelegentlichen Razzien niemand aufzuregen scheit: der Unterschied zwischen hygienischen Bädern, wo der Gast gewaschen, in den Schwitzkasten gesteckt und auf Japanisch massiert wird, und einem *Sopurando* sind die Extras hinterher.

Der erwartungsvolle Ankömmling zahlt im Vestibül eine Eintrittsgebühr für das Bad, die je nach Qualität und Ausstattung des Hauses bereits ziemlich teuer sein kann. Das ist aber erst der kleinere Teil der Betriebsunkosten, denn im stillen Kämmerlein wird alles andere bar mit der Masseuse geregelt, die sich dafür liebevoll des Gastes annimmt. Vom Chef des Hauses erhält sie nicht etwa Lohn und Brot, sondern muss viel mehr von dem *Extraerlös* einen bestimmten Prozentsatz für Zimmer, Seife und Handtuch abführen.

In solch heiligen Hallen ist der männliche Gast umhegte Majestät und darf sich jeden Spleen erlauben, was bei einem Stammgast im führenden Haus von *Yokohama* so weit ging, regelmäßig seinen erwartungsvoll mit dem Schwanz wedelnden Schoßhund mitzubringen. Vielleicht hatte seine Ehefrau einen Anstandwauwau zur Auflage gemacht?!

Jedoch das Besondere hat stets seinen Preis und in Japan erst recht. Während der sinnenfrohen *Genroku*-Periode (17. Jahrhundert) spendete so mancher kaufmännische Playboy ein kleines Vermögen, um wenigstens ein Mal von einer der berühmten Kurtisanen in *Edo*, *Osaka* oder *Kyoto* empfangen zu werden. Heute kann man es eben so leicht in führenden Häusern des beschriebenen Genres loswerden.

Wesentlich billigere Genüsse erwarten im Zeitalter des Tourismus den japanischen Durchschnittsmann in den Nachbarländern Südostasiens, wo sie in wahren Völkerwanderungsscharen aufkreuzen, was bei Eingeweihten Verwunderung erweckt. Man kann über den männlichen Japaner sehr viel Schmeichelhaftes oder Günstiges hören. Allerdings fehlt in allen Beurteilungen und Statistiken auch nur die geringste Andeutung einer Einstufung als Sexprotz oder wenigstens stürmischen Liebhaber. Ihr unbestrittenes Erfolgsrezept auf dem Gebiet der Geburtenkontrolle basiert wohl nur auf der uralten Binsenweisheit: ›*Wo nichts reinkommt, kann auch nichts rauskommen!*‹

Oder sollte ihr diesbezügliches Renommee von dunklen, unbekannten Kräften künstlich heruntergespielt worden sein?

Vielleicht, und das erscheint einleuchtender, handelt es sich bei den Gruppensexreisen ins Ausland um ähnlichen akademischen For schungstrieb, wie er uns derartig konzentriert beim Besuch der japanischen Striptease-Show aufgefallen war. Ein wissenschaftliches Interesse, welches giftige Kritiker allerdings als knabenhafte Infantilität abwerten. Wie dem auch sein und warum es den Japaner magisch zur käuflichen Weiblichkeit hinziehen mag, der Andrang auf einschlägig bekannte südostasiatische Städte hat japanische Dimensionen angenommen!

Einst war *Peitou* am Mondsee in Taiwan der Inbegriff für klassische, fernöstliche Prostitution luxuriösesten Stils mit Edelkurtisanen, die in geistreichen Gesprächen und dem Verfassen wohlgeformter Gedichte mindestens ebenso perfekt wie im Bett gewesen sind. Erlesen ausgestattete Häuser lockten an, deren Besuch zu einem Zeremoniell ausgesuchten Benehmens ausuferte und in die der wahre Mann von Welt sogar, ohne gegen den guten Geschmack zu verstoßen, unbesorgt die eigene Ehefrau mitbringen konnte, derer sich blinde Masseure äußerst kunstvoll annahmen, während der Göttergatte anderer Kurzweil frönte.

Und im Zeitalter des japanischen Pauschalgruppentourismus?

In dem gleichen *Peitou* sitzen japanische Männer unter dem aufgepflanzten Wimpel ihrer Reisegruppe im Wartezimmer pauschal gebuchter Freudenhäuser, um den Ablauf des umfangreichen Tagesprogramms bloß nicht in Verzögerung geraten zu lassen, gemeinsam halb entkleidet bereits in den unentbehrlichen langen weißen Unterhosen!

Es soll am Ende dieses Kapitels nicht bis ins letzte Detail untersucht werden, ob die junge Generation Japans im 21. Jahrhundert diesbezüglich weiterhin dem Beispiel ihrer klein geratenen Väter folgt oder ob inzwischen chinesische Pauschaltouristen deren Platz einnehmen.

Fest steht dagegen, dass nach dem Platzen der wirtschaftlichen Seifenblase, *Nippon* nicht länger das Eldorado der »Spesenkontenprofitierer« ist, was sich auch durch den allmählichen Konjunkturaufschwung nicht wieder geändert hat.

Wie schon erwähnt, war es in Japan stets ein durchaus hochmoralisches Auswahlkriterium, bei Geschäftsabschlüssen menschliches Vertrauen und Empfehlungen durch bekannte Persönlichkeiten entscheiden zu lassen. Im Zeitalter des Kapitalismus machte das allerdings den Grat zur Bestechung sehr schmal. Umso mehr, da Japan gerade in Sachen gehobener Unterhaltung potentieller wichtiger Geschäftspartner in superteuren Nachtclubs oder eindeutigeren Luxusetablissements wie ein wahrer Garten Edens auf Erden anmutete.

Heutzutage sind die einst so üppigen Spesengelder für derartige Gelage versiegt wie eine Quelle in der Wüste. Die unvermeidliche Folge: weiterer Massenbankrott teurer, erlesener Clubs, nicht selten mit kostbarer urjapanischer Ausstattung und Legionen schöner Hostessen.

Zwar ist das nächtliche Prassen auf Kosten des Konzerns stark zurückgegangen, aber nicht die feierabendliche Sitte, von Montag bis Freitag zwischen 19-24 Uhr direkt nach der Arbeit zwecks Förderung des Gemeinschaftssinns zu einem feucht-fröhlichen Umtrunk loszuziehen. Restaurants, Bars und Nachtclubs locken deshalb in den überdimensionalen Vergnügungsbezirken in gewohnter Fülle, wobei sich der Schwerpunkt auf preiswert und erschwinglich eingependelt hat.

Den durchschnittlichen japanischen Mann scheint aber seit Jahren nichts mehr zu stimulieren als Lolitas in Schulmädchenuniform. Schmuddelige Nachtclubs, die mehr oder weniger perverse Sexdarbietungen anpreisen, locken häufig Kunden an, indem sie ihre Stripteaserinnen als Schulmädchen von Plakaten herunterlocken lassen. Eine Pervertierung uniformierter Schülerinnen, mit denen sich ein bemerkenswerter Wandel vollzogen hat. Plötzlich bewegen sich viele Mädchen wie von einem anderen Stern. Die ungelenke, verlegen kichernde graue Maus, die ohne zu murren den Schulputz erledigt, ist nicht länger zeitgemäß.

Das neue Schuljahr fängt in Japan im April an, die obligatorischen Schuluniformen in Schwarz bzw. Weiß kann man aber schon vorher kaufen. Für den außenstehenden Betrachter sehen die Röcke im Schaufenster wesentlich länger aus, als später an den Beinen vorüber flanierender Schulmädchen. Wenn sie nicht plötzlich alle ganz lange Beine bekommen haben oder den Rock bis zum Bauchnabel hochziehen, dann dürfte im stillen Kämmerlein ein allgemeines Kürzen der Rocklänge um 10-20 cm gleich einem Ritual von statten gehen. 13jährige Mädchen in aufreizendem Supermini jedoch lassen so manchen Pädagogen schwach werden. Mit augenscheinlicher Vorliebe im etwas kühleren nördlichen *Hokkaido*. Im Jahre 2006 wurden dort 14

Lehrer für diverse sexuelle Verwicklungen mit Schutzbefohlenen bestraft. 2008 sind schon bis zum Monat März 13 Erzieher wegen solcher Skandale gefeuert wurden.

Außerhalb der Schule gehören zudem Lippenstift, Puder und Schminke ebenso unverzichtbar zur Aufmachung wie weiße Kniestrümpfe, die man raffiniert arrangiert herunterrutschen lässt. Das moderne Symbol für die lässige Kindfrau.

Gerade in *Tokyos* Modevierteln *Shibuya* und *Shinjuku* ist eine solche Lolita-Aufmachung der letzte Schrei. Dazu muss unbedingt ein poppiger Rucksack von keinem Geringeren als dem berühmten Modeschöpfer Versace her. Kleinigkeiten, die nicht gerade billig sind.

Zusätzlich scheint das Mobiltelefon am Ohr der meisten Mädchen unvermeidlich und allgegenwärtig zu sein. Telefoniert wird ständig. Vermutlich meist mit zahllosen Freundinnen, immer häufiger sind allerdings auch ältere Herren in der Leitung, die auf Schulmädchen stehen und die Kontaktnummer über eine Verabredungsbörse bekommen haben. Ein ständig wachsender Prozentsatz japanischer Oberschülerinnen um 13 bis 14 Jahre herum bekennt sich offen zum *Enjo Kosai* (Beziehung gegen finanzielle Unterstützung).

Dabei leben sie, ebenso wie die Mehrheit der braveren Töchter, zu Hause bei ihren Eltern, die angeblich nichts vom Treiben ihrer Zöglinge ahnen. *Was nicht sein kann, darf eben nicht sein!*

Für die Mehrzahl der Mädchen, die rein optisch ebenfalls auf der Kindfrau-Welle mitschwimmen, reicht es wohl nicht einmal zum ernsthaften Flirt. Vermutlich kokettieren sie mehr unbewusst mit den ungeahnten Möglichkeiten, die ihre so hoch im Kurs stehenden Reize bieten könnten.

Irgendwann dürfte sicherlich auch dieser jetzt schon etliche Jahre während Trend vorüber gehen. Die meisten der kecken Mädchen werden ohnehin nach ihrer »Sturm-und Drangzeit« zwar nicht mehr wie früher zwangsläufig häusliche *O-kusan* (Ehefrauen) werden, aber sicherlich in anderer Weise nützliche Mitglieder der menschlichen Gesellschaft, die sich an gar nichts mehr erinnern können.

Epilog

Notgedrungen ist in diesem Buch das speziell für westliche Ausländer viel reizvollere weibliche Geschlecht zu kurz weggekommen. In einer über die Jahrhunderte hinweg absolut von Männern dominierten und gelenkten Gesellschaft erscheint das nicht weiter verwunderlich.

Als verkappter Feminist setzt der Autor trotzdem hoffnungsvoll und gläubig auf die japanische Frau. Emanzipierte Vertreterinnen des weiblichen Geschlechts erscheinen dem Außenstehenden längst nicht so festgefahren und genormt wie die selbstgekrönte Krone der Schöpfung und wirken sehr oft frischer, phantasievoller, aufgeschlossener und intelligenter als ihre rassischen Antipoden. Auch das Riesenheer der *Okusan* (Ehefrauen) hat mehr und mehr die männlichen Fesseln gesprengt und beginnt sich an viel ältere Traditionen zu erinnern.

Ist nicht die höchste japanische Gottheit, *Amaterasu,* eine Frau?

Kann nicht kühn und folgerichtig davon abgeleitet werden: ›*Am Anfang, als die Welt noch in Ordnung war, herrschte mütterlich das Weib!*‹

Das funktionierte derart reibungslos, dass es im Jahre 248, nach dem Tod der legendären Herrscherin *Himeko,* zu Rebellionen mit Mord und Totschlag kam. Offensichtlich nur deshalb, weil man als Nachfolger einen Mann bestimmt hatte.

Auch spätere Regentinnen, besonders im 3. und 8. Jahrhundert, verstanden ihr Regierungshandwerk bis aufs I-Tüpfelchen. Eine von ihnen, die Kaiserin *Jingo,* schlug die Männer selbst in ihrem ureigenen Metier, dem Krieg, wofür man ihr allerdings nicht unbedingt gratulieren sollte. Sie eroberte Teile von Korea, was danach männliche Herrscher volle 1700 Jahre lang vergeblich versuchten.

Als letzte in dieser stolzen Kette machte sich die höchst eigenwillige Lady *Masako Hojo,* welche noch in der Hochzeitsnacht gegen einen ungeliebten *Taira*-Gouverneur mit dem strahlenden Helden *Yoritomo Minamoto* durchging, einen unsterblichen Namen. Nach seinem Tod regierte sie das Land unter dem Titel *Ama-Shogun* (Nonnengeneral) bis zum Jahre 1225.

Doch von der *Muromachi*-Periode (1392-1573) an wurde es zappenduster. In einer Welt steigender Gewalt, Gesetzlosigkeit und wildem Chaos, vermochte sich die physisch schwächere Frau nicht mehr zu behaupten. Der starke männliche Erbe, welcher mit nerviger, das Schwert führender Faust den Besitz zusammenhält, dominierte fürderhin einzig und allein. Unterstützt von Buddhismus und Konfuzianismus war dümmstem Männer-Chauvinismus Tür und Tor geöffnet. Die Frau hatte zu kuschen und zu gehorchen: in der Kindheit dem Vater, in der Blüte ihrer Jahre dem aufgezwungenen Ehepartner und im Alter zu allem Überfluss dem ältesten Sohn. Höhepunkt des ganzen Gockelwahnes ist der konfuzianisch geprägte Sittenkodex *Onna Daigaku* (Hohe Schule der Frauen), der in folgendem Satz gipfelt: ›*Die fünf schlimmsten Krankheiten, die den weiblichen Geist befallen können, sind Ungehorsam, Widerwillen, Unausgeglichenheit, Eifersucht und Dummheit. Leider besteht kein Zweifel, dass siebzig bis achtzig Prozent aller Frauen diese fünf Krankheiten haben. Daraus ergibt sich bereits ihr geringer Wert.*‹

Die Frau zog sich auf ihre Art in die innere Emigration zurück, wo sie als gefeierte *Geisha* oder bewunderte Edelkurtisane den selbstgefälligen Mann mit ihren Waffen beherrschte, an der Nase herumführte und mehr als einmal bewiesen hat, wer eigentlich die Klügere ist.

Mit neuen, modernen Gesetzen, die zumindest auf dem Papier Gleichberechtigung versprechen, müsste es eigentlich mit dem Teufel zugehen, wenn nicht langsam aber sicher eine Renaissance der *Himeko* und Co auf zeitgemäßer Ebene heraufdämmern würde. Möge zum Nutzen der gesamten Menschheit allmählich etwas Neuartiges, spezifisch Weibliches dabei herauskommen!

Frauen, deren Stolz darin beruht, noch männlicher als Männer zu sein und denen es wie Margret Thatcher oder Indira Gandhi schmeichelt, als »Eisendamen« apostrophiert zu werden, sollten uns genauso wenig beherrschen wie Amazonen, die sich zum Zwecke des besseren Bogenschießens eine hindernde Brust abnehmen ließen.

Umso weniger, weil letztes Attribut wahrer Weiblichkeit im Verlaufe der letzten Jahre in *Nippon* auf erfreuliche Weise zugenommen hat.

Als der Autor Japan nach dem letzten Aufenthalt verließ, baute er insgeheim für das Land und überhaupt gläubig auf das Weib!

Schien die Zukunft doch schon begonnen zu haben. Zwar baute noch vorwiegende der viel aggressivere Mann die oft bestaunten japanischen Roboter: er gab ihnen aber allesamt weibliche Vornamen!

Nicht nur im Land der aufgehenden Sonne arbeiten diesbezüglich die Mühlen sehr langsam. Immerhin beginnen im 21. Jahrhundert immer mehr Frauen ihr Schicksal emanzipiert in die Hand zu nehmen. Für eine steigende Anzahl von ihnen ist nicht länger die Heirat und die damit verbundende, aufopferungsvolle Rolle als *Okusan* im eng begrenzten Reich einer Familie mit ein oder höchstens zwei Kindern das allein angemessene und erstrebenswerte Endziel.

In einer von Männern dominierten Gesellschaft stufte man die Ehefrauen bisher grundsätzlich als *Kachiinu* (Gewinner) ein. Als *Makeinu* (Verlorener Hund) betitelte man dagegen die ca. 30jährigen, alleinstehenden Frauen, die auf dieses traditionelle Erfolgserlebnis zugunsten einer Karriere verzichteten. Eine Abwertung, die glücklicherweise mittlerweile eine Umdeutung ins Positive erfährt. Viele junge Frauen benutzen diesen Begriff sogar als Synonym für die junge moderne Frau in Japan. Am eindrucksvollsten bringt ein Roman der populären, 37jährigen, unverheirateten Kolumnistin *Junko Sakai* mit dem Titel *Makeinu no Toboe* (Das Grollen des Verlierers) dieses neue Lebensgefühl zum Ausdruck. Ein Bestseller, von dem schon 300.000 Exemplare verkauft wurden und für den sie zwei begehrte japanische Literaturpreise erhielt.

Konservative Politiker zeigen sich alarmiert über die ständig wachsende Zahl der Junggesellinnen. Japanerinnen heiraten immer später oder bleiben gar unverheiratet. Auf sie haben Kritiker das böse Schimpfwort von den *parasitären Singles* geprägt. Sie würden unbedenklich ihre Freiheit auskosten, um Luxusgüter zu kaufen, auf Auslandreisen zu gehen oder in teuren ausländischen Restaurants zu essen, während sie kostenlos bei ihren Eltern leben und zu Hause nicht einen Finger krumm machen.

Als Konsumenten jedoch sind sie eine geschätzte Gruppe der Gesellschaft von beachtlicher Kaufkraft, die schätzungsweise pro Jahr 6,5 Milliarden Dollar »sinnlos verprasst«.

Damit aber noch nicht genug: heutzutage gibt es in Japan mehr berufstätige Ehefrauen als Hausmütterchen des alten Schlages. Allerdings sind bei der Mehrzahl aller Frauen die Jobs schlechter bezahlt und die meisten finden sich selbst bei hoher Qualifikation nur in untergeordneten Positionen wieder. Auch im Steuer- und Rentensystem ist man als weibliche Staatsbürgerin arg benachteiligt.

Daraus entwickelte sich ein gänzlich neuer Konflikt, weil immer mehr Frauen nicht mehr bereit sind, den frühmorgens ins Büro hastenden und spätabends ermüdet und oftmals betrunken nach Hause kommenden Ehemann wie eine Haussklavin zu bemuttern. Japanische Männer aber scheinen völlig überfordert zu sein, auch nur einen einzigen Handgriff im Haushalt selbst zu erledigen. So wundert es auch nicht, dass in den letzten Jahren die Geburtenraten stark zurückgegangen sind – viele Frauen wollen die zusätzlichen Erziehungsaufgaben ohne Mithilfe nicht auch noch übernehmen müssen.

Übrigens sind Antibabypillen in Japan *nicht* zugelassen, weshalb legale Abtreibungen ein völlig regulärer Bestandteil der Familienplanung sind.

Politik dagegen ist in Japan immer noch eine ausgesprochene Männersache. Nur wenige Frauen schaffen es ins Parlament und ganz selten in ein Ministeramt. Der Posten einer Regierungschefin *Nippons* mutet gar wie eine Science-Fiction-Vision an.

Eine der wenigen Ausnahmen war die wagemutige Tochter des früheren Ministerpräsidenten *Tanaka*. Hatte die eigenwillige *Makiko Tanaka* doch als Außenministerin kurzzeitig für Furore gesorgt. Natürlich wurde sie von den grauen Eminenzen der allmächtigen Bürokratie schnell zu Fall gebracht. Allerdings nicht wegen der Charakterisierung des amerikanischen Präsidenten George Bush, den sie während eines USA-Besuchs äußerst treffend als »Arschloch« bezeichnet hatte, sondern weil man ihr ungerechtfertigt die Unterschlagung von Lohngeldern unterjubelte.

Auch in Japans Wirtschaftselite kann man Frauen mit der Lupe suchen. Wenn zu den großen Firmenanlässen im neuen Jahr die schwarzen Limousinen traditionsgemäß jeweils vor dem Imperial Hotel in *Tokyo* vorfahren, dann entsteigen den Nobelkarossen ausschließlich Herren im noch schwärzeren Anzügen.

Zu den Ausnahmen zählt die äußerst attraktive *Anna Fubuki*. Zwar ist sie mitnichten ein großer Konzernboss, aber immerhin eine erfolgreiche Geschäftsfrau, die den japanischen Machos auf einer ihrer ureigenen Domänen erfolgreich Konkurrenz macht: der in Japan äußerst profitablen Produktion von Pornofilmen.

In ihren Filmen arbeitet sie gern mit Frauen, die schön, stark und cool sind. Und darin liegt ihrer Meinung nach auch eine Botschaft, die sie augenzwinkernd formuliert, um den Männern ein wenig Angst zu machen: »Wenn Frauen stark, schön, finanziell selbstständig und auch noch gut im Bett sind, warum brauchen wir dann überhaupt noch Männer?«

Selbstverständlich genießen Frauen in den Metropolen dieselbe Bewegungsfreiheit wie ihre Geschlechtsgenossinnen in den westlichen Industriestaaten.

In vielerlei Hinsicht sogar noch mehr, da die Sicherheit selbst im Millionen-Monster *Tokyo* um vieles besser ist als in einer mittelgroßen europäischen Stadt. Andererseits fällt auf, dass die beiden Geschlechter nach Feierabend häufig ihre eigenen Wege gehen. In schicken westlichen Restaurants trifft man vorwiegend Frauen, während in japanischen Imbissstuben und billigen Kneipen bei Bier und Snacks die einstigen Herren der Schöpfung fast nur unter sich sind.

Ohnehin existieren auf der Welt nur wenige Länder, in denen die Bezeichnung »schwaches Geschlecht« für Frauen unzutreffender war und ist als in Japan. Es kann kein Zweifel herrschen, dass in jedem Fall die Frau das Sagen im Haushalt und in der Ehe hat. In den städtischen Mittelschichten ist es durchaus üblich, dass der Ehemann am Monatsende seinen gesamten Lohn abgibt und dass ihm nur gnädig ein Taschengeld gewährt wird.

Auch in der Arbeitswelt reagieren Frauen wesentlich entschlossener, schneller und haben weniger Scheu vor neuen Herausforde-

rungen und ungewöhnlichen Situationen als festgefahrene Männer -
obwohl dies noch dezent vertuscht wird und sich bei weitem nicht in
den offiziellen Funktionen und Kompetenzen widerspiegelt. Hat man
oftmals bei Geschäften die ganzen Verhandlungen mit sehr höflichen,
aber nichtsdestotrotz äußerst zielbewussten Frauen geführt, so taucht
am Tage der Vertragsunterzeichnung ein männlicher Vertreter auf, der
in der Vorbereitungsphase nicht zu sehen war und dessen Sachkennt-
nis offensichtlich einzig und allein auf dem beruht, was seine »Unter-
gebene« ihm erklärt hatte.

Es ist die mentale und physische Zähigkeit, deren historische Hin-
tergründe hier nicht näher untersucht werden sollen, die den *Gaijin*
immer wieder fassungslos staunen lässt, zu welchen Anstrengungen
die im Allgemeinen sehr zierlich gebauten Japanerinnen in der Lage
sind.

Als Sportfan denkt man unwillkürlich an die winzigen Persönchen
von Marathonläuferinnen aus *Nippon*, die ohne ein Gramm Fettre-
serve bei Großereignissen dominieren und Zeiten laufen, die um sage
und schreibe rund zwanzig Minuten schneller sind als die des Olym-
piasiegers bei den Männern von 1936, *Kitei Son*.

Besucher Japans bewundern heutzutage aber auch die Vielzahl
eleganter junger Ehefrauen, die gar nicht mehr an unscheinbare
»Heimchen« erinnern. Dabei haben sie schon in aller Herrgottsfrühe
dem verwöhnten Sprössling sein aufwendig hergerichtetes Mittags-
mahl im *O-Bento* (Esskistchen) zubereitet und für den Kindergarten
mitgegeben. Obwohl sie schon ab 6 Uhr auf den Beinen sind, um
dem Zeitung lesenden Göttergatten vor dem Verlassen des Hauses
ein aufwendiges Frühstück mit *Miso*- Suppe, Reis, Fisch und Gemüse
zuzubereiten, merkt man ihnen keinerlei Stress und Müdigkeit an.
Lächelnd unterhalten sie sich mit anderen Müttern oder den Kinder-
gärtnerinnen.

Wenn die sich selbst so wichtig nehmenden japanischen Politiker
pompöse Erklärungen und Verlautbarungen in die Welt posaunen,
sollte man sich unbedingt daran erinnern, wer den »Laden Nippon«
tatsächlich in Ordnung hält und diplomatisch die beruhigende Illusi-
on beschert, als hätten die Männer in Japan die Hosen an.

Wie lange aber noch wird sich die starke holde Weiblichkeit damit begnügen, ohne öffentliche Anerkennung die Fäden nur hinter den Kulissen zu ziehen?

Im kommenden Jahrzehnt könnte im Land der aufgehenden Sonne ein fordernder Ruf zum Orkan werden: ›*Frauen an die Macht!*‹

ENDE

Glossar

Ama-no-Gawa = Himmelsfluss (Milchstraße), spielt beim *Tanabata*–Fest eine wichtige Rolle.

Ama-no-Hashidate = Himmelsbrücke, beeindruckende Landschaft im Norden von *Kyoto* am Japanischen Meer.

Ama-no-Uzume = Göttin der Morgenröte und des Lachens. Kreierte den »ersten Striptease der Weltgeschichte«.

Amaterasu = Die am Himmel scheinende große erlauchte Göttin, mit vollem Namen *Amaterasu-no-Kami*. Sie personifiziert die Sonne und gilt als Begründerin des japanischen Kaiserhauses.

Anchin = Buddhistischer Mönch, der von der Zauberin *Kiyohime* unter einer glühenden Tempelglocke ins Jenseits befördert wurde.

Arigato = »Dankeschön«

Basho = Turnier im *Sumo*, pro Jahr sechs Turniere.

Benten = Himmelsgöttin der Beredsamkeit. Zählt zu den sieben Glücksgöttern im Shintoismus.

Bento = Esskistchen mit einem auf Reis basierenden Imbiss. In Japan besonders auf Reisen sehr populär.

Beriberi = Vitamin-Mangelkrankheit durch den Genuss von geschältem Reis. Erstmalig beobachtet 1630 auf der Insel Java, deren Eingeborene die Bezeichnung »Beri Beri« (wörtlich: Schafgang) für diese durch einen wackeligen Gang und zitternde Knie geprägte Krankheit benutzten.

Bishamon = Gott des Krieges. Zählt zu den sieben Glücksgöttern im Shintoismus.

Bon-Odori = Japanischer Feiertag zu Ehren der Geister der Verstorbenen.

Bonsai = Anpflanzung in der Schale. Die Kunst, eine Harmonie zwischen den Naturelementen, der belebten Natur und dem Menschen in miniaturisierter Form darzustellen.

Boryokudan = gewalttätige Gruppe

Bosatsu = Aus Sanskrit *Bodhisattva*, Titel für vergöttlichte buddhistische Gestalten.

Butsudan = Buddhistischer Hausaltar

Chagayu = Teereissuppe

Chameshi = Reisgericht, Teereis

Chagayu = Teehaferschleim

Chankonabe = Eintopf für Sumoringer

Chotto matte kudasai = »Einen Augenblick, bitte«, wörtlich: »warten Sie einen Augenblick«

Chu = Loyalität zum Herrscher

Chugen = 15. Juli, Mitte des Jahres. Man gedenkt feierlich der Ahnen und macht sich kleine Geschenke.

Chushingura = Geschichte der Rache der 47 *Ronin* (herrenlose Samurai)

Daikoku = Gott des Reichtums und einer guten Ernte. Zählt zu den sieben Glücksgöttern im Shintoismus.

Daikon = Mild schmeckender Riesenrettich aus Ostasien, wörtlich: Große Wurzel

Daimyo = Lokale Herrscher im feudalen Japan, wörtlich: Großer Name

Dango = Klößchen

Do = Weg

Ebi = Garnele, Hummer

Ebisu = Gott der Fischer und des Glücks. Zählt zu den sieben Glücksgöttern im Shintoismus.

Ema = Holztäfelchen für Wünsche im Shinto-Schrein

Enjo Kosai = Beziehung gegen finanzielle Unterstützung bei Schülerinnen

Eta = Unterste Gruppe der Gesellschaft während der *Tokugawa*-Periode, vergleichbar mit den »Unberührbaren« in Indien.

Fugu = Kugelfisch mit giftigen Innereien. Sein Genuss erinnert an »Russisches Roulette«.

Fukurokuju = Gott für ein langes Leben. Zählt zu den sieben Glücksgöttern im Shintoismus.

Furoshiki = Traditionelles Tragetuch

Futon = Schlafunterlage, die wie eine Matratze auf dem Boden ausgelegt wird, wörtlich: Decke

Gaijin = Ausländer

Geisha = Unterhaltungskünstlerin, die traditionelle japanische Künste darbietet, wörtlich: Person der Künste

Geta = Holzsandalen mit hoher Sohle, die zu typisch japanischer Kleidung (wie beispielsweise *Kimonos*) getragen werden.

Gi = Rechtlichkeit in der Lehre des Konfuzius

Giri = Persönliches Ehrgefühl und Verpflichtung zum Feudallord.

Gion Matsuri = Wichtigstes japanisches Sommerfest, dass in *Kyoto* den ganzen Juli über dauert. Ursprünglich zur Besänftigung der Geister, welche die Stadt mit einer Seuche heimgesucht hatten.

Gohan = Gekochter Reis

Gohan o taberu = Allgemein: eine Mahlzeit einnehmen.

Gojo = Die fünf Beziehungen. Alltagsregeln aus den Lehren des Konfuzius auf japanische Verhältnisse zurechtfrisiert.

Goma Abura = Sesamöl

Gomen o Komuru = Erlaubnis erhalten

Gomokumeshi = Reis mit Gemüse (manchmal auch mit Austern, Huhn und anderen Fleischsorten)

Goshintai = erlauchter Gottesleib, symbolischer Gegenstand, welcher die Dauerpräsenz des Gottes in einem Schrein manifestiert.

Hai = »Ja«

Haiku = Gedicht aus 17 Silben

Hako-Sushi = Rechteckige Kasten-Sushi

Hakumai = Kurzkörniger weißer Reis

Happi = Traditionelle japanische Jacke aus Baumwolle

Haragei = Die Kunst des Bauches

Harakiri = Rituelle Selbsttötung, auch: *Seppuku*

Hashi = Essstäbchen

Heya = Ringerstall im *Sumo*-Sport, wörtlich: Zimmer

Hikari = Superschnellzug, wörtlich: Licht, mittel-schnelle Variante der *Shinkansen*

Hiragana = Japanische Silbenschrift, wird vorwiegend von Frauen benutzt.

Hoko-ji = *Hoko*-Tempel

Hotei = Glücksbringer, wörtlich: Leinensack. Zählt zu den sieben Glücksgöttern im Shintoismus.

Hyakuyaku-no-cho = Die allererste von 100 Medizinen (positive Bezeichnung für Sake)

Irasshaimase = »Willkommen«

Izanagi = Der wichtigste Urgott im japanischen Mythos von der Entstehung der Welt.

Izanami = Die wichtigste Urgöttin im japanischen Mythos von der Entstehung der Welt.

Jikan desu = »Es ist Zeit«

Jinja = Shintoistischer Schrein

Jizo = Beliebter japanischer *Bosatsu*. Gilt als Beschützer der Kinderseelen.

JNR = Abkürzug für »Japanese National Railway«, die ehemalige staatliche

Eisenbahngesellschaft.

Judo = Kampfsportart, wörtlich: sanfter Weg. Beruht auf dem Prinzip: Siegen durch Nachgeben.

Judoka = Judokämpfer

Juku = Nachhilfsschule

Jurojin = Gott des langen Lebens. Zählt zu den sieben Glücksgöttern im Shintoismus.

Juryo = Zweite Klasse im Profi-*Sumo*.

Kabuki = Traditionelles japanisches Theater des Bürgertums, wörtlich: Gesang und Tanz

Kachiinu = Gewinner, wörtlich: Siegreicher Hund

Kachikoshi = Mehrzahl an Siegen (ab 8 bei einem 15tägigen Turnier) im *Sumo*

Kadomatsu = Topfpinie, kunstvoll mit Bambus- und Pflaumenblüten arrangiert.

Kami = Gottheit im Shintoismus

Kamidana = Hausschrein zur Ahnenverehrung

Kamikaze = Göttlicher Wind. Stürme, die Japan vor zwei Invasionen der Mongolen bewahrten, weil sie die Flotte der Angreifer vernichteten.

Kanji = Aus dem Chinesischen übernommene Symbolschriftzeichen

Kanjin-Zumo = Gottesdienst-/Wohltätigkeits-*Sumo*

Kannon = Göttin der Barmherzigkeit

Karaoke = Singen zu Playbackmusik, wörtlich: leeres Orchester

Karate = Kampfsportart, deren Geschichte sich gesichert bis ins 19. Jahrhundert nach *Okinawa* verfolgen lässt, wörtlich: leere Hand bzw. ohne Waffen in den Händen

Kariginu = Hoftracht der *Heian*-Zeit (794-1185), die heute noch von Shintopriestern benutzt wird.

Karma = Schicksal, Bestimmung (indisch)

Kashi = Japanische Süßigkeiten

Kashiwade = In die Hände Klatschen vor dem Gebet im Shinto-Schrein.

Katakana = Japanische Silbenschrift.

Wird vorwiegend für ausländische Begriffe benutzt.

Katsuobushi = Getrockneter und geräucherter *Bonito*, eine Art Thunfisch.

Kengyu = Atair oder Kuhhirtenstern

Kenka Matsuri = Streitfest

Kifukin = Spende

Kimono = Traditionelles kaftanartiges Gewand, welches durch einen *Obi* (breiter Gürtel) zusammengehalten wird, wörtlich: Anziehsache.

Kiyohime = Zauberin (siehe *Anchin*)

Ko = Kind

Kodama = Superschnellzug, wörtlich: Echo, langsamste Variante der *Shinkansen*.

Koku = Maßeinheit der Reisproduktion. Die Menge trockener Reiskörner, die ein Erwachsener in einem Jahr verzehrt.

Konfuzius = Großer chinesischer Weiser (551-779 vor Christus). Seine Tugendlehre beeinflusst die Länder Ostasiens bis in die Gegenwart hinein.

Makeinu = Verlorener Hund

Makekoshi = Minderzahl an Siegen (weniger als 8 in einem 15tägigen Turnier) im *Sumo*

Maku-no-uchi = Erste Klasse im *Sumo*, wörtlich: hinter dem Vorhang

Matsuri = Fest

Meido = Buddhistische Konzept für die Welt nach dem Tod

Meishi = Visitenkarte

Mikoshi = Tragbarer Schrein im Shintoismus

Minshuku = Japanische Pension mit zwei Mahlzeiten

Mirin = Süßer *Sake* (Reiswein)

Mittomonai = »Das sieht nicht gut aus.«

Mochi = Klebriger Reiskuchen

Monju = *Bosatsu* der Weisheit

Natsu Basho = Sommerturnier im *Sumo* (4. Turnier im Juli in *Nagoya*)

Neechan = Ältere Schwester

Nigirimeshi = Reiskugel

Nigiri-Sushi = mit den Handballen geformte *Sushi*

Nihon Shirizu = Japanserie im Baseball

Niichan = Älterer Bruder

Ninjo = Menschlichkeit

Nippon = Japan

Nori = Getrocknete und geröstete Meeresalgen. Sehr wichtiger Bestandteil der japanischen Küche.

No-Zumo = Feld/Krieg-*Sumo*

Nozomi = Superschnellzug, wörtlich: Hoffnung, neueste und schnellste Variante der *Shinkansen.*

O-Bon = Fest zur Verehrung der verstorbenen Ahnen

O-cha = Tee

Ofuda = Talisman aus Papier in Shinto-Schreinen

Okusan = Ehefrau

Omamori = Talisman, wörtlich: schützend

O-miai = Japanische Tradition der Ehevermittlung, wörtlich: sehen und begegnen

O-Shibori = Sterilisierter, feucht-heißer Waschlappen in Plastikfolie verpackt

Oshi-Sushi = gepacktes *Sushi,* auch *Osaka-Sushi,* benannt nach dem Herstellungsort

O-Shogatsu = Neujahr, wörtlich: gerade richtig

Oya = Eltern

Ozeki = Meister (zweithöchster Rang im *Sumo*)

Pashifikku Rigu = Pazifik Liga im Baseball

Ramen = Nudelsuppe (chinesische Art)

Rei = Formgefühl in der Lehre des Konfuzius

Ronin = Herrenloser Samurai

Ryokan = Hotel im japanischen Stil

Sai-no-Kawara = Fluss zur Unterwelt; vergleichbar mit dem Styxfluss in der griechischen Mythologie.

Sakaki-Baum = Clyrea japonica, Immergrüner Strauch aus der Familie der Teegewächse. Heilige Pflanze im Shintoismus.

Saka-Mori = Festliches Gelage in ländlichen Gemeinden, an dem Männer und Frauen teilnehmen.

Sake = Japanischer Reiswein

Sake o kurau = *Sake* essen (fressen)

Samurai = Feudaler Kriegeradel

San = Ehrenvolle Anrede (steht immer hinter dem Namen anstelle von Herr oder Frau)

Sanshu no Shinki = Spiegel, Schwert, Juwelen. Die drei wichtigsten Reliquien im Shintoismus

Sashimi = Rohfisch

Satori = Erleuchtungserlebnis im Zen-Buddhismus

Sechi = Festmahl zu Ehren der Götter

Sekihan = Roter Reis

Sekitori = *Sumo*-Ringer der beiden höchsten Klassen

Sento = Öffentliches Bad

Sentoraru Rigu = Zentralliga im Baseball

Seppuku = Rituelle Selbsttötung, auch *Harakiri*

Shakujo = Priesterstab eines Zen-Mönches

Shibori = Färbverfahren von Stoffen

Shichifukujin = Sieben Glücksgötter

Shigoto Hajime = 4. Januar. Guter Arbeitsstart ins neue Jahr, bei dem weibliche Angestellte festliche *Kimonos* im Büro tragen.

Shijuhatte = 48 Hände (erlaubte Techniken bei der endgültigen Genehmigung von *Sumo*-Veranstaltungen im Jahre 1684)

Shimenawa = Taue aus Reisstroh, die nach shintoistischem Glauben die Welt der Götter von der diesseitigen Welt trennen

Shimme = Gottespferd

Shimofuri = Japanisches Rindfleisch der besten, unbezahlbaren Qualität, wörtlich: Gefallener Frost. Auch als *Kobebeef* bezeichnet.

Shin -Bahnhof = Bahnhof der Shinkansen-Linie

Shinjin-Zumo = Gottesdienst-*Sumo*

Shinkansen = Neue Linie

Shinto / Shintoismus = Weg der Götter. Religion, die fast ausschließlich in

Japan praktiziert wird. Die meisten Japaner sind sowohl Buddhisten, als auch Shintoisten

Shio = Salz

Shirataki = Teufelswurzel

Shogun = Militärherrscher

Shogunat = Militärherrschaft

Shokuju = Vega oder Webprinzessinnenstern

Shoyu = Soja-Soße

Shoza = Schlagpunkt an buddhistischen Tempelglocken

Soba = Buchweizennudeln

So desu ka? = »Ist das so?«

Sopurando = Soapland (Seifenland), Massagesalons mit »Extras hinterher«

Sosu = Worcestersoße

Sozuka-no-Baba = Bösartige Hexe, die Kinderseelen zu Fronarbeit zwingt.

Sukiyaki = Japanisches Fondue, wörtlich: Pflugbraten

Sumai no Sechi = Hof-*Sumo* (Begriff geht auf das 8. Jahrhundert zurück, als erstmals Sumokämpfe im kaiserlichen Palast stattfanden)

Sumimasen = »Entschuldigen Sie, bitte«

Sumo = Traditioneller japanischer Ringkampf

Susanoo = Flegelhafter Bruder der Sonnengöttin *Amaterasu*

Sushi = Rohfisch auf Reishäufchen (abgeleitet von dem Adjektiv *sushi* bzw. *sui* = säuerlich)

Sutra = Buddhistischer Merksatz, wörtlich: Faden oder Kette, der von Mönchen wie ein Singsang heruntergeleiert wird.

Tai = Seebrasse

Tajikaro = Prinz Mächtige Macht

Takara Bune = Schiff der sieben Glücksgötter

Takuwan = Japanische »Pickles« aus Rettich

Tanabata Matsuri = Sternenfest

Tao = Weg (chinesisch)

Tatami = Genormte Strohmatte, Bodenbelag in japanischen Wohnungen

Teikiken = Zeitkarte

Tempura = Populäre Zubereitungsvariante frittierter Speisen

Tenno = Japanischer Kaiser

Tofu = Sojabohnenquark

Tokoyo Naganaki-dori = Hahn, wörtlich: der fortwährende Tageslichtlangsingvogel

Torii = Torbogen, wörtlich: Vogelstange

Toruko = Türkisches Bad

Toshiyori = Ältester, Führungskraft im japanischen *Sumo*-Verband

Tenran-Zumo = *Sumo*-Veranstaltung, bei der der *Tenno* persönlich anwesend ist.

Tsuji-Zumo = Straßen-*Sumo*

Tsukemono = Japanisches, eingelegtes Gemüse

Tsuki = Schlagen mit der offenen flachen Hand, Gruppe von Grundtechniken im *Sumo*.

Uchide no Kozuchi = Glückshammer

Wa = Harmonie

Wabi = Schlichtheit, ästhetisches Prinzip

Wabi–Sabi = Ästhetisches Konzept zur Wahrnehmung von Schönheit. Eng mit dem Zen-Buddhismus verbunden.

Waka = Gedicht aus 31 Silben

Wasabi = Japanischer Meerrettich

Yakiimo = Gegrillte Süßkartoffel

Yakuza = Japanische Mafia

Yama = Berg (japanische Aussprache, meist wird als Anhang an den Namen die chinesische Aussprache *San* benutzt. z.B. *Fuji-san*)

Yao-Yorozu-no-Kami = Die 8 Millionen Götter

Yasukawara = Feld des Friedens

Yen = Japanische Währung

Yokozuna = Großer Meister, höchster Rang im *Sumo*

Yomi = Unterwelt

Yori = Fassen, halten, ringen, Gruppe von Grundtechniken im *Sumo*

Yugen = Tiefgründigkeit, ästhetisches Prinzip

Yukata = Leichte Variante des *Kimonos*, wörtlich: Badekleidung

Zen / Zen-Buddhismus = Buddhistische Strömung

Hans-Georg Kaethner

 Hans-Georg Kaethner, Jahrgang 1935, wurde in Magdeburg geboren. Journalistikstudium an der Karl-Marx-Universität Leipzig. Rechtzeitig vor der Mauer im Jahre 1959 „machte er nach Drüben" wie es im DDR-Jargon hieß.

Bundesbürger war er allerdings mehr dem Personalausweis nach, denn im Lande hielt es ihn selten. Ein aufregendes Globetrotterleben führte durch rund 70 Länder auf allen Kontinenten.

Er lebte insgesamt 5 Jahre lang im Land der aufgehenden Sonne und besuchte Nippon zusätzlich vielfach über einen Zeitraum von fast vier Jahrzehnten. Zur Zeit lebt Hans-Georg Kaethner mit seiner japanischen Frau in Basel und arbeitet als freier Schriftsteller, Moderator und Vortragsredner.

Danksagung des Autors

Mein besonderer Dank für eine außerordentlich gründliche und befruchtende Zusammenarbeit gilt meinem Verleger und Lektor in einer Person: Matthias Walter. Deshalb ist dieses fertig gestellte Buch auch »sein Werk«.

Andreas Kläne
TOTGELIEBT
Tatsachenroman

Mit einem Nachwort von **Rolf Bossi**

Gebunden
ISBN 978-3-934918-24-5
€ 17,90 [D/A]

Die Frau sah ihn an und sagte mit ruhigem, klarem Ausdruck: »Ich bin hier, weil ich soeben meinen Mann erschossen habe!«

Die Geschichte beginnt an einem Junimorgen im Polizeirevier von Brooksiel. Eine zierliche, adrette Frau Anfang 50 bringt die kleinstädtische Routine der Polizisten durcheinander. Sie behauptet, soeben ihren Mann erschossen zu haben. Polizeiobermeister Udo Kemper kann der Aussage Karin Krogmanns kaum Glauben schenken. Sie spricht zu beherrscht, hat zu viel Klasse, passt in keine Schublade, in die er Mörderinnen sortiert.

In ihrer Wohnung finden die Polizisten tatsächlich einen Toten.

Im Verhör scheint die mutmaßliche Täterin aus ihrem Leben kein Geheimnis zu machen. Sie erzählt von Konstantin, ihrem Mann. Er sei „der klügste, schönste und galanteste", den sie jemals kennengelernt habe. Er sei Offizier, Jetpilot und Fluglehrer. Und nach 29 Jahren habe er etwas getan, das die scheinbar so perfekte Fassade zum Einsturz gebracht hat.

Totgeliebt erzählt die wahre Geschichte der Karin Krogmann. Vom ersten Kennenlernen bis zur völligen Hingabe zeigt der Roman den Verlauf ihres Lebens und der Liebe zu ihrem Ehemann Konstantin, der in ihren Augen perfekter nicht sein könnte. Der Roman zieht seine Leser tief in die Gefühlswelt einer Beziehung, die nach außen makellos scheint und vom Umfeld als das Paradebeispiel eines glücklichen Zusammenlebens gesehen wird.

Doch hinter dieser Fassade entwickelt sich eine Dramatik, die in einem Verbrechen endet, dass Karin Krogmann nach eigener Beschreibung „zur Unperson" gemacht hat.

Ein wahres Schicksal: spannend und ungemein berührend.

Außerdem erschienen:

Gregor Schweitzer
HAUTNAH USA
Vom Wahnsinn einer Traumgesellschaft

Gebunden, Kunstledereinband
ISBN 978-3-934918-30-6
€ 14,90 [D/A]

»Endlich konnte ich auf eigene Faust das ›Mutterland des Pennertums‹ kennenlernen... AMERIKA!«

Hier wird keine Zeit vergeudet, nicht lange gefackelt - schlank, muskelhart und gleich auf den Punkt gebracht. Zielsicher wie ´n Apachenpfeil, bissig wie ´ne Klapperschlange, gewaltig wie ´ne Kerouacsche Dampflok und trocken wie Thors Vorschlaghammer werden wir auf einem donnernden Road Trip durch die USA mitgerissen. Eine mit Farben und Metaphern gespickte, pulsierende Sprache schickt den Leser von der ersten bis zur letzten Zeile auf einer Achterbahnfahrt mit dem Kopf durch die heile Fassade des »American Dream«. Mit pathologischer Präzision, Wortgewandtheit, Humor und Selbstkritik erleben wir hautnah und ungeschminkt die außergewöhnlichen Erlebnisse von *»einem, der ausgezogen ist, das Abenteuer zu fühlen«*.

20.000 Meilen im Text unterwegs ohne unterwegs zu sein, doch später hastig unterwegs sein zu müssen - dieser Pfeil sitzt!

Gregor Schweitzer beschreibt in seinen einmaligen Reiseerzählungen schonungslos genau das, was ihm auf seinem Road Trip durch die USA begegnet ist. Auf den Spuren von John Steinbeck und Jack Kerouac trifft er Drogendealer, Prostituierte, Rassisten und Patrioten und taucht tief in den mittleren Westen und die amerikanische Gesellschaft ein. Durch eine ungefilterte Sprache und mit viel direkter Rede zitiert er menschliche Schicksale und Monologe zwischen Realität und Twilight Zone.

Ein einmaliger Bericht - und zugleich eine erschreckende, spannende und nicht minder humorvolle Charakterstudie über die vermeintliche Traumgesellschaft der USA.

63 Geschichten voller Kraft, Ironie und Wahrheit.